U0331041

Decoding
Education

解 码 教 育

钟启泉◎著

华东师范大学出版社
·上海·

图书在版编目（CIP）数据

解码教育 / 钟启泉著. —上海：华东师范大学出版社，2020
 ISBN 978 - 7 - 5760 - 0108 - 2

Ⅰ. ①解… Ⅱ. ①钟… Ⅲ. ①学校教育－研究 Ⅳ. ①G4

中国版本图书馆 CIP 数据核字(2020)第 084831 号

解码教育

著　　者　钟启泉
责任编辑　朱小钗
特约编辑　王冰如　李　鑫
责任校对　刘　瑾　时东明
装帧设计　卢晓红

出版发行　华东师范大学出版社
社　　址　上海市中山北路 3663 号　邮编 200062
网　　址　www. ecnupress. com. cn
电　　话　021 - 60821666　行政传真 021 - 62572105
客服电话　021 - 62865537　门市(邮购)电话 021 - 62869887
地　　址　上海市中山北路 3663 号华东师范大学校内先锋路口
网　　店　http://hdsdcbs. tmall. com/

印　刷　者　上海龙腾印务有限公司
开　　本　787×1092　16 开
印　　张　14. 75
字　　数　221 千字
版　　次　2020 年 8 月第 1 版
印　　次　2021 年12月第 4 次
书　　号　ISBN 978 - 7 - 5760 - 0108 - 2
定　　价　56. 00 元

出版人　王　焰

目　录

为了教育思想的解放

"让每个孩子享有公平而有质量的教育"——这是新时代我国学校教育发展的方针,是处于改革前线的校长与教师面临着学校教育的时代挑战。事实上,当今世界涌动着基于"核心素养"(core competencies)的教育改革潮流。基于"核心素养"的"课程转型"(从"知识本位课程"转向"素养本位课程")的潮流和"课堂转型"(从教师单向传递知识的"教的范式"转向儿童能动学习、建构知识的"学的范式")的潮流,也在奔腾不息。世界各国都在探讨新时代的"核心素养"究竟是什么,如何落实"核心素养"。对于这种潮流的深远影响,我们不能熟视无睹。

联合国教科文组织把处于0—18岁的人生阶段的人群定义为"儿童"。儿童的教育作为一种复杂的社会现象,是需要进行多维度、多侧面的考察与解码的。多少年来自以为是、不可移易的应试教育的诸多传统制度与经验,其实是反儿童、反教育的。在这里,最根本的挑战在于改造我们头脑中的"儿童观"。儿童不同于其他生物,是在非常不成熟的状态下降生的,需要长时间的保护与教育。因此,儿童期被视为成为成人之前的准备。社会保护儿童、保障他们的学习权(教育),是天经地义的。不过,把儿童单纯视为成人的准备期的儿童观,正是缔造近代公共教育思想的教育家所批判的。就是说,"所谓'儿童的发展可能性'不是以现在的成人作为模型而成为成人的可能性。儿童是创造未来新社会的成人,是超越了成人的预想而发展的可能态。因此,不应当把明日的儿童视为现在的成人,而必须把今日的儿童视为明日的成人"[1]。所谓"发展可能态的儿童",就是这种儿童观。在这种儿童观看来,所谓"学习权"与其说是传授真理与真实的权利,不如说是作为人权的主体,自由地学习与探究、寻求真理与真实的权利。因此,把儿童的现在作为未来之准备的"生活准备说"遭到了批判,并产生出新的教育观——激励儿童的自由探究与学习。可以说,探究学习的实践对于教师而言,不是额外的负担,而是最本质的分内工作。当然,这并不意味着单纯地激励儿童的自由探究与学习、追随儿童的发展。毕竟儿童并不是在真空状态中成长的,而是在拥有一定的社会历史文化特征的社区环境中培育的。

"儿童是承担国家与民族之未来的存在","教育是向未来的投资"。[2]学校教育必须因应新时代的潮流,探索促进儿童发展的学习,有计划地引导儿童的发展。事实上,我们总是在自觉与不自觉、有意与无意间不断地叩问教育的密码,借以求得符合新时代发展的理想的教育。这是一种持之以恒的批判性思辨与实践探究的过程。然而,我国的教育界多年来却似乎更崇尚那些海阔天空的雄图宏论,或是绘声绘色的文学描述,而对贴近学校现场的实证研究与基于证据的教育思考兴味索然。这不是正常的现象,是时候改弦易辙了。20世纪90年代初,脱胎于认知科学的当代学习科学的进展为我们提示了诸多变革"学习"概念的视点。随着国际教育科学与我国新课程改革实践的发展,诸多"教育常识"被动摇、被颠覆了,这是好事。在我国教育学术界,这种学习科学以其崭新的概念框架及其研究证据,正以摧枯拉朽之势把陈腐不堪的凯洛夫教学思想体系化为齑粉。从行为主义走向社会建构主义的教学研究与实践,已势不可挡。"学校改革的一切答案在现场。"倡导实证研究之风、寻求问题解决之道,正在成为我国教育研究的新风尚。"学习革命"的时代到来了。越来越多的教师发现,那些蓄意速成的"名师名校"或是自吹自擂的"教学流派",缺失儿童研究,疏于实践反思,无论在学术上与实践上都未必经得起推敲,它们统统不过是"皇帝的新装"在当前的演绎而已。

教育思想的解放是新时代的诉求。尽管我国21世纪初开启的"新课程改革"遇到了前所未有的挑战,也受到以凯洛夫信徒为代表的保守势力的各种打压,但无论是改革初期的"新课程改革是错误思潮的表现"还是近期的"新课程改革失败了"的论断,都阻挡不了新课程改革的步伐。不过,真正的改革终究是观念与体制的系统而持久变革的过程。为了教育的真实的变革,我们的教师亟待从应试教育思想的重压下挣脱出来,求得全新的教育观念的武装与革新实践的洗礼。本着这种追求,本书尝试从学习科学的视点与实证研究的证据相印证的角度,分"真实的学力""探究的课堂""成长的教师"3 辑,共计 25 章,展开对若干实证资料的具体梳理和教育实践"有效成分"的分析,旨在拓展教育思维的疆界、增强改革实践的力度,为我国方兴未艾的学校教育改革,特别是课堂转型的实践呐喊助威。

参考文献

[1] 田中耕治,等. 读懂教育:教育学探究的进展[M]. 东京:有斐阁,2017:155—156.
[2] 尾木直树,茂木健一郎. 何谓教育:日本的精英是冒牌货吗?[M]. 东京:中央公论社,2017:183—184.

第一辑
真实的学力

学习科学的出现意味着儿童的"学习"从知识的"习得隐喻"到"参与隐喻"的转型，再到"建构模型"的发展。"知识建构型"学习是在"协同性对话"的"建设性交互作用"中创造的。

所谓"真实性学力"不是碎片化知识的堆积，而是能够运用知识、生产知识、展开批判性思考的能力，亦即问题解决所必需的学力。其归根结底是一种兼具"知者不惑、仁者不忧、勇者不惧"的"生存能力"。

1. 核心素养：新时代的教育思维

知识社会时代的学校教育，应当是使每一个学生形成与时代相应的知识、技能、态度与价值观的教育。这种教育必须让学生掌握创造性、批判性思维以及问题解决与决策的新的思维方式；准备好沟通所必须的新的倾听与对话方式；也必须通晓新型技术的潜在可能性，包括充分挖掘其潜能和为此而运用工具的能力的必要性。每一个学生必须学会在多元文化的世界中生存的能力，成为具有全球视野的、能动的、负责任的公民。

一、"核心素养"概念的雏形

(一) 惠特率先倡导"核心素养" ··

哈佛大学心理学家惠特(R. White)率先倡导"核心素养"(core competencies)的概念。[1]他发表的论文《再论动机作用》(1959)，论述了"核心素养"的重要作用，涉及动机、学习、发展、适应等从情感到认知的广泛的心智功能。

通过观察婴幼儿，惠特发现人与生俱来就具有同环境中的人、事、物进行能动作用的倾向性。人正是借助这种倾向性带来的同环境的交互作用，逐渐获得适用于各种对象的能力。同样，这种现象不限于婴幼儿，大凡心智健康的人在一生中都可以借此形成多种多样的能力。自皮亚杰(J. Piaget)之后关于"学习"的发展心理学的见解，可以用来解释这种现象。比如，婴儿发现一粒糖，便会送入口中。知道是糖，但并不吃下去，婴儿只是在口中噙着、舔着、把玩着，其处理客体的方式并没有"同化"(schema)。不过，"送入口中"这一图式是一种可以带来对"糖"这一食物的本质性理解的适当作用方式，婴儿享受到甘甜的滋味，便成功地实现了对糖的同化。一天,婴儿见到玻璃球,看起来滑溜溜的,同糖果一样,便会毫不犹豫地送入口中。但这次不能同化了,于是马上吐了出来。为了同化玻璃球,就得抓住这个滑溜溜的东西,并且不停地滚动它,这就叫做"调节"(accommodation)。以运作玻璃球的方式为契机,婴儿获得了新的动作"抓",又会在处置别的物体的情境中反复操练,从而促进了对各种客体的同化(理解)。这样,基于图式的同化与基于客体需要的调节得以反反复复,婴幼儿借此逐渐加深了对周边事物与现象的具体理解,同时对种种环境也获得了有效的作用方式,并且得以精致与拓展。这就是"学习"的原初形态。

在惠特看来,"核心素养"涵盖了两层意涵。其一,能动地作用于环境中的人、事、物,乃是天生的动机作用(能源要因)。其二,由此产生的有效作用于环境中的人、事、物的关系性认知能力(关系性)。意味深长的是,这里所谓的"认知"不是单纯地记住名称而已,而是指"能够"适应客体的性质做出适当的"作用",进而通过"认知"(关系作用)具体的客体,体验、凝练具有通用性的"关系作用"。就是说,从驱动"认知"的能源要因出发,获得"认知"活动的机制,并通过这种机制最终获得了"作用方式",亦即"通用能力",或叫"关键能力",这就诞生了今日问题解决能力的概念——"核心素养"。换言之,惠特提示了支撑人的终身学习与自我形成的根源性的能源与机制。婴儿呱呱坠地,不用谁教,就会自然地展开学习。这就是"能动学习"。人原本就是能够能动地学习的动物,而"应试教育的教学方式——并不理解意义而生吞活剥地背诵要素性知识,大量的机械练习,是有悖于人类的自然天性的"[2]。

(二) 麦克兰德匠心独运的"核心素养"概念

不过,今日"核心素养"概念的直接起源是 1973 年同样来自哈佛大学的麦克兰德(D. C. McClelland)关于动机作用的研究论文,指出了测定"素养"比测定"智能"更重要。麦克兰德列举了大量的证据,论证了传统的考试、学校成绩与资格证明并不能预测一个人是否拥有学科知识,以及职务上的业绩与人生的成功。比如,美国 CIA 的人事选拔,一般是根据专业素养、普通教养、文化知识、英语能力之类关键测验的成绩来进行的,然而这些成绩同他们在任地的工作情况与业绩之间并无多大的关联。单纯地掌握要素性知识并不是高质量地解决问题的充足条件,况且这些测验对于少数民族、女性、低社会经济阶层出身者多有不利。

那么,什么才是预测人们日后工作业绩的要素呢?根据麦克兰德的研究,区分平庸职员与卓越职员的要素是:第一,应对不同文化的人际感受性,即倾听不同文化的人们的话语及其涵意,预测他们会如何应对的能力。第二,拥有对他人的前倾期待,即认识包括敌对的人在内所有他者的基本尊严与价值的强烈信念,即便在疲惫状态之下仍然保有这种前倾期待的能力。第三,敏锐地察觉政治背景的能力,即在沟通中能够迅速地察知谁影响谁、每个人的政治与权力立场如何的能力。[3]其中,第一个要素是超越了语言运用能力的高度沟通能力;第二个要素是贯穿了伦理观、宽容心乃至信念的意愿与强烈的自我控制能力;第三个要素也是一种高度的社会技能。尽管上述三个要素并未列入整个基础教育和高等教育的目标之中,也没有占据核心地位,然而却是左右每一个人的工作状态的核心要素。因此,麦克兰德提出,面对人生的种种问题,高质量地解决现实问题所必需的要素,可以谓之“核心素养”。当然,“知识”也囊括在核心素养之中,不过其比重从传统的见解来看是极其小的。另一方面,具有更大影响力的是意志与情感的自我调节能力、积极性自我概念与自我信赖之类的情意性素质与能力,以及人际关系调整能力与沟通能力等社会技能。这些能力在今天被称为“非认知能力”。麦克兰德的这个发现,对当今人才的选拔与管理,以及人才培养机构的课程与评价产生了莫大的影响。

麦克兰德的研究发现包含三层意涵。其一,清楚地揭示了传统的纸笔测验成绩并不能充分地预测学习者在未来社会能否获得成功这一严峻的事实。片面地灌输知识是无济于事的,在学习的过程中要让学习者经验复杂的思考与高阶的判断,这是因为纸笔测验的成绩仅仅是单纯的知识而已。有助于现实问题解决的思考力与判断力的指标也是不容忽略的。其二,清楚地表明了主观能动性、情感自控能力与社会技能之类的非认知能力对于高质量地解决现实问题而言是至关重要的。其三,清楚地提示了改革学校教育的学力目标与教育评价的方向——要培育学习者成为出色的思考者与问题解决者,唯一的出路就是走向素质教育。这样,实现素质教育所必需的充分的学习经验是什么,如何引导学习者去学习这些内容,用什么方法去指导才是有效的——所有解决这些问题的理论与实践的挑战,乃是当今世界各国教育界孜孜以求的。

(三) 斯潘瑟的"核心素养"五要素说 ···

斯潘瑟夫妇(L. M. Spencer & S. M. Spencer)系统而具体地论述了麦克兰德和 McBer 公司开发的"工作胜任力评价法"(Job Competence Assessment, JCA)。他们首先把"素养"界定为"在某种职务或状况中,根据标准,取得了有效或卓越的业绩的原因——个人的基础性特质"。这里所谓的"基础性特质"意味着"超越种种情境,在相当长的时间里保持一贯的行为方式与思维方式"。这个领域的"素养"概念涵盖三个重要的内涵:其一,基础性特质;其二,取得业绩的原因;其三,根据标准是有效或卓越的。在这里,所谓的"卓越"是指比平均业绩高出一个标准差,所谓的"有效"意味着可容许的最低标准。[4] 所谓的"基础性特质"则意味着"超越种种状况,能够普适的,而且在相当长时期内能够持续地行动与思考的方法",涵盖了通用的作为基础性特质的素养。这些特质由如下五个要素构成[5]:

1. 动机:个人孜孜以求的、引发行为的基础性因素,如个人产生行为之际常常考虑的愿望之类的因素。以达成动机与焦虑为核心驱动人的行为或是因惧怕特定状况而回避的意图,均属这个范畴。

2. 特质:身体特征或直面种种情境与信息的一以贯之的反应。比如控制暴怒的发生,即便在疲惫状态下也以平常心态面对课题的自控能力,可以说就是显著提升一切问题解决质量的因素之一。

3. 自我概念:个人态度、价值观、自我形象。战胜任何困难的自我肯定概念与自我信赖,也是高质量地解决问题的要件。

4. 知识:特定学科领域中个人所拥有的信息。不是单纯的要素性知识的堆积,而是活的知识。

5. 技能:完成课题的身心能力。分析性思维与概念性思维等核心素养中通用的认知技能即属于这个范畴。

这些要素可以图示为"同心圆模型"与"冰山模型"。[6] 从这些要素模型可见,"知识"与"技能"处于表层的位置,是显性的,比较易于采取教育措施;"动机"与"特质"处于个性的核心,评价与开发比较困难;而"自我概念"则处于两者之间。

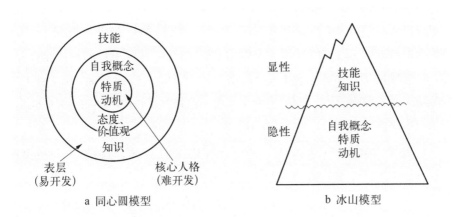

图1-1 核心与表层的核心素养

(日本国立教育政策研究所,编.素质·能力(理论编)[M].东京:东洋馆出版社,2016:43.)

二、"核心素养"概念的发展

当今世界各国大体是从"关键能力"(key competency)或"21世纪型能力"(21st century skill)的整体模型研究,来展开"核心素养"的界定的。这里不妨考察一下当代几个有代表性的核心素养模型。

(一)"21世纪型能力"概念的诞生

随着全球化的发展,"素养"概念本身的内涵及其水准不再局限于"读、写、算",而是囊括了"知识""技能""态度"在内的人的"整体能力",其中"软技能"被视为十分重要的技能。所谓的"软技能"是指"有效沟通的能力、创造力、分析力、应变力、问题解决力、协同学习、倾听力、人际合作等一连串的能力"。2002

年,美国在众多信息企业的主导下梳理了"21世纪型能力"的要素,并且开始探讨将其引入现行的学校体制中的方式。这些因素包括:(1)信息、媒体素养与沟通能力;(2)分析力、问题发现与解决能力、创造力;(3)协同力、自我约束力、责任感与协调性、社会责任。在2009年的"世界学习与技术研讨会"上,一个旨在界定"21世纪型能力"、创造新教育的国际研究项目"21世纪型能力的学习与评价"(ATC21S)得以立项。2010年,澳大利亚、芬兰、葡萄牙、新加坡、英国、美国作为参与国加入,并对"21世纪型能力"做出界定。第一阶段的研究是聚焦"21世纪型能力"的概念化与定义,分4个范畴与10种技能,取"知识"(Knowledge)、"技能"(Skill)与"态度·价值·伦理"(Attitude·Value·Ethics)的第一个字母,谓之KSAVE模型(2009)[7]:

1. 思维方式:(1)创造性与革新;(2)批判性思维、问题解决与决策;(3)学习方法学习、元认知(关于认知过程的知识);

2. 活动方式:(4)信息素养;(5)信息与通信技术素养(ICT素养);

3. 活动工具:(6)沟通技能;(7)协同学习;

4. 社会生活:(8)地域与国际社会的市民性;(9)人生与生涯设计;(10)个人与社会的责任(包括文化差异的认识与接受能力)。

(二) OECD 的"关键能力"

"关键能力"由三组能力构成,即"运用工具的能力""沟通交流的能力""自律活动的能力",而"反思能力"则是"关键能力"的核心要素。这就是说,所谓"关键能力"是指"在特定情境下,能够引发、动员包括技能与态度在内的心理社会资源应对复杂需求的能力"[8]。此外,欧盟(EU)列举了如下8个"终身学习的关键能力":(1)母语沟通能力;(2)外语沟通能力;(3)科学技术中的数学能力与基础能力;(4)数字能力;(5)学习"学习方法"的能力;(6)社会性、市民性能力;(7)创造力与创意的感悟力;(8)文化意识与表达能力。[9]

(三) 轴心式模型

德国提出的轴心式模型以"认知素养"(知识)与"方法素养"(技能)为纵轴,

"自我素养"（自我实现技能）与"社会素养"（社会责任感）为横轴，旨在建构"创造未来的能力"的"创造素养"（Gestaltungskompetenz, 1999—2004）模型。它强调培育"人格的发展"与自立精神、判断能力、责任感等"人性"，同时着力于认知人际关系、同社会与自然的关系，借以培育能够尊重这些关系的个体。此模型大体由三个范畴构成：其一，专业能力，诸如面向世界、创新知识的建构力，获得跨学科知识、进行行动的能力。其二，社会能力，诸如与他者共同计划、采取行动的能力，决策能力，人际交往能力。其三，自我能力，诸如自我规划、自我行动的能力，显示恻隐之心的能力，积极进取的能力。[10]

(四)"四维教育"模型

根据联合国教科文组织（UNESCO）的说法，"所谓优质的教育制度必须让学习者常常能够获得并形成新的关键能力，同时自身的关键能力永远能够灵活应变"[11]。"课程设计中心"（the Center for Curriculum Redesign, CCR）基于证据与研究的方法，编制了"21世纪型关键能力"的优先顺序框架。通过"整合"（既有的框架、市场信息、学习科学研究、未来学与国际研究）、"分析"（教师调查、国际会议、社会媒体、文献评论与专家讨论）与"系统化"（包容性、可行性、不重叠与不交叉、合理性、可接受性）三个不同的作业，该模型以更简洁、更明确、更有用、更有序的方式提示了"四维教育"（知识维度、技能维度、品格维度、元认知维度）的课程发展愿景：应当在越来越多的知识（传统知识与现代知识）与技能、品性与元认知学习方略之间形成的彼此协调的关系中，特别重视元认知与"成长心态"的重要性。这个框架被誉为儿童未来学习设计的一个向导，有助于21世纪学校课程的重建。

(五) 基于"生存能力"界定的阶梯式学力模型

1996年日本中央教育审议会对"生存能力"做出如下界定：(1) 扎实地掌握基础知识与基本技能，能够自己发现课题、自己学习、自己思考，主体地判断、行动、更好地解决问题的素质与能力。(2) 拥有自律、同他人协调、关爱他人与感恩之心的丰富的人性。(3) 强健的体魄与健康。这就是说，随着知识社会的到来,要使得儿童能够应对急剧变化的社会,扎实的学力、丰富的心灵、强健的体魄三方面和谐发展的"生存能力"是十分必要的,而基本的知识、技能的习得,运用这些知识、技能解决课题的思考力、判断力、表达力,以及能动地学习的态度尤其重要。日本国立教育研究所参照欧美国家的核心素养模型,在"生存能力"的基础上推出了"21世纪型能力"模型。该模型基于如下两个共识:其一,未来社会离不开"读、写、算"之类的"基础素养"。其二,未来社会更需要对未知问题给出答案的思考力与同他者协作的能力之类的"实践能力"。这两个共识构筑起由"基础力"(语言技能、数学技能、信息技能)、"思考力"(逻辑性·批判性思维力、问题发现与解决力·创造力、元认知力)与"实践力"(自律活动力、人际关系形成力、社会参与力·对可持续未来的责任)组成的"21世纪型能力框架"。

(六) 核心素养同心圆模型

新加坡界定的核心素养同心圆模型(2005—2012)由"价值""社会·情感素养""21世纪型素养"三个部分构成。[12]它以"价值"为核心,形成同心圆的配置。第一部分,价值,知识、技能本身是受价值制约的。所谓的"价值"就是人格特征,借助信念、态度、行为塑造而成。因此,价值以如下六种价值观为核心,即尊重、责任、诚实、关爱、坚忍、和谐。第二部分,社会·情感素养,包括自我认知、自我管理、社会认识、同他者的关系构筑、负责任的决策。第三部分,21世纪型素养,包括公民素养、全球化认识、多元文化理解;批判性、创造性思维;沟通技能、写作技能、信息能力,旨在造就"充满自信的人、自律的学习者、积极的贡献者、有仁义的公民"。

值得注意的是,今日各国"核心素养"的界定不是片断要素的罗列与相加,而是作为一体化的"整体模型"来呈现的。即便是OECD的"使用工具进行沟通的能力"这一核心素养的范畴,也不是单纯的素养,而是同"参与社会、自主地开展思维活动的能力"联系在一起的。基于核心素养的课程标准不仅强调语言与数学的"硬能力"——一种"知道了哪些事实"之类的"硬"知识,而且关注"软能力",两者不是二元对立的。真正的学习一定是扎根于这样一种过程——通过知识建构提升学生的革新能力,形成有益于他者的公共知识,并且拥有知识发

展的集体责任。"21世纪型能力"是实现这一过程不可或缺的关键。纵观各国的核心素养整体模型研究,大体呈现了两个趋势:

其一,各国的课程发展都聚焦于"关键能力",而关键能力的范畴大体包括了三大能力。即(1)以处理语言、数量、信息为中心的"基础素养";(2)以思考力与学习方式的学习为中心的"认知能力";(3)社会关系、人际关系及其自律的"社会能力"。简言之,要求"认知能力、思维能力与社会行为能力"[13]。

其二,无论哪一个国家的课程目标,不仅关注少数精英学生,而且瞄准全体学生。以往的学校教育改革往往重视少数精英学生的"优质",或者反其道而行之,在"教育人性化"的呼声中重视"公平"。而今21世纪的教育发展趋势是,开辟直面所有学生的卓越教育模式,寻求"优质"与"公平"的兼得。

从世界各国对核心素养的界定中可以发现新时代的教育思维:第一,注重"所有的人"的发展。所谓"卓越教育"绝不是满足于少数精英学生的教育,而是保障所有学生的学习权、保障人人发展的教育。这是衡量一个国家教育发展最根本的标尺。第二,注重"整体的人"的发展。所谓"德智体""知情意"的和谐发展绝不是应试教育这样"育分不育人"的教育,而是人格的健全发展与学力的持续发展。这是衡量每一个人是否成"人"——一个有社会责任感、有教养的公民——的标尺。

参考文献

[1][2][3] 奈须正裕.素质·能力与学习机制[M].东京:东洋馆出版社,2017:50,53,58.

[4][5] 松下佳代,编著."新能力"能够改变教育吗?[M].京都:智慧女神书房,2015:13,13.

[6] 奈须正裕,主编.培育儿童能够生存于知识社会:基于核心素养的课堂创造[M].东京:行政出版公司,2016:80.

[7][8] 松尾知明.何谓21世纪型能力:基于核心素养的教育改革国际比较[M].东京:明石书店,2015:31,16.

[9] 日本内田洋行教育综合研究所学习广场[EB/OL]. https://www.manabinoba.com/edu-watch/21771.html.2019-10-12.

[10][12][13] 田中义雄.21世纪能力与外国的教育实践[M].东京:明石书店,2015:58,177,17—21.

[11] C. Fadel,等.21世纪的学习者与教育的四个维度[M].岸学,主译.京都:北大路书房,2016:47.

2. 核心素养与课程重建

　　基于核心素养的学校课程,意味着期许儿童的社会成长、人格成长以及未来新社会的创造。因此,学校课程设计需要实现从着重"知道什么"到着重"如何实现问题解决"的重心转移。学校课程不能局限于知识、技能的习得,而是需要提升问题解决情境中有效运用思考力、判断力、表达力的具有通用性的认知技能,乃至问题解决的意愿、自我调控能力以及超越人际关系困局的社会技能,亦即大力地扩充与刷新"素养"与"学力"。

一、"素养"概念的演进

　　通过学校教育儿童应当掌握的"学力"究竟是什么? 在思考这个问题之际,晚近"素养"(literacy)相关的术语愈益突出。从 2000 年开始每三年实施一次的国际学生评估项目(PISA),设计了"阅读素养""数学素养""科学素养",而这些"素养"意味着什么,受到了国际教育界的高度关注。比如,"PISA 型阅读素养"突出了批判性阅读的重要性:不仅能够正确地读取、再现所学文章的意义内涵,而且能够在深入理解的基础上品评文章的优劣。不过,"素养"这一术语并不是 PISA 的专利。早在 19 世纪 80 年代,人们就开始使用意味着"文字的读写能力"的"素养"。自那时起,有关其具体内涵的种种见解不断涌现。比如,重视读写能力在儿童生活中的作用的"功能性素养"(functional literacy)概念,重视批判性地读写现实社会内在的"控制与从属结构"的"批判性素养"(critical literacy)概念,等等。下文将聚焦"素养"这一术语,回顾其历史发展,重新思考PISA 提出的三大素养,为"核心素养"的思考与界定提供一些线索。

(一)"素养"概念的起源：近代学校的教育目标 ··

在 PISA 提出"素养"的概念之前，一般所谓的"素养"指的是"（文字的）读写能力"和"识字能力"，或相对于"口头语言"的"书面语言"，即理解发音与文字的关系。相对于"口承文化"的概念，"素养"指的是以文字为媒介的书面文字在文化意义上的沟通能力。追溯"素养"的历史，即可浮现出该术语涵盖的本质性内涵。1883 年，美国马萨诸塞州教育委员会发行的教育杂志率先使用了"素养"这一术语，指的是通过公共教育所培养的"读写能力"，也就是在当时普及公共教育的年代里，儿童通过上学共同掌握的教学内容。近代公共教育倡导的"素养"本义的特征，现在依然流行。比如，在国际教育界，学校教育与素养密切相关，对于寻求提高识字率的发展中国家而言，提升公共教育质量的重要要素，就是"读写能力"的素养。特别是从国际儿童基金会（UNICEF）公布的数据来看，以发展中国家为主，全世界有 1 亿 2 千万失学儿童，这些人将来有成为"文盲"的危险。

如何判断作为"读写能力"的素养，并没有统一的标准。但不管怎样，"读写能力"和"识字率"与学校教育有着极高的关联性。从学校教育与"素养"的关系来看，学校教育的修学年限往往被视同为"素养"的获得。比如 20 世纪二三十年代，美国对大量失业青年进行职业训练，然而即便他们脱盲并掌握了初步的读写能力，但无法在实际生活中充分运用仍然是一个问题。所以美国规定必须有小学 3 年级以上的上学年限才算有"素养"，反之，不满 3 年级就不算习得了充分的"素养"。尔后，美国的"素养"标准节节攀升：1945 年规定必须有 4—5 年的上学年限，1952 年规定 6 年，1960 年规定 8 年，1970 年代末变为高中毕业，并延续至今。[1] 以学校教育的修学年限作为评判"素养"的标准从一个侧面表明，把"素养"习得本身作为独立的判断标准是困难的。说一个人拥有"读写能力"，要读了多少的书、能写怎样的文章才够格呢？要为判断"素养"的习得设置一个标准，确实并非易事。那么，掌握"读写能力"究竟意味着什么？我们也许可以从以下"素养"概念的历史发展中寻找答案。

(二)"功能性素养"的出现：在日常生活中发挥作用 ··

为探讨作为"读写能力"的素养的具体内涵而提出的一个概念就是"功能性

素养"。所谓的"功能性素养"规定了认识发音与文字关系、阅读简易文章之类的初步水准,而且也关注了日常生活中能否发挥读写能力的功能性侧面。比如,即便在统计上识字率较高的发达国家,在实际的日常生活中不能理解药物的说明书、不能把握报纸头版头条的内涵之类,也意味着未能充分掌握生活所必须的读写能力。面对这种问题,功能性素养论提出了"读写能力"在日常的实际生活中能够真正起作用的功能性侧面的重要性。

最早指出"功能性素养"重要性的是美国的格雷(W. S. Gray)。早在20世纪50年代,格雷根据联合国教科文组织的要求而撰写的著作中,就界定了何谓"功能性素养"。他说:"所谓掌握'功能性素养'是指在其所属的文化或集体中拥有起码的读写能力、能够有效地展开所有活动的读写所需的知识与技能的人。"[2]但格雷进一步表明,只培养简单读写的素养教育,是不能教会人们实际运用的。阅读的行为除了音读之外,还包括通过默读理解文本内涵,丰富自身的经验。例如,从媒体获得信息满足好奇心,阅读、理解通知和说明书并带来行为的变化,以及欣赏审美的表现、体会阅读的快乐。可以说,阅读的行为有种种功能(作用),而人们应当掌握的素养的功能性侧面,在每一个人所属的社会与时代中是各不相同的。

值得注意的是,素养的功能性侧面并不局限于日常生活的实用功能。素养教育不但要为未成年人与成人有效地应对日常生活做准备,也必须满足人们在参与更大的共同体的活动、生活与思想之际的需求。通过阅读丰富自身的经验,开拓喜悦与创造的新路也很重要,仅仅局限于眼前问题解决的素养教育计划的视野是过分狭窄的。格雷的主张是从社会、文化、政治的视点来看待素养的功能性侧面,而非单纯地强调日常生活中的实用性,"素养"的习得是关系到学习者的自立与社会参与的课题。

(三) 文化素养的推敲:从文化的视点追问功能 ·············

"功能性素养"的概念不可避免地会带来经济主义的功利性,针对这种问题,"文化素养"(cultural literacy)论则从文化的视点出发来把握素养的功能性侧面。所谓"文化素养"关注在该语言中能够读写的人在不经意之中分享的文化知识内涵,其代表性的倡导者是赫希(E. D. Hirsch)。他在1983年发表了题为"文化素养"的论文,强调文化知识内涵的重要性。面对当时美国儿童读写能力低下的问题,赫希基于认知心理学的见解探讨其原因,强调了在读写文化中掌握共同的知识内容的重要性,并采用了"文化素养"这一术语。赫希设定,在读写文化中共同拥有的知识内容,是国家层面作为国民性的共同性——"国民的共同词汇",即每个人都必须知道的 5 000 个词汇,就是一例。

"文化素养"的概念提出后不久,就遭到激烈的抨击。第一个论点是关于文化素养设定的文化知识内涵的共同性问题,认为过分着眼于共同性会忽略了文化的多样性与复杂性。具体而言,赫希为寻求国家层面的共同性所提出的"国民的共同词汇",实际上设定的是以白人为代表的主流文化,是一种强制文化同化的"文化霸权主义",在词汇的选择上是极其强权式的。另外,在"国民的共同词汇"中,围绕其内涵的论争也此伏彼起,从词汇所联想到的意义与价值观未必是所有国民共同的,所有人对于同样一个词汇并不会做出同样的反应(解释)。第二个论点是关于习得文化素养的方法,认为这不过是无视儿童拥有的种种文化背景而灌输共同的知识而已,因而无非是陷入死记硬背而已。目录化的词汇在支离破碎的碎片化状态下是不可能习得的,有必要考虑儿童拥有的多样的生活经验,参与琢磨、建构词汇意涵的过程。

与此关联,吉鲁(H. A. Giroux)提出了一个重要问题。他说:"赫希的素养概念,缺乏所有主体议论的契机,就像阅读电话簿一般。另外,他脱离了作为宏大叙事的理解与批判、自我与社会建构这样的部分,亦即缺乏运用适当知识的视点。"在他看来,在既有的统治阶级文化中,对于失落了体悟自身经验机会的少数民族与工人阶级子弟而言,对主流文化的适应不是重要的,重要的是批判性地解读由于社会中潜在的不平等而形成的受压迫的权力关系。因此,探寻他们被边缘化或者失声的原因十分必要,而有可能批判性地解读旧有统治阶级社会结构的契机就在于"素养"。换言之,赫希强调的共同性的"素养"概念缺乏多元的考虑,无视了素养的批判性侧面。

(四) 批判性素养的倡导:从解放到跨界 ································

1975 年在伊朗的波斯波利斯召开的联合国教科文组织国际读写能力(素

养)研讨会上通过了《波斯波利斯宣言》。所谓的"识字"并不单纯停留于读、写、算，还要求对人类的解放与全面发展做出贡献。巴西的教育学家弗莱雷（P. Freire）倡导"求变革的识字""求解放的识字"，对该宣言产生了巨大影响。在他看来，劳动者受统治阶级压迫而被贬低为"沉默的文化""强制的劳动""卑微的人格"。

在弗莱雷之后，批判性教育学的代表人物是吉鲁。他一方面抨击文化素养论，另一方面强调素养的批判性侧面的重要性。吉鲁首先揭示了学校教育内在的不平等权力关系的再生产论，为批判现实提供了"批判话语"。但是，仅仅提供话语，学校仍会被埋没在现存的权力关系之中。因此，他着眼于统治中隐含的矛盾与张力，指出学校不是"支配—从属"的再生产装置，而是内在地隐含了反抗与冲突。他吸纳了弗莱雷提示的贯穿于素养教育的意识与社会变革的可能性的思想，主张学校教育在学习者成为"抵抗主体"、构筑平等而民主的社会方面，是可以提供"可能的话语"的。在这里，受到重视的正是学校对"批判性素养"的培育。吉鲁认为，学习者在批判性地解读文字及其背后的现实世界的过程中，是能够作为抵抗主体站立起来的。在培育批判性素养之际，为了使学习者对现实的批判性解读成为可能，就得着眼于文章中存在的作者的"关心框架"，并认识关于另一个事件的不同的关心框架。吉鲁的主张反映了这样一个事实：素养教育的内容不应当由统治阶级决定，而应成为围绕"谁的关心框架得以普及"的斗争场所，也就是把知识作为论争性的东西来把握。

在这种培育批判性素养的场合，成为关键词的不是共同性，而是多样性；不是一味地规定，而是必须把包含种种矛盾与冲突的权力关系纳入视野范围。在这里，吉鲁进一步论述，提出了"超越境界"的概念。为了解读复杂交织的权力关系，学习者必须超越种族和性别等彰显自身特征的文化的、政治的、社会的"境界"，同别的种种境界交织起来。就是说，要批判性地解读围绕"差异"的政治力学——如何借助"境界"去创造"差异"。

由此来看，"超越境界"的视点、批判性地把握"素养"，是同创造出尊重多样性的公共领域联系在一起的。

(五) PISA 素养的再探讨 ···

上述素养概念的回顾着重于对功能性侧面与批判性侧面的探讨。

PISA 不仅重视初步的音读,而且重视实际生活中有效的读写能力的发挥,突出了"功能性素养"的重要性。正如格雷指出的,"通过阅读,将可能最大限度地提供更丰富、更满足的生活"。不过应当注意的是,PISA 的素养界定超越了 20 世纪 70 年代被称为"功能性"或"为了生存"的狭隘的素养概念,强调在更广泛的境脉中"参与"的重要作用,亦即更广泛的"社会的、文化的、政治的"意义上的"参与"概念。这里的"社会参与"涵盖了"批判性立场",因此,PISA 的素养概念含有批判性侧面。所谓的"PISA 的阅读素养",是指"学习者为达成自己的目标、发展自己的知识与可能性以及有效地参与,而理解、运用、精通书面文本的能力"。其中包含了如下三个侧面:读取信息、文本解释、深思与评价。倘若进一步分析,可以分为五个侧面:读取信息、广泛理解、展开解释、把握文本的内容及其评价、把握文本的形式及其评价。这意味着,PISA 的阅读素养重视从内容与形式两个侧面批判性地解读文本的能力。

当然,素养的这两个侧面是不可分割的,单纯强调批判性侧面就会走向极端。在素养中有种种功能在起作用,并不仅限于个人单纯的读写能力,而是必须有更大的社会视野,探讨两种侧面的功能相统一的素养概念。这些功能(作用)往往令人联想到"潜能"。"潜能"的概念或许是连接素养的功能性侧面与批判性侧面的一个切入口。

二、基于核心素养的课程重建

在 21 世纪的知识社会里,一个人即便记住了再多的现成答案也是无济于事的。为了能够在问题解决的过程中创造可持续发展的社会,就要求每一个人拥有自己的思考、知识与智慧,做出主体性的回答,而不是等待谁来回答问题。就是说,不仅仅要求"知道什么",还能够"运用知识,知道能够做什么、如何解决问题"。特别是随着信息化的进展,与其单纯地记忆知识,不如着重于求得如何借助探究、梳理信息与知识,从而产生新的想法。而且,在知识社会时代,人际交流与协同的机会增加,接触多样的信息与思考的机会也会增加。发展学习者多样性、求得问题解决、构筑新的思考能力,成为头等重要的课题。这样,"核心素养"的概念自然应运而生:知识社会的健全未来的创造来自每一个人的能动性,牵涉到每一个人能否凭借自身的力量与同他者协同的力量,创生基于知识的新的回答与价值。因此,基于"核心素养"的课程重建应当体现两大特质。[4]

其一,求适应。在自然界中只有能够很好地适应新环境的生物才能生存下来,不能适应的生物只能灭绝,这是自然淘汰的核心法则。作为人类知识与关键能力的共同基础的课程,也遵循这一规律,倘若课程没有适应性,就会变得僵化。世界在变化,最优课程目标也得随之变化。所以,没有修订必要的课程是不存在的,而且不同学科变化的深度不一。课程必须直面新知识的出现,准备好课程框架的修订。课程适应力的另一方面是课堂之外的网络空间。在重要的学习目标之中,课堂之外也存在多种多样的非正式的学习机会——社会见习活动。真正有适应力的课程绝不是封闭的、自我完善的。其理由有二:第一,人类的知识基础在持续地成长与变化,课程必须与时俱进。教科书本身是适应性的活的文本,每当出现新的变化,就要进行修订与更新,以适应世界的变化。第二,课程是为适应每一个儿童的需求、兴趣与个人成长而可能加以调节的部分准备的。所谓的"自主学习"重要的是使儿童学习动机高涨、学习成果提升、执行能力发展,这本身就是终身学习的重要方法。有效的课程在强调有关种种知识体系的关键概念与过程、结构与工具的同时,也能够扎实地引导学习者。这种课程旨在培育知识、运用知识,强调实用的、认知的、情意的侧面。如此,儿童才能够选择应当学习哪一个领域,并由此做出适应终身的更好的职业选择。

其二,求平衡。杜威说:"如果我们沿用过去的方法教育今天的学生,那么我们就是在剥夺他们的未来。"[5]面对新时代对学校教育的诉求,我们的教育思维不应当采取二元论的立场。国际课程设计中心列举了下述问题,这些问题不是非此即彼的,而必须是兼容并包的[6]:

1. 现代知识与传统学科。一方面应当引进人工智能工程学、创业家精神、程序设计、媒体沟通之类的现代科目,另一方面,阅读、数学、语言之类的传统学科依然重要。这就需要淘汰其中落后于时代的部分,腾出适当的用于现代性论题与主题的课时。这并不意味着抛弃既有的课程,而是意味着学校课程的重建。

2. 深度与广度。学校教育的课时是有限的,应当提升课程学习的深度(特定知识的专业性)与广度(连接并理解种种学科领域所组成的知识体系),促进儿童在连接种种论题的同时,从中做出选择,展开深度学习。

3. STEM与人文科学。"多能"永远是面对不确定未来的出色策略。在实施接受良好训练的人文科学与艺术课程之际,可以授予种种作业成功所必须的众多技能(批判性思维与创造性等)。艺术教育是同高阶的创造性思维、作为学习者的自我认知的提升、更好的学校氛围等众多因素结合在一起的。

4. 身与心。健全的心智寓于健全的体魄。拥有充足的营养、适当的运动、良好的睡眠习惯以及休闲与娱乐、运动与竞赛的机会,会赋予所有学习者以动机,促进自我成长。人们的心智同身体处于复杂的关系当中,在这里重要的是不轻视身心任何一个方面。

5. 知识、技能、人性、元认知。传统课程聚焦于知识内容的掌握,但在种种领域中,儿童必须求得知识内容与相关能力的平衡。这是指,运用知识的技能;动机作用与复原力,社会的、情绪的知性等人的品性;有助于儿童成为反思性、自律性成熟学习者的元认知学习方略。

6. 成果与过程。就教育的成果而言,当前的教育越来越重视产生学习体验的成果。不过对儿童而言,仅就这种成果给予报酬,往往会降低其内发动机乃至成长、熟练、刻苦学习的心态,当学习过程困难之际更是如此,最终会走向这种取向的反面——仅仅关注过程,全然不关注成果。成果与过程作为学习过程的重要因素,两者都必须强调,同时给予评价。

7. 个人目标(需求)与社会目标(需求)。个人目标与社会目标多以相互促进的形式协同地发挥功能。就理想而言,最好是能够才尽其用,热情向上,发现并创造有益于世界的工作。

8. 全球视野与地域视野。学校的课程作为统一的框架,应当重视全球视野,但在各自领域也须从地域视野切入。共同的目标是同地域的价值与思考联系在一起的,两者同时发挥作用,比之偏执于一方更为优越。

9. 内化与弹性。要有效地发挥效果，框架就得内化，重新设计现行的课程标准。不过这并不意味着新标准就是完美的、一成不变的，相反，课程标准必须适应世界和人类知识的变化，不断地修订框架。

10. 社会进步的理想形态与尊重地域的规范。社会进步的表征是世界大同，在思考社会理想之际，境脉与文化是重要的因素。秉持世界大同的信念，同时也尊重地域的规范，两者并不是对立的。

三、学校教育革新面临的挑战

基于"核心素养"的学校教育要求教学范式的转型，学校的革新面临三大挑战。

第一，确立学校教育新的学力目标。这就意味着学力目标需要实现从"内容"到"素质"的转型。在此过程中"能力"与"素质"的养成必然成为中心课题，因此，要求从"知道什么"到能够运用知识、"能做什么"的转型。"知道什么"与"能做什么"是大相径庭的。要"能做什么"，仅仅是"知道"知识是不够的，还得从"理解"的水准提升到"运用"的水准。这就是所谓的学校教育从"教"到"学"的范式转型。

第二，着力于课程编制的优化。所谓的"校本课程开发"不是抛开教育部的课程标准，重起炉灶、另搞一套，而是根据本校的特点，在学校、学科、学年、班级、个别指导等学习经验的所有层面，使课程标准得到创造性地落实。因此，学校工作的着力点，不是开发五花八门的校本课程，而是基于国家的课程标准，不断优化本校的课程编制过程，亦即实现儿童学习的"计划、实施、评价、改进"（Plan-Do-Check-Action，PDCA）的循环往复。

第三，提供能动学习的条件，实施真实性评价。为此，我们应立足于能动学习的视点，设计儿童的学习活动，同时设定旨在把握儿童素质与能力形成的"真实性课题"，实施真实性评价。能动学习的教学设计着力于体现促进深度理解的两个特质：一是促进思维深化的"内化与外化"的循环往复；二是以个人为基础的"个人与小组"的循环往复。[7]

总之,在新的教学范式之下,我们必须明确设定未来社会所需的素质与能力目标,在此基础上,以大观念(学科的核心概念)为中心,设计能动的学习,并求得课程编制的不断改进。

参考文献

[1][2][3]　松下佳代,编著."新能力"能够改变教育吗?［M］.京都:智慧女神书房,2015:83—84,85,88.

[4][5][6]　C. Fadel,等.21世纪的学习者与教育的四个维度［M］.岸学,主译.京都:北大路书房,2016:40—42,39—40,40—46.

[7]　田中俊也,编.教育的方法与技术:培育学习的课堂心理学［M］.京都:中西屋出版公司.2017:48.

3. 真实性："核心素养"的精髓

在当今时代，一个人是否拥有"核心素养"是左右其未来的重大要因。"核心素养"是学习者在同他者的对话过程中，运用技术，寻求问题的解决方略，从而产生"知识"的能力。这种能力"新"在哪里？一是强调信息技术的运用，二是突出知识的创造与革新，三是重视共创性对话能力。这种学力不是少数优才儿童的垄断品，而是在每一间教室都可能实现、每一个儿童都能够形成的"21世纪型能力"。"核心素养"区别于"应试学力"的最大特质就在于"真实性"。真实性正是"核心素养"的精髓。

一、真实性学力

学习科学描述的"21世纪型学力"必须是能够终身持续地"传承""分享"乃至"创造"文化的"知识建构型"学力。立足于建构主义的学习观，培育"核心素养"的教学设计不是碎片化知识的"记忆"与"再现"，而是重视现实问题的"探究"与"问题解决"。因此，这种学力应当具备如下三种特质。[1]第一特质，可信赖性。可信赖性意味着基于能够信赖的学术依据。可以说，传统的学校教育不可能培育这种可信赖的学力。第二特质，可迁移性。传统的学校教育不可能满足这个特质，因为只能解答习题、试题的能力，不过是一种"应试学力"而已，解决不了在学校之外现实生活中的问题。第三特质，可持续性。对于儿童而言，学习的本来目的无非是指向自我实现与自我成长。传统的学校教育也满足不了这个条件，因为传统学校教育中的"学习"离开了学习的本来目的——自我形成的过程。儿童从学校毕业之后，学业便终止了，不可能培育出终身学习的能力。

今日所谓教育的成功,不再是文本知识的再生产,而是运用既有知识准确地拓展,进而把知识运用于新的情境之中。[2]换言之,仅仅"知道什么"是不值得赞赏的,值得赞赏的是"怎样运用知识""怎样在现实世界中驱使知识""怎样去求得适应"。纽曼(F. M. Newmann)等人把这种能动的学力界定为"真实性学力"。这里所谓的"真实性"是指:(1)不是既有知识的"再现",而是新知识的生产;(2)不是知识的"记忆",而是基于先行知识的"学术探究";(3)不是学校中封闭的知识成果,而是具有"超越学校价值"的知识成果。[3]所以,这种学力不是碎片化知识的堆积,而是指问题解决所必需的、以"思考力·判断力·表达力"为中心的学力,归根结底是一种兼具"知者不惑、仁者不忧、勇者不惧"的"生存能力"。基于"核心素养"的教学设计,就是以这种直面现实世界的"真实性学力"的形成作为具体目标与内容选择标准的。这种标准可以归纳为下述三个条件:

第一,保持"习得功能"与"活用功能"的平衡。传统的学校教育在两种对立的学力观——重视"习得"的学力观与重视"活用"的学力观之间摇摆,因此,"习得功能"与"活用功能"是彼此割裂的。这种割裂使得学校的课堂教学沦为枯燥无味的训练,导致学力品质的低下。21世纪的学校教育期许的是消解两种学力观间排他性的对立关系,把两者整合为立足于第三种学力观的学校改革。这样,"习得功能"与"活用功能"之间的平衡就能得以保持,学校的课堂就得以成为"有意义学习"的场所。

第二,培育驾驭自己学习的元认知能力。这种认知能力可以比喻为飞机的两翼:左翼"习得功能",右翼"活用功能",驾驭两翼的就是"元认知"。这种驾驭意味着将学校中习得的知识与日常生活中积累的日常知识连接起来。借助这种元认知的作用,知识的应用便成为可能。不过,学校中习得的"学校知识"大多是解答"良构问题"(有标准答案,明确界定解决方法的问题)的知识,相反,日常生活中遭遇到的许多问题是"劣构问题"(没有标准答案,不能明确界定解决方法的问题)。因此,培育元认知能力是同培育知识运用能力息息相关的。另外,借助元认知能力的作用,能够把"如何生存"这一个性化课题与为此"应当学习什么"这一社会化课题连接起来,这时的学习便指向自我实现、自我成长的自我形成活动。换言之,这种活动无非就是每一个学习者编织的不可替代、世间唯一的"自我史的故事"。这样编织出来的多样个性化的自我史,通过分享与交流,得以创造性地编织成文化创造的"社会史的故事",这也是"知识建构型"学习的本质。

第三,培育终身学习的学习动机。上述"知识建构型"的学习正是每一个人的终身学习所必需的。这种真正的学习动机仿佛"引擎",对于知识建构型学习的终身维系是不可或缺的。因此,儿童想要在学校里发现学习的意义与价值,就不能基于他律性的学习动机和专注于考试成绩的碎片化知识。重要的是基于自律性动机,"为了未来的工作与生活""为了锻炼智慧""为了享受学习本身的快乐"而学习。就是说:其一,所谓真正的学习动机不是对"浅层学习"的兴趣,也不是一味听命于教师指令的被动的学习态度,而是拥有对学习的真正兴趣与爱好,同时也感受到掌握新的知识与技能的喜悦与成就感。其二,即便没有教师的指导,也能凭借自身的内发动机,展开自律性学习活动。其三,这种自律性的"学习态度"能够在日常生活中最终定型为"学习习惯"。

学习科学描述的"21世纪型学力"归根结底是"文化传承""文化分享"再到"文化创造"的"知识建构型"学习得以终身持续的能力。长久以来学校的课程标准主要强调的是语言与数学之类的"硬能力"、知道多少事实的"硬知识"。而晚近的课程标准则强调被称为"软能力"的"21世纪型能力",其核心是"创新能力"。学习科学的研究者取得了共识,认为这两者之间并不是二元对立的。如何让学习者一体化地习得"硬能力"——"基础知识与基本技能"与"软能力"——"21世纪型能力",正是"真实性学习"需要探讨的课题。

二、真实性学习

学校中的教学是借助"教"与"学"的交互作用而形成的。即便教师拼命地"教"了,倘若学生不"学",教学终究是不会成功的。就是说,学生学了什么是最重要的。巴尔(R. B. Barr)与塔格(J. Tagg)说:"'教'不是目的,学生的'学'才是教学的目的。因此,教学的主体不是教师,是学生。"[4]真实性学习不是学生听从教师讲解之类的被动的态度,而必须在教学中实现能动的思考。因此,真实性学习必须是"能动学习",实现从"教"到"学"的教学范式的转型。

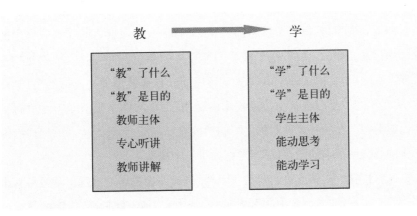

图 3 - 1　教学范式的转型

(田中俊也,编.教育的方法与技术:培育学习的课堂心理学[M].京都:中西屋出版公司,2017:42.)

教育的目标、方法与评价应当是三位一体的,实现"知识建构型"的课堂教学设计需要满足以下三个条件[5]:

1. 重视学习者中心的教学。传统教学的主要问题是"教师应当如何教",对于"学习者如何学习"几乎是不问的,教学的设计也由教师包办代替。在 21 世纪的教学中应当积极地纳入儿童自身决定如何学习、学习什么的课题。

2. 重视真实性教学。在真实性教学中,儿童挑战的课题不是参考书和问题集中的问题。这种问题大多按照单元分类,以寻求碎片化的知识居多。因此,这种问题即便解决了,也不会产生知识的综合化。要求得知识的综合化,就得有跨学科的、把多样的知识串联起来的学习。这是真实性学习的第一个要点。第二个要点是在有现实感的问题上下功夫。即便是超越了学科与单元的框架,问题倘若游离于日常生活之外,儿童就不能感受到问题解决的现实感。而没有这种现实感,儿童就不能动员自己拥有的力量,致力于问题的解决。

3. 协同式问题解决的教学。在真实性学习的课题中,儿童之间的相互切磋是十分重要的。在这种协同的问题解决中,个人与个人连接,形成学习共同体。在这种共同体中相互启发、彼此共鸣,使得儿童的个性进一步得到磨炼。

所谓的"学习"不是被动地记忆知识,而是能动地参与,解释信息、建构知识的过程。要有效地学习,就得基于学习者的既有知识来进行教学设计;要促进学习者的概念理解,就得给予反思知识状态的机会;学习者之间在共同体中的交互作用也是必要的,这样,基于情境的可迁移的知识(主体间知识)的建构才有可能。在这里,支撑这种学习的教学环境的设计极其重要。所谓的"教学环境"并不是单纯的学习准备与信息技术的运用,而是教师支援下学习者进行主体学习的场域。在种种条件制约之下的学校教育现场,问题产生、问题分享、问题深化的真实性教学的设计,应当考虑如下三个视点:

其一,自主学习,即儿童自身孜孜以求、锲而不舍的学习过程。学习科学出现之前的教学不是"学习者中心",而是"教师中心"的。就是说,传统的教学研究的重要问题几乎都是"教师应当如何教""学习者学什么、如何学",根据教师的判断进行设计,不太重视学情分析。就好像是一个全包性的旅游,一切委托给旅行社,按照旅游计划出游。传统的教学也是同样情形,这是不可能培育出自主、自律的学习者的。因此,在真实性教学中应当具备儿童自身决定"如何学习、学习什么"的"自主计划型"学习课题。

其二,对话学习,即直面真实问题的教学,通过同他者的协同以及同外界的交互作用,拓展、加深自己见解的学习过程。真实性教学的第一个要点是,要求得"知识的整合"就得有跨学科的教学,亦即在儿童习得学科基础知识的同时,超越学科的框架,学会连接多样的知识。第二个要点是,有现实感的综合性问题。即便是超越学科的综合性问题,倘若脱离了日常生活,儿童也不会感受到问题解决的现实性。唯有能够感受到现实性,儿童才能调动自身的能量,潜心投入问题的解决,这是同"知识传递型"教学截然不同的。当然,在真实性教学的场合,问题解决未必能够达成,倒是以未解决的问题居多,这是因为现实的诸多综合性问题是"劣构问题"——不限于一个问题解决方式、没有标准答案的问题。不过,在现实性的综合问题的场合,问题是否得到解决并不是那么重要。这一点与教科书、问题集中的"良构问题"的解决在本质上是不同的。因为解决

"良构问题"的目的是通过问题解决习得知识技能,而在现实性问题的场合,其目的不仅是知识技能的习得,更重要的是通过问题解决的体验,促进多样的"知识的整合"。

其三,深度学习,即在习得、活用、探究的学习进程中,协同解决问题的学习过程。真实性问题的学习重视协同解决问题,亦即重视儿童相互发表见解,通过对话讨论锻炼思维,致力于在协同的问题解决过程中通过个体连接形成学习共同体。在这种学习共同体中儿童相互启发、产生共鸣,从而使得儿童的个性进一步丰富。

布鲁纳(J. S. Bruner)认为,"如何援助儿童"是受"儿童是怎样一种存在""应当思考怎样的知识"所左右的。他比较了如下四种"教授法直观模型"[6]:第一种,模仿者。即给不懂的儿童进行示范、演示与练习,重视技能训练甚于知识与理解。第二种,无知的接受者。即儿童被视为无知的等待灌输的被动的存在,教学的行为是告知应当知晓的事实与规则。该模型假设人世间存在绝对正确的知识,儿童就像一块白板,可以一点一滴地教授知识、积累知识。学习困难儿童一般被视为心智功能低下,教学就是明白地为他们讲解规则,然后测验掌握的程度。第三种,思考者。建构主义的见解认为,儿童拥有自己的思考,儿童能够通过发现与对话建构模型。教育以协同性的学习活动与支援为中心,聚焦儿童的能力发展,引导儿童发现自己与伙伴在见解上的差异,能够基于证据展开讨论,重视纠正自己思考的元认知能力。教师的教学行为侧重于发现儿童原本拥有的能力,当教学遇到困惑之际,教师会反思自身并纠正活动设计中的问题。第四种,知识的运营者。即儿童借助个人信念与文化,通过同伙伴的对话、同前人积累下来的文化遗产——教材与专家的对话,进行客观知识的生产。

布鲁纳主张,上述四种模式的教学不是二元对立的,应当把它们融合起来实施。这就是说:其一,不能过分执着于第一、二种模型,它们的境脉是有用而有限的,但不能过分依赖这种经验,避免误用。其二,若采取第三、四种模型的建构主义见解,可以发现儿童是基于自身的知识框架进行思考的,每一个人的思考方式都是不一样的。其三,由于在教育现场一味求同(追求标准答案),可能导致看不见其间的"差异",或者即便发现了也会感到焦虑。21世纪型能力的培育不能仅仅基于第一、二种模型，还得基于第三、四种模型，甚至别的不同的模型来展开有丰富境脉的教育实践。

要克服"知识"与"技能"相割裂、"知识·技能"与"信念·价值观"相割裂的教育，就得同"碎片化知识灌输"的压力与欲望进行斗争。在课堂教学实践中，教师特别需要关注课堂教学的"内在逻辑"的建构。倘若学科教学是知识的单向传递与灌输，教师则难以感受到班级之间、学生之间的差异。当学生接受"如何理解内容、展开这样的认识"的学科教学的时候，班级之间、学生之间的差异就会显现出来。因此，教师要对课堂教学中的管理与秩序的状态同时进行重新思考。20世纪50年代，日本教育家东井义雄在提及课堂"外部秩序"与"内在秩序"的区别时说过这样一段令人回味的话[7]：

> "秩序"基本上是在每一个教师与儿童的"内心"进行的。试回顾一节课的活动，"不明白学到了什么"的儿童，牢骚满腹的课堂，即便是全班儿童规规矩矩，不东张西望，也不能说是"有秩序的课堂"。那么，有秩序的状态是怎样一种状态呢？那就是每一个儿童的"内心"想要学习的"灯火"处于点燃的状态——这盏"灯火"不会熄灭，不被遮蔽。无论是儿童自身还是儿童之间或是教师，都把它奉为圭臬。在这盏"灯火"的照耀下，学习的内容渐渐被儿童掌握，化为自身的血肉。把儿童的行为与态度视为"外在的东西"加以处置的教学是不可能有秩序的。唯有把儿童"内在"的、想要学习的欲望，视为不会熄灭、不被遮蔽的"灯火"来培育的课堂教学，才是我们寻求的教学"秩序"。

三、真实性评价

真实性教学需要"真实性评价"来支撑。教学与评价是密切关联的，好的评价应当具有洞察儿童如何变化的能力。"如果把学习比作航海，评价的功能就是起着引导学习的指南针的作用。"[8]

教学倘若是单纯地以传递知识为目的，通过记忆再现的测验就可以完成。

20世纪的教育评价就是基于旧的学习观与教育观——"学习即习得知识""教育即传递知识",以测量"知识的量"的"量化评价"为中心的。选择题、填空题之类的纸笔测验只能片面地评价学习者是否记住了传递的知识。但真实性教学的目标不是单纯地记忆碎片化的知识,而是必须把学到的内容用于尔后的种种问题解决之中。为了评价学到的知识是如何在实际中得到应用的,就得评价学习者在为解决问题而展开的活动,诸如发表、表演、报告、发言等等中的表现。这样,在现实的状态与接近现实的状态中进行评价就变得非常重要了。而这就是"真实性评价"的初衷。

这样,课堂教学的组织一定是基于"知识建构型"的学习观,重视真实性的学习课题,诸如围绕地球环境、能源、粮食、垃圾等现实社会的种种问题,展开协同学习。在这里,真实性课题不是考察碎片化知识正确与否的课题,而是根据如下条件构成的课题[9]:(1)源于现实脉络的实际课题;(2)要求更新判断与知识、技能的课题;(3)要求围绕某个主题付诸实施的课题;(4)模拟作为一个公民在工作岗位上实际面对的课题;(5)能评估有效地利用知识、技能以解决复杂问题之能力的课题;(6)便于尝试错误、调查资源并受到反馈的透明性高的课题。

这种真实性课题的学习采用"量化评价"是困难的,其需要的是真实性评价这一新的"质性评价"。所谓"真实性评价"就是在现实世界中实际直面的真正的问题解决情境中,应当对学力进行的质性评价的总称。它不同于以往以纸笔考试为中心的测定性评价,代之以问题解决评价的评价观。就是说,不是"目标—实施—评价"之类的成果评价,而是在展开"过程+成果"的评价中倾向于把握儿童的现实学力,根据多种多样的评价资料,实施"真实性评价"。构成这种评价的三个要素是:(1)观察。以某种方式观察学生知道什么、思考什么、会做什么。(2)推测。推测学生这些表现背后的认知过程是怎么起作用的。(3)清晰地把握学生这些表现背后的认知过程的真实面貌。综合这三个要素,作为决定下一步教学的判断材料。评价是起点站,不是终点站。教育评价不是对儿童"过去"的最终判决,而是给予每一个儿童的"未来"以希望与展望,给予他们踏上未知世界的勇气与自信。

裴列克里诺(J. W. Pellegrino)指出,"均衡的 21 世纪型评价体制必须立足于一贯性、囊括性、连续性这三个原则",以及"公平性原则"。[10] 第一,"一贯性"的评价体制是基于系统化的理论模型,亦即基于"学习进程"(learning progressions)——在适当的教学时间的跨度下,学习者对具体学习课题的某一知识或事物的思维逐渐变得更加复杂和精致化的进程——而形成的,它是大样本评价与课堂评价的基础。第二,"囊括性"的评价体制能够充分利用各种各样的评价方法,充分地测定所界定的评价目标,并有助于回应教育体制中各层次的决策需求。第三,一切层次的评价应当是连续的证据的一部分,能够长期地追踪每一个儿童的进步与教育计划的进展两个方面,这就是所谓的评价的"连续性"。第四,在评价体制中最根本的原则是"公平性",亦即一切评价应当不受与个人特性评价内容不相干要素的干扰,在评价中能够尽量地针对儿童自身知道的内容进行设计。

　　我国新课程改革以来各地中小学实施的档案袋评价,就是真实性评价的一个典型,但这是需要专章论述(参见本书第 23 章"开发档案袋评价的能量")的。这里针对我国评价体制的缺失与弊端,梳理一下需要在改革中特别关注的问题点:

　　1. 测定认知能力与非认知能力同等重要。确定 21 世纪型目标,支援学习的评价必须明确地传递所期望的学习性质,必须完整地显示通用的 21 世纪型知识与技能。

　　2. 测定过程与测定结果同等重要。21 世纪型能力的要点在于,学科知识内容的整合与面对新情境时知识的创造性运用。这就要求学习者系统地运用学科知识内容,以此来开展批判性思考、问题解决与课题分析。这样,就能够在磨炼儿童的能力的同时,帮助他们理解何为优质的学习,因为正确地把握过程同正确地把握信息是同等重要的。

　　3. 学生思维的可视化。评价应当提供儿童理解的手段与观察问题解决所使用的概念方略的手段,进而将儿童的思维可视化,提供高品质的评价实践模型。

　　4. 评价数据为决策提供正确而可信的信息。倘若测量缺乏合理的正确性,在根据结果做出推论或者决策时,会有犯错误的危险。在评价改革中必须探索新的心理统计方法,使得评价能够为所有的评价利用者提供作为决策指针的信息,或者提供可运用的反馈。来自评价的反馈有助于理解儿童的成绩特征,发现妨碍其学习进步的问题。

总之,"知识建构型"的教学评价绝然不同于"知识传递型"的教学评价。促进儿童通过同伴之间的双向知识传递,面向知识创造,持续地展开"探究",成为"知识建构型"学习的主人公,才是重要的。

参考文献

[1][5]　森敏昭,主编.21世纪学习的创造[M].京都:北大路书房,2015:11—12,28—33.
[2]　C. Fadel,等.21世纪的学习者与教育的四个维度[M].岸学,主译.京都:北大路书房,2016:2.
[3]　松尾知明.学校课程与方法论:基于核心素养的教学设计[M].东京:学文社,2014:45.
[4][9]　田中俊也,编.教育的方法与技术:培育学习的课堂心理学[M].京都:中西屋出版公司,2017:42,166—167.
[6][10]　P. Griffin,B. McGaw,& E. Care.21世纪型能力:学习与评价的新方式[M].三宅なほみ,主译.京都:北大路书房,2014:212,29—30.
[7]　东井义雄.课堂教学中的秩序问题[J].现代教育科学,1959.
[8]　生田孝志,等.开拓未来的教师的智慧[M].东京:一莖书房,2016:132.

4. 从"知识本位"转向"素养本位"

从"双基"到"三维目标"再到"核心素养",是我国新课程改革进步的表征。"双基"(知识、技能)强调的是基本的"读、写、算",这当然没有错,但其局限性是"见技不见人"。"三维目标"突破了这种唯技术主义的倾向,重视形成知识的过程、态度、价值观等人格核心的侧面。从"三维目标"到"核心素养"是教育目标表述的又一次飞跃,"核心素养"的界定意味着学校的课程与教学从"知识本位"转向"素养本位"。这里试从核心素养内隐的若干要素及其关系的分析,考察新时代的知识观与学习观。

一、双基・三维目标・核心素养

(一) 三维目标与核心素养

今日世界各国的"核心素养"本质上就是"三维目标"的延展与深化。[1]以下试举例说明:

1. KSAVE模型。它包括如下三个维度:(1)知识,这个维度包含了10种技能各自要求的特定知识与理解所必须的内容。(2)技能,这个维度包含了儿童的能力、技能、过程,相当于课程标准设计所规定的必须聚焦的能力、技能、过程。(3)态度、价值、伦理,这个维度牵涉到21世纪型能力中每一个技能的儿童行为与能倾。

2. OECD"关键能力"的概念。"面对某种特定社会中复杂的要求,能够借助心理的、社会的条件的集结,出色地加以应对的能力。"在这里,知识、认知技能、实践技能、态度、情感、价值观・伦理、动机等内在资源都囊括在内。全美研究评议会(NRC)倡导的"21世纪型能力"的概念也是一样。

3. 日本"素质·能力"的概念。该概念是在2000年代之后提出的。在2006年修订的《教育基本法》第一条(教育的目的)与第五条(义务教育)中使用了以往没有的术语"素质"。第五条的内容是"发展每一个人拥有之能力,培植在社会中自立生存之基础,养成作为一个国家及社会的建设者的基本素质。"同"素质"一样,"能力"也是多义且广狭两义使用的概念。有强调"通用能力"甚于"知识"的情形,如能力Ⅰ(能力,doing);也有像"素质·能力"那样对等使用的情形,如能力Ⅱ(素质,being);甚至也包括了"素质"在内的情形,如能力Ⅲ(素质·能力)。能力Ⅲ(素质·能力)同"关键能力""21世纪型能力"是相通的。

"核心素养"是学科素养与通用素养的统一,是硬件与软件的统一。硬件,即学科本质与学科思维方式,以双基(基础知识与基本技能)为表征;软件,即学习方式的学习、批判性思维、沟通能力、决策能力等高阶认知能力。

(二)"核心素养"表述的两种类型 ··

日本教育学者松下佳代分析了"核心素养"的两种表述[2]:

一是从要素的角度表述"核心素养"的三元结构。21世纪型能力的三个要素是知识、能力、素质(knowing、doing、being)。今日社会所要求的知识"不是单纯地知道什么,而是在必要的时候能够运用、解决问题的知识"。这就意味着,"知识"(knowing)不是"非活性的知识",是同"能力"(doing)相结合的"活用的知识",进而是不仅能够解决问题,而且赋予价值、兴趣盎然、积极进取的状态。这就是"素质"。也就是说,"素质"涵盖了价值、爱好、态度等。[3]比如,日本的学力三要素包括:(1)知识(knowing),即知识、技能;(2)能力(doing),即思考力、判断力、表达力;(3)素质(being),即主体性、多样性、协同性。OECD的关键能力包括:(1)知识(knowing),即知识(知道、理解了什么);(2)能力(doing),即技能(怎样运用知道了的知识);(3)素质(being),即人格(在社会中如何行动、如何参与)。这两者都强调"元学习"。

二是从关系的角度表述"核心素养"的三轴结构。21世纪型能力的三个基轴是认知性技能(cognitive)、人际性技能(interpersonal)、自省性技能

(intrapersonal)。OECD 对关键能力的界定是：(1) 同客观世界的关系(认知侧面)，即交互地使用工具；(2) 同他者的关系(社会侧面)，即在异质人组成的集体中交际；(3) 同自己的关系(情意侧面)，即自律地行动。这一界定强调"反思性"，全美研究评议会倡导的"21 世纪型能力"的概念也是一样。

上述两种表述方式尽管角度不同，但有一个共同点，即特别强调"元学习"与"反思性"。也就是，反思自己的学习，必要的时候改变学习的方法。强调"反思性"的概念还意味着"消弭社会压力，倾听不同声音，进行独立判断，对自身行为负责"[3]。

二、素质与知识·元认知·品格

(一) 素质与知识

"素养"与"知识"的差别在于"方法之知"与"内容之知"。"方法之知"是指学科知识内容的学习方式与思维方式，当然强调"方法之知"并不等于轻视学科知识内容的教学。一旦展开了"内容之知"的深度学习，"方法之知"本身也就培育起来了。各门学科的基本概念(诸如"力学三大定律""食物链""加速度""遗传基因")与思维方式，唯有同该门学科的教学内容密切关联和整合起来，才能把握该学科本质的问题。学科的基本概念与思维方式尽管不是核心素养本身，却是支撑核心素养的重要因素。例如，学生拥有的各门学科的大观念与思维方式，倘若能够运用它，即便同样的问题也可以从不同的角度来思考，这就是指向核心素养的教学所重视的一种"思维能力"。在这种教学中自然也涵盖了"方法之知"与"内容之知"。所谓的"学科"由三个要素构成：一是构成该学科的基本概念；二是这个基本概念背后的思维方式(本质问题的解决)；三是这个思维方式背后的基本价值诉求。在学科三要素的延长线上，就是一般所谓的学科教学的"三维目标"。应试教育背景下学科教学存在两大弊端。其一是纠缠于碎片化的"知识点"灌输，违背了作为一门"学科"的基本常识。其二是拘泥于僵化的学科中心主义学科观，缺乏"学科群"和学科融通的思维，违背了跨学科"整合"作为学校课程发展的基本原理的常识。

不过,"素养"与"知识"两者是相辅相成的,"素养在教学之初是学习所运用的手段,在教学终结也包括了教学内容在内的学习手段。因此,既是方法之知,也包括了知识之知"[5]。换言之,第一,"知识"是教学之后习得的,"素养"则是借由自身内化了的知识而发挥作用的。第二,在学科教学之初,可以区分"知识内容"与"素养",通过发挥后者的功能,可以更有效地展开知识学习。随着教学的进展,学习到的知识愈益成为"能动的知识",构成支撑素养的重要因素。第三,"内容之知""方法之知"相融合的"素养",在更高阶的学习阶段里得以运用。

(二) 素质与元认知

核心素养的界定不否定学科与学科教学,但反对分科主义,并且着力于提升学科知识与跨学科知识的运用,这一点同"元认知"密切相关。"元认知"是一种"控制个人的认知、态度与行为的更高阶的认知能力,可以说它像'司令部'一样,承担着控制人的认知活动的作用,对于学习活动产生强烈的影响"[6]。根据学习科学的研究,某学科领域的"元认知"未必就能在其他学科领域简单化地加以运用(迁移),要自觉地运用"元认知",就得拥有该学科教学中获得的特有经验。在这里,我们可以从"元认知"活跃的内行(熟练者)的特征中得到启示。

比较一下内行(熟练者)与外行(初学者)的差异,可以发现内行具有如下特征:

1. 内行是自身领域的佼佼者,并不是由于他具备普适性的思维能力与记忆能力,而在于其知识结构。领域不同,知识结构也不同,谓之"领域特有性"。

2. 内行拥有结构化了的重要概念与解决方法的知识,且在必要时能够提取;能够把庞杂的外部信息作为有意义的模块与范式加以把握。

3. 内行能够深度理解应解决的问题,并掌握了快捷而准确地解决问题的能力。这里所谓的"深度理解"意味着能够从问题背后的原理与原则的视点去把握问题的特质。外行只能表层地理解,而内行则会探究产生问题的原因。另外,内行之所以能够既快又准地解决问题,是由于解决问题所必需的作业得以自动化了。

4. 内行拥有出色的自我监控能力,即检验自己的状态、进行必要调整。因此,内行拥有的并不是普适性的能力,而是能够出色地解决专业领域问题的"高水准知识"。内行借助这种知识,能够解释并预测现象,并在评价自身认知的过程中采取适当的行为。

人的素养是以学科教学所积累的丰富的学习经验为基础才得以形成的,而在素养发挥功能的阶段中自然是涵盖了学科知识(内容之知)的。一旦成为内行,学习者就会建构起"内容之知"与"方法之知"一体化的"知识网络"。所以,核心素养被界定为"不仅是单纯的知识、技能,而且是运用涵盖技能与态度在内的种种心理的、社会的资源,在特定的境脉中应对复杂课题的能力"[6]。

(三) 素质与品格

应试教育全凭"高分"取人,以为"高分即高能",然而应试教育的评价体系及其升学考试所能检测的,不过是反映知识、技能掌握程度的"应试能力",亦即"低阶知识"或是"低阶认知能力"而已。从 OECD 对"关键能力"的界定可以察觉,"关键能力"的核心是"反思性能力",知识、技能对于整体的人而言,终究是一种手段。倘若运用这种能力的主体(人格)并不优异,即便拥有再大的能力,也不可能产生出色的业绩。换言之,培育理想的主体(素养、品格)才是教育原本的目的所在。应试教育的观念与体制的最大弊端就在于"见分不见人",一味关注学科知识内容的接受与积累,却无视了包括"态度""价值观"在内的健全人格的形成。所谓"双基"(知识、技能)当然是人格构成中基础的一部分,但不是全部。应试教育却颠倒了品格形成与培育"双基"之间的上下主从关系。新课程改革倡导的"综合素质"评价也为一线教师提出了一个难以解答但必须解答的课题——知识品质的提升与基础素养的培育,或者说学科教学与跨学科综合学习并举的教育与评价。这种教育格局不仅是必要的,而且是可能的。探讨如何实现这一并举的格局,成为教育目标、内容、方法、评价的重大课题。

"素质"或"核心素养"绝不能简单化地归结为"读、写、算"或"双基"(基础知识、基本技能),更不能"目中无人",要看到每一个学生都是一个"整体的人"。斯潘瑟夫妇(L. M. Spencer & S. M. Spencer)的"核心素养"操作性定义表明,核心素养不仅是知识、技能的认知性侧面,而且包括态度、特性之类的非认知性侧面。简言之,"胜任力"即核心素养,历来的升学考试或人事考核只是基于表层知识、技能的选考,而后再去开发作为根基部分的动机与特性。但根基部分的开发是艰难的,是否具备了理想的人格特征,应当受到更多的关注。从"育人"而不是单纯"育分"的意义上说,核心素养的界定是对"双基论"的一种颠覆。

新课程改革倡导学科教学(或学习)的"三维目标",包括基础知识与基本技能,思考力、判断力与表达力等思维能力与社会行动能力,主体性学习的态度与价值观,亦即所谓的"学力三要素",同核心素养不存在非此即彼的二元对立关系。不过,学校现场对这二者的把握往往是彼此分割的:首先是"双基",然后才是运用思维方式的过程及其体现的行为方式,再是形成学习动机、态度与价值观——这是一种分割的、阶梯性的把握方式,有悖于"三维目标"的本义。其实,在运用思维方式的同时,知识得以习得、学习动机也得以激活,所谓的"知识技能的习得在先,尔后才谈得上后者"的前提是不存在的。从这个意义上说,核心素养的界定是对"三维目标"的一种超越。

"核心素养"或"21世纪型能力"的界定,隐含了"知识创造"——"拓展学习""知识建构"的意涵。百年来以黑板为中心的课堂风景为之一变,教师的作用也逐渐从"知识的传递者"变为"协调者"。信息技术与互联网不仅为"信息素养"的培育提供了保障,也为跨学科素养(通用素养)提供了广阔的天地。

三、三种模型:"学习"的情境论解读

或许可以进一步将"情境论"作为线索,来矫正我们习以为常的陈腐过时的知识观与学习观。人不是单纯运用"头脑中的知识"的,而是通过对周遭事物的记忆、运用ICT收集信息、跟伙伴沟通的过程,来解决一个人无法解决的问题,产生新的观念的。这样看来,与其重视作为"头脑中静态的心智表象"的"知识",不如重视动态的知识建构——直面实际情境中的真实性问题,与伙伴一起运用工具解决问题。这正是谓之"情境认知论"和"社会分散认知论"的思维方式的要义。

与此相应,"学习"的概念也发生了变化。需要在"习得模型",即在"学习"

是"往头脑中迁移事实性知识"的基础上，加上"参与模型"，即参与运用知识的情境，并逐步成为其中的一员的"合法的边缘性参与论"。斯发德（A. Sfard）梳理了教学的两种隐喻。[8]在知识习得模型中，学习的目标是单纯接受知识，学生是知识的接受者、消费者与再建构者。在这里，知识、概念是垄断物，是商品。所谓的"学习"就是垄断了什么，从而助长了个人之间的分数竞争，导致人格的缺陷。教师是知识的提供者、管理者、调整者。在参与模型中，学习的目的是形成协同学习。所谓的"学习"就是成为共同体的参与者。学生是共同体中的边缘参与者和徒弟，而教师则是熟练的参与者和对话组织者。在这里，知识、概念是共同体的实践，是对话与活动。不过，在斯发德看来，唯有当两种教学隐喻相互竞争并不断印证其缺陷时，才有可能为学习者与教师提供更自由、更真实的效果。与此相反，理论上的唯我独尊与教学中的简单化思维，只会把哪怕是最好的教育理念也搞得一团糟。

从哲学的高度说，"所谓'智慧'，不是单纯的学问知识与头脑机敏，而是需要人生经验与人格完善，方能获取的"[9]。

参考文献

[1][2][3][4]　日本教育方法学会，编. 能动学习的教育方法学探讨[M]. 东京：图书文化，2016：25—30，25—30，28，30.

[5][8]　日本国立教育研究所，编. 素质·能力（理论编）[M]. 东京：东洋馆出版社，2016：67—68，49.

[6]　松尾睦. 经验学习：专业成长的过程[M]. 东京：同文馆出版，2006：29.

[7]　古藤泰弘. 教育方法学的实践研究[M]. 东京：教育出版公司. 2013：9.

[9]　江上英雄. 发现学习论：学力论与思维结构[M]. 东京：东京图书出版，2017：22.

5. 信息化时代知识教学的诉求
——兼议学校的"软环境"设计

传统的一块黑板、一张讲台、学生排排坐、教师一讲到底的知识灌输主义的课堂教学,迄今已有 150 年的历史,这种教育是为 20 世纪初工业化经济准备的。但未来的"知识社会"是一个不确定的世界,受教育者必须拥有"21 世纪型学力"——与其掌握知识灌输主义重视的碎片化的、脱离情境的"无用知识",不如学会"有用知识",即整合的、可实际运用的知识,而且最终必须具备"终身学习"的态度与能力。在当今社会,单纯记住事实与步骤的知识教育只能走向失败,知识灌输主义教育不能不说是一种时代的错误。

一、信息化时代与知识教学

信息化(互联网)时代对学习者提出了新的学力诉求,另一方面又为新时代的学力养成提供了无尽的信息基础。

(一) 信息化改变了知识教学的学力诉求

信息化对当今社会的最大贡献是什么呢? 那就是在人们面临问题时可以最大限度地排除人力资源与学习资源方面的物理性局限。在以往的岁月里,不在一块相处的人们是难以协同地从事问题解决的,如今课题组的成员却可以借助电子邮件等媒介,跨越国界进行联络与信息交换,人们不必碰面就可以轻而易举地同天涯海角的伙伴展开讨论。借助网络还可以把散布在世界各地的知识汇通起来,没有必要进行物理性的收集与移动。以往所谓的"知识分子"是指一个人具备广博的知识,亦即"博学"。但计算机的发展与科学技术的进步使得人类拥有的知识爆炸性地增长,在复杂的社会里一个人要掌握解决问题所必须的全部知识是完全不可能的。况且借助互联网,个人也无需掌握庞大的知识,只需在必要的时候发现拥有相关知识的场所就可以了。这就是说,信息化带来了知识教学诉求的变化。现代社会所要求的,不是知识的量,而是问题解决的能力——能够从分散于全世界的海量信息中寻觅、收集、评估和编织必要信息的能力。

在信息社会里,凭借一个人承担宏大的课题与实现复杂问题的解决几乎是不可能的,大都是以课题组的方式来完成。在解决极其复杂问题的场合,拥有不同专业知识的个人的集合,比之拥有同样专业知识的个人的集合,要来得有效。当然,在这种场合,不同专业的专家不是各自随性地作业,而是必须在小组之间合理搭配并且整合分散的知识。就是说,如何选择、如何运用外在的资源,成为重要的问题。一般说来,在利用外在资源的场合需要如下的下位知识[1]:(1) 洞察需要怎样的信息;(2) 了解怎样才能提取这种信息;(3) 琢磨收集到的信息的质,认定其是否值得信赖、是否有助于问题的解决;(4) 整合所琢磨的知识,用于问题的解决。实际上,从(1)到(4)的过程都不是轻而易举的,需要经过严格的训练才能实现。电脑与互联网的普及改变了社会对于人的能力的要求。以往认为,能够运用电脑软件进行书写与表格计算是一种重要的技能,但今日这种程度的能力已经远远不够了。要求人们拥有运用电脑的基本素养,犹如要求基本的读写能力一样,被视为是天经地义的事。在此基础上,人们还被要求拥有能够从分散于全世界的海量信息中提取有助于问题解决的优质信息的能力。

"核心素养"(包括"信息素养")是时代的客观要求,而不是主观想象的产物。教育为什么必须转型?因为社会的产业结构变了。如果说农业社会的产业结构比重依次为第一、第二、第三产业,那么工业社会的产业结构正好颠倒过来。随着"工业社会"到"信息社会"的变革,学校教育也需要实现相应的"颠覆教育"——从"教"的设计转向"学"的设计。[2] 2011 年《纽约时报》的报道称,2001年入学的美国小学生,65％在大学毕业时将会就业于今日不存在的职业。在今后的 10—20 年,将近半数的工作有自动化的可能。2045 年,是人工智能超越人类的节点。在急剧变革的 21 世纪社会里,学校教育期许的不仅是知识的习得,还需要有能够在现实社会里发挥作用的"通用能力"的培育。[3]应试教育的体制已经失灵了。这样的社会需要的是能够在海量的分布式信息中汲取有用信息的新型人才。因此,"信息素养"成为各个国家界定"核心素养"的关键要素。爱因斯坦说:"我们无法用提出问题时的思维来解决问题。"[4]就是说,新时代改变了知识教学的学力诉求。

(二) 信息化提供了知识教学的信息基础

另一方面,信息化(互联网)又为新时代的知识教学提供了信息基础,为实现真正的知识教学提供了可能。在传统的社会里,知识是世代相传的真理的储品,是永恒的真理的集合。这一点在不变的世界里是永远适用的,但在变化的世界里,传统的知识已经不适用。这些知识已经落后于时代,代之而起的是知识的灵活性与应变力。什么叫"知识"? 知识结构的三角形模型告诉我们,知识是由关于某种现象的事实,以及解决事实与事实之间的问题的步骤而构成的。DIKW 模型的知识结构如图 5 - 1 所示,从最下层开始,依次为数据(Data)、信息(Information)、知识(Knowledge)、智慧(Wisdom)[5]:

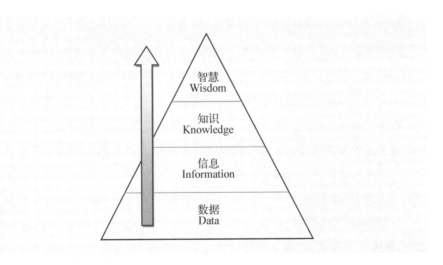

图 5 - 1　DIKW 模型

(林德治,等,编著.教学改善的进展[M].东京:行政出版公司,2016:50.)

从图 5-1 可见,数据＞信息＞知识＞智慧。这里所谓的"数据",其本身是无意义的符号(文字、数字等),只有通过数据的整理与分析,才能成为拥有价值与意义的信息。再者,信息根据目的与内容而得以系统化,成为旨在将问题解决步骤化的知识。而这种知识一旦被正确认识、有效化与熟练化,就成为智慧。美国著名运筹学学者拉塞尔·阿克夫(R. L. Ackoff)则把这种"人类心智的内涵,亦即我们可以学习的知识"分为五个层级:数据、信息、知识、理解、智慧。[6]不管哪一种模型,"智慧"在本质上是有别于数据、信息、知识与理解的。从这种数据培育智慧的过程来看,教师知识的创造或者说知识创造力,正是未来社会期许的重要的能力。

"如果我们用过去的方法教育今天的学生,那么我们就是在剥夺他们的未来。"[7]知识不是被动接受的,而是学习者变革业已拥有的知识的一种能动的建构活动。每一个人都拥有自己从日常生活观察中建构的若干朴素概念(理论),但这种朴素概念往往是错误的。要克服这种错误概念,就得有他者的正确理论的提示,单纯记住这种理论是不行的。学习者为了自觉地修正朴素概念,接纳正确的科学概念,需要借助既有的概念确认不能解释的现象,并在此基础上能动地运用正确的科学概念,用新的概念说明既有的概念不能说明的问题。

活的知识(有用的知识)的学习就是指理解知识的性质与价值,掌握旨在建构科学知识、进行科学发现的逻辑技能,以及理解合作地建构知识的意义。要学习活的知识,学习者就得发现学习的意义,将其同自己的日常生活经验有机地关联起来,把学习内容置于情境之中。不过,仅仅理解知识的价值是不够的,还必须有基于科学思维的严格训练。活的知识的第一个必要条件是学习者应当理解所学知识的价值。因此,新的教学应当以同现实世界连接的方式,亦即以情境学习的方式来进行。活的知识的学习本质上就是基于建构主义的能动学习。学习者是自己建构自己的知识的;是在共同体中,借助同伴之间的交互作用才得以理解教学内容的。知识归根结底是依存于情境的——以儿童为主体、以周遭的环境为客体,借助主客体的交互作用的连续性建构过程而形成。那么,解决复杂问题、能够自律性地学习的能力,究竟是什么?要思考这个问题,首先得明白何谓"死的知识""无用的知识"[8]。

应试教育背景下习得的大量知识往往就是这种死的知识。试举小学低年级数学的几个例子。传统的小学数学教材大体是同现实生活脱节的,因此许多学生讨厌应用题。[9] 例一,"托尼要去萨马奎布,除他之外还有 8 人乘公共汽车,汽车每小时跑 9 英里,从托尼家到萨马奎布需花 4 小时。请问萨马奎布离托尼家有多远?"学生给出的答案是 8 + 9 + 4 = 21,其理由是,"因为问的是'有多远'的距离",所以是加法。例二,"小詹站在大楼的正前方,大楼的高度是小詹身高的 8 倍,小詹 16 岁时的身高是 5 英尺。请问大楼的高度是多少? 学生给出的答案是 8 × 16 × 5,其理由是,"因为问题中问的是'8 倍'",所以是乘法。例三,"这里有 26 头羊与 10 头山羊,请问酋长的岁数是多少?"——显然这是一个荒唐的问题,是不可解的。但针对这个不可解的荒唐问题,居然有 3/4 的学生拼命地用加减乘除的种种方法去求解某种答案。这些例子充分表明,儿童是怎样思考、怎样求解的。对于他们而言,应用题是同现实生活没有关系的问题,不过是当下面临的必须求解的问题而已。这就是多数儿童所抱有的基本想法。这种没有体验支撑、单纯靠记忆得来的知识,就是死的知识,在现实的情境中鲜少能够得到运用。同"创造性的活的知识"截然不同,这种知识是不可信赖、不可迁移、不可持续(再生)的"无用知识"。

要使得所学的知识不是死的知识,就得使这种知识同学习者既有的知识连接、整合起来。要更好地学习概念与法则,就得创造性地运用这些知识。亦即为了接受、连接、说明新的信息,必须激活这些既有的知识。活的知识是根据需要能够灵活地激活的可运用的知识,是可信赖、可迁移、可持续的有用知识。对于学习者而言,最重要的不是在考试中取得"好分数"之类外在的报酬,而是学习者自身"想知道什么""想理解什么"等内在的智力好奇心(内在动机)。学校应当是有效学习的场域,所以"情境认知论"批判了远离日常生活的学校教育,把情境化的谓之"正统的边缘性参与"的学习形态,视为真正的学习形态。

二、路线分歧:技术主义还是认知主义

(一) 抛弃技术主义路线,拥抱认知主义路线

自 20 世纪 70 年代以来,随着心理学、计算机科学、哲学、社会学及其他学

术研究的发展,新的"学习科学"诞生了。学习科学研究的是"人是如何学习的",致力于设计实现"有效教学"的学习环境。亦即,第一,更好地理解认知过程和社会化过程,借以产生最有效的学习;第二,用学习科学的知识来重新设计学校的课堂与学习环境,从而使学习者能更有效地展开深度学习。在此后大约20年间,学习科学关注的课题是信息化(互联网)时代的学习环境如何有助于促进学生学习成果的提升,怎样改进学习环境的设计之类的问题也成为学习科学的重要研究课题。所谓的"学习环境"指的不是单纯的学习准备与ICT的运用,而是如何创造能够支援学习者能动学习的场域。[10]这里的"学习环境"涵盖了人际关系、电脑及其作用、校舍与教室的布局乃至整个社会的文化环境。信息技术,主要是指以电脑与互联网为代表的通信技术,以及晚近教育领域中,借助ICT的范畴,囊括操作信息与控制通信的种种机械的一种广义的概念。教育信息技术可以提升人的认知能力、改变人的思维方式,有助于人的知识建构与知识结构——数据、信息、知识、智慧的优化。教育的信息化带来的恩惠是,为重新设计学校的课堂与学习环境提供了技术支撑。但信息技术终究是学习者学习的一种工具,信息素养的养成不是单纯设立信息学科能够解决的问题,需要的是整个学习环境的改造。

技术主义路线是一个失败的路线。试回顾一下20世纪发生的技术中心研究的失败史:20世纪20年代,电影被视为将会极大地改变教育的最新技术。30—40年代,无线电因能够把全世界专家的声音传到教室而得到大力推广。50年代,电视教学被认为综合了电影与无线电的长处,将成为未来教育的关键。60—70年代,有人认为计算机辅助教学将会很快取代教师。诸如此类的案例,你方唱罢我登场。"新的技术将会改变教育"的主张尽管喧嚣一时,"在一些教育现场近乎狂热地投入,但新的技术的引进终究并没有获得成功"[11]。

从60年来媒体发展的历史证据中得出的教训是:其一,少胜多,更单纯的媒体能带来更出色的效果。这是由于人的大脑的发展机制——信息处理容易负担过重。其二,不同于商业广告的目标,学习的目标在于建构新的知识与技能,因此必须依存于要求劳力的信息处理。亦即,教学的设计不应当是技术中心的,而应当是学习者中心的。"最新的技术革新不是学习过程的万应灵丹。"[12]如今随着互联网的发展,一些人又在翻唱"学校消亡论""教师消亡论"的陈词滥调了,多媒体的教学设计究竟是技术中心还是学习者中心? 学习科学给出的答案是立足于"学习者中心"的教学设计。这种教学设计需要遵循以下原理:(1) 双通道原理,即人脑是分"视觉·图像信息"与"音声·语言信息"来处理的。(2) 能力限度原理,即人脑一次只能处理来自上述双通道的少量信息。(3) 积极学习原理,即有意义学习只能在进行适当的认知处理之际发生——学习者关注与自身既有信息相关的部分,在头脑中系统组织认知表象与信息资源的整合,或者从长期记忆中唤起既有知识相关的部分。[13]换言之,学习环境的改造意味着抛弃技术主义路线,拥抱认知主义路线。

教育的信息化不是技术路线的信息化。信息技术或互联网的优势,在传统的课堂教学中无法发挥。即便传统的同步教学引进了多媒体,由于其新颖性,也只能期待一时的效果。新颖性一旦消失,就没有什么显著差别了。[14]以实际的课堂情境为对象进行的研究结果指出,"媒体是单纯的教学活动的搬运物,对学生没有什么影响"。也就是说,利用电脑进行单纯的练习不会提升学习效果,而利用电脑解析关于日常生活中的应用问题则是有效的。在这里,教师教学能力的重要性得到突显。

(二) 发挥互联网的"知识增幅器"作用 ··························

传统的课堂教学是"熟练者向未熟练者的知识传递",而在情境教学中,教学是"参与共同体、贡献共同体"的文化活动。在情境学习论的启发下把互联网引进学校的教学,提供协同学习的支援环境的案例,展开促进学生参与的实践,在欧美国家出现了不少这样的项目。这些项目在多样化人才构成的共同体内部有效地利用了分享思维的表达工具,促进学生的积极参与。利用互联网的协同学习的优点在于[15]:(1) 促进共同体的意识,即在利用互联网的协同学习中,培育互联网的交流设计,进行面对面的交流,培育共同体的意识。(2) 提供他者的视点,即与共同体中多样的人交往,探讨自己见解的稳妥性,发现通常难以察觉的问题,从而理解自己与他者,培育创造性。(3) 记录学习过程,即反思自己的学习过程,推进学习。在互联网上的作业,容易加工、编辑、管理,使得记录反思学习过程与真实性评价有了可能。（4）基于交互作用的学习，即通过交互作用产生学习。

　　互联网被誉为"知识的增幅器"（Intelligence Amplifier）。当我们意识到未来社会要求的素养分散于世界，因此必须挖掘无尽的资源与最大限度地有助于问题解决的有效能力之际，互联网教育应当指向的方向，就不再是单纯的电脑操作技能的教育，仅仅教授学生利用互联网的技能显然是不够的。互联网技术今后还会进步，电脑也会进一步复杂化，运用互联网技术的场所与目的也会发生变化。但是，不管互联网如何变化，自主学习的能力、利用外在资源解决复杂问题的能力、自己建构新的知识的能力，都是通用性的素养。倘若缺乏这种素养，互联网再怎么进化也是枉然。因此，学校教育改革的目标不是"互联网＋"的教育，而应当是"教育＋互联网"，互联网不过是一种学习的工具而已。

　　寻求"无缝学习"（Seamless Learning）也是一个方向，因为今日的电脑具有图式化处理能力[16]：（1）电脑能够用具体的形态表征抽象的知识。（2）学习者借助电脑，能够用伴随图像的语言等方式明示自己建构的知识，亦即"可视化"——通过可以察觉的视觉方式将自己的思维外显化呈现的过程。（3）学习者借助电脑，能够对自己建构的知识做出一系列展示与修正的操作。（4）学习者借助电脑，能够图文并茂地对自己建构的知识进行反思。（5）借助互联网的学习，学习者同伴之间能够分享彼此的知识建构，接受协同学习的恩惠。

　　"无缝学习"倡导课内与课外、学科要素与跨学科要素、校内与校外活动、线上与线下的整合与连接。这种学习可以存在于有计划的场合，如课堂内开始的学习活动能够在家里通过联机的方式继续同伙伴的对话；也可以存在于偶发的场合，如从报纸与电视节目中获得的极有趣味的信息出发，开始新的学习之旅，并同学校教育形成互补。翁（L. H. Wong）和卢宰（C. K. Loolzai）在2012年提出了"无缝学习"的10个特征[17]：（1）正规学习与非正规学习的连接；（2）个别学习与社会学习的连接；（3）不问时间；（4）不问场地；（5）随时随地获得学习资源（在线信息、教师编制的资料、学生的作品、同学之间的在线交流）；（6）物理世界与数字世界的连接；（7）多类型机器的兼容并用；（8）多种学习课题的无缝切换(数据收集、解析与沟通);(9) 知识的整合(预备知识与新的多视角的思维技能与多领域的学习整合);(10) 复数的教学论或学习活动模型的兼容。依据这种移动学习,学习者不仅可以在场所、组织及社会情境的框架内,甚至可以交叉种种的情境,从种种的学习方式中自主选择学习方式或者调整学习方式。教师的角色不是为学习者提供信息的权威者,而是调控学习的调节者。在课堂里,手机不仅容易存取信息,而且便于教师管控个人之间、小组之间以及整个班级活动之间的移动。在课堂之外,手机不仅可以调节、引导学习,还能提供旨在调查自然环境的工具袋,保存检索获得的信息与注解,支援学习的对话。

无缝学习提供了富于魅力的愿景,这种教学比传统的教学更加有效,其理由至少有四个:其一,无缝学习同日常活动交织在一起,这些活动也成为了学习的资源。正如杜威倡导的,人们在日常活动中致力于克服问题与破绽的时候,可以得到学习,而连续的活动与对话流程的一部分会作为有价值的东西被认识并记住。其二,在无缝学习中学习的管控权被分散。在课堂中,传统上教师发挥管控的核心作用,但在无缝学习中,发挥这种作用的是学习者、辅导者与教师。除了技术之外,还可调动、盘活书籍、建筑物、植物、动物等资源。其三,无缝学习往往存在于情境之中。学习者在某个时点上被置于特定的客体、人群及资源的场所中,同时展开对话,通过修正、变更客体而同周遭环境相互作用,形成情境。所谓的"情境",意味着"知识"不是在学习者头脑中静态的心理结构,而是人和环境中的工具以及知识得以运用的活动。这种情境性的见解,超越了把传递与习得视为学习的看法,认为知识是通过浸润在情境中的实践与协商产生的。其四,如果利用设计良好的无缝学习能够在解释客体、收集数据、在其他场所同他者对话之中提供反思的工具的话,就能够将日常生活中的人与周围环境之间产生的自然的交互作用变为学习的机会。

三、学校"软环境"设计的原理与线索

(一) 学校软环境设计的整体研究

学校的"软环境"建设,即学校的课堂与学习环境的重新设计,并不是单纯

的教学技术的武装,而是指如何创造能够支援学习者能动学习的场域。问题的复杂性就在于,不仅未来世界是一个不确定的世界,课堂世界本身也是一个不确定的世界——课堂中的儿童是多元智力的存在,而课堂学习本质上是同世界的相遇与对话,不断发现新的世界、新的他者、新的自我的三位一体的过程。显然,传统的灌输式教学已经过时了。信息化时代学校的"软环境"设计需要重视三个基本原理:

第一,能动化。儿童的认识与能力是通过其自身有意识的能动的自主活动而发展的。因此,教师在教学中必须组织让儿童内化教材的学习活动,即让儿童能动地同教材相遇与对话。没有这种自主活动的教学,只是教师片面地灌输知识、儿童机械地记忆知识而已。这种能动化取决于教师如何使儿童成为能动学习的主体。所谓"能动化"可以表述为"赋予教育价值的、由教师直接或间接地激发并受到教师引导的活动,是在知识、技能的自主习得中表现出来的"[18],亦即在习得过程中形成的。这种能动的自我活动就同基于单纯的自然成长的自发性活动区分了开来。儿童的能动化首先意味着儿童成为了"学习的主体"。就是说,儿童不是被动地接受知识的"客体",而是引出了作为学习主体的自我活动的思维活动,形成了自主探究的学习活动。

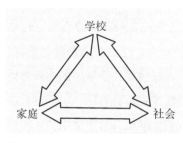

图5-2 广义的协同学习

第二,协同化。广义的"协同化"不仅是学生之间,而且也包括了师生之间、家校之间、学校与社区之间的协同。能动的学习活动绝不是一个人形成的。列昂节夫(A. N. Leontyev)说:"儿童能动的学习活动是在人们的实践与语言沟通中,在人们的共同活动中形成的。"[19] 就是说,儿童的学习活动是一种自主的共同的集体活动。作为"自主的共同的集体活动"的学习,包括两种组织方式。其一是基于学习共同体的自主性、共同性学习纪律的组织化;其二是基于对话的集体思维活动的组织化。

第三,技术化。教育信息化的课题重点不在于电脑与互联网能够提升什么教学效果,而是教师如何把控媒体环境,如何将其适当地运用于教学,为移动中的儿童点燃并维系学习的火种[20]：（1）新媒体本身不会产生教育效果,重要的是如何在课堂教学中有效地运用新媒体。（2）电脑在发展性问题的解析与调查结果的归纳方面能够发挥作用,所以不仅在认知侧面,而且在思考力、分析力、设计力的评价方面是必要的。（3）必须不断意识到学习的目的与教学的阶段,以免迷失学习目标。（4）互联网的出现加速了知识的陈腐化,不过应当留意,一味追求快速地收集信息会导致学习质量的下降。（5）伴随各种媒体的发展,需要留意由于图像的反思活动而产生的疑似体验,从而混淆了虚拟世界与真实世界。（6）发挥电子媒体的"记录性",让儿童的思维外化,促进学习过程的反思。（7）充实教学资源的引导,同时合理分配信息检索的时间比例,确保讨论的时间。（8）由于电子媒体所保存的信息取出时需要再现装置,必须探讨用怎样的媒体保存信息。（9）发挥互联网等的作用,促进同他者的交流,支援儿童理解自我与他者是十分重要的。（10）在处理互联网信息的场合,留意隐私和著作权等信息伦理。在利用互联网的教育中,也要花费系统管理的时间与成本。从传统的认知侧面的评价中是难以提升与成本相应的学习成果的。不过,儿童在新媒体环境中至少可以掌握对媒体自身的学习与面对媒体的态度,参与解释活动,加深对自身与他者的理解,进而以容易加工、编辑、保存的方式保存学习的成果与学习过程,借以持续地支援儿童人格的形成。

(二) 重新设计学习环境的线索

学习科学既有整体论研究,即把整个学习环境作为一个系统来抓,聚焦教师作用、教材、教学组织与教学方式以及"学习共同体"文化的研究,也有学习环境的特定要素,诸如软件设计、教师作用、学生活动内容的研究。整个 20 世纪的百年间,对"学习"的研究走过了一条从行为主义到建构主义的发展路线。学习哲学的研究、学习机制的研究、关系与情境中的学习的研究、学习与信息技术的研究、学习共同体的研究等等,学习科学为我们提示了一系列重新设计学习环境的线索。[21]

1. 脚手架,即学习者达成直面的目标所必需的支援。有效的脚手架意味着能为学习者凭借自己的能力达致理解提供线索与启示。

2. 可视化与表达。学习科学发现,学习者把自己建构的知识加以可视化与表达后会有更好的学习效果。优质的学习是指学习者把自身尚不充分的知识形式,在理解中加以表达与可视化。人通过出声来展示自己的思考比之不出声静静地学习之时能够更快、更深地学习。20 世纪 20 年代苏联心理学家维果茨基最早发现了这种奇特的现象,并基于心智发展理论说明了可视化的教育价值:一切的知识是作为显性的社会交互作用开始,然后逐渐被选择内化,形成学习者的思考的。20 世纪 70 年代,教育心理学家开始围绕这种内化的本质展开了各种各样的探讨,尽管解释不一,但大都认为促使学习者可视化的协同与对话,发挥了决定性的作用。学生并不知道如何去思考,也不知道如何去表述自己的思考,倘若这时对学生自己建构知识的理解的可视化做出必要的支援,会更加有效。

3. 反思与元认知。学习科学家反复实证了反思对于伴随深层理解的学习的重要性。反思的作用是:(1) 有助于学习者把既有理解同新的知识连接起来;(2) 有助于知识的深层次理解与抽象化;(3) 有助于理解并运用问题解决的方略。这样,学生一旦明示了自己的理解过程,学习环境就能够支援学生去反思什么被明示化了。这样,支援学生展开有益的反思的问题,成为学习科学领域核心的研究课题之一。

4. 具象与抽象,即从具体知识出发建构抽象概念。发展心理学家皮亚杰(J. Piaget)最广为人知的发现之一就是学习的自然进展,他认为学生是从具体的信息开始,渐渐掌握抽象知识的。在将抽象知识具体化的过程中,多数场合下,可视化与概念的空间理解先于语言化的理解而成为理解的脚手架。

5. 移动性与协同性。教师与家长需要重视移动性,不仅重视特定情境的学习,也要重视超越场所的学习项目,支援儿童各自的学习目标、资源、互联网,让儿童掌握适应物理的、社会的、情境的学习技能与方略。所谓"情境"是构成无缝学习之中枢的一种持续进化的概念。人的学习本质上是协同性、互惠性的活动。所谓"协同学习"是指学习者经历个人的理解及其学习过程中同他者比较与修正的过程。在协同学习中往往纳入了问题解决、形成共识、共同发表等环节,经历如下的周期:(1) 交换信息(状况、想法),提升关系性;(2) 分享信息(目标、学习内容);(3) 实现分享的学习与行为变化(问题解决与取得共识);(4) 梳理讨论中产生的信息;(5) 反思学习,深化概念的理解。

网络化背景下的学习环境,意味着教师角色的重新定位。教师不再是拥有绝对权威的课堂的统治者,而是网络学习环境的向导与指导者。对于教师而言,在急剧变革的社会中培育"自立"的,能够借助"协同"展开智慧激荡、"创造性"地解决问题的新人才是信息化时代知识教学的诉求。因此,开拓与新的学校课程相适应的儿童学习环境,将成为教育革新的中心课题。

参考文献

[1][8][9] 今井田むつみ,野岛久雄,冈田浩之. 人是如何学习的:认知学习论的视点[M]. 东京:北树出版公司,2012:195,197—198,197—198.

[2][4][6] R. L. Ackoff. 逆转的教育:理想学习的设计[M]. 吴春美,大沼安史,译. 东京:绿风出版公司,2016:122,53,125.

[3] 松尾知明. 开拓未来的素养与新型学校[M]. 东京:学事出版公司,2016:21.

[5] 林德治,藤本光司,若杉祥太,编著. 教学改革的进展[M]. 东京:行政出版公司,2016:50.

[7] C. Fadel,等. 21 世纪的学习者与教育的四个维度[M]. 岸学,主译. 京都:北大路书房,2016:39—40.

[10][16][17][21] R. K. Sawyer,编. 学习科学指南[M]. 大岛纯,主译. 京都:北大路书房,2016:10,222.

[11][12][13] R. A. Reiser & J. V. Dempsey. 教学设计与技术:教学技术的动向与课题[M]. 铃木克明,合田美子,主译. 京都:北大路书房,2013:551,564,554—555.

[14][15][20] 西林克彦,等,编. 学习指导的方法与技术[M]. 东京:新跃社,2000:116,116,118—119.

[18] 杉山绿. 教学中量力性的教学研究[J]. 广岛:广岛大学教育学部纪要,1980:57.

[19] 列昂节夫. 儿童的心智发展[M]. 松野,西牟田,译. 东京:明治图书,1976:111.

6. 问题解决教学

国际教育界有学者提出了"锻炼'思考体力'"的命题,意思是说,要像锻炼"运动体力"那样去锻炼脑力,才能持续地展开有效的思考。近数十年来,"问题解决"研究受到越来越多的关注。在数理学科中,问题解决的课题已成为具有国际影响力的大规模测验 PISA 的一部分,2003 年的 PISA 就开发了包括"决策、系统分析、设计"在内的问题解决课题。充分把握问题解决的机制,培育学生有效地运用知识解决问题的能力,成为学校教育的迫切任务。

一、何谓"问题"与"问题解决能力"

所谓"问题"是指"现状与理想状态之间的'落差'"[1]。问题即"落差"。有了现状与理想状态两方,才会存在问题,问题终究是在现状与理想状态之间的关系中产生的。这里需要进行两种思考:其一,怎样把握问题。问题是从现状与理想状态之间的关系中产生的,所以,为了把握什么是问题,重要的不是去发现"问题"本身,而是必须发现"现状与理想状态之间的落差"。不理解现状,问题也就不复存在。倘若不好好理解现状,也不好好了解理想状态,自然无从发现问题之所在。其二,从怎样的视点、怎样的视野把握问题。不同的人有不同的"理想状态"。即便对于现状的认识是一样的,拥有不同的"理想状态",问题就会有所不同。不同的人之所以拥有不同的理想状态,是因为不同的人有各自不同的"视点"与"视野"。视点与视野不同,问题也不同。

詹森(D. Jonassen)一贯主张"在众多学习境脉中的学习应当基于问题"。就是说,教学的核心关注应当置于问题解决的学习。[2]支持这种主张的依据是:

其一,真实性(authenticity)。在日常生活与工作中,问题解决是无处不在的活动。波普尔(K. Popper)指出,整个人生都在问题解决。所谓卓越的公民,就是在解决无数的问题上为社会做出贡献的人。其二,关联性。指问题,特别是学校中所关注的情境问题,从中会产生学习的目的并赋予学习者内发动机。其三,问题解决有助于引导深度学习,促进意义的生成。在问题解决之际建构的知识,更有意义、更容易综合与保持并有更高的迁移性。

学习是知识建构的过程。根据学习科学的理论,学习者通过问题解决,能够同时学会教学内容与思维方略两个方面。问题解决教学通常不是从传递特定知识的讲解与阅读教科书开始的,而是从提出问题开始的。把学校中的学习同实际生活中的学习连接起来,有助于知识的建构,为学习者带来真实性经验。"问题解决是最自然的、复杂的、有意义学习的思维活动。"问题解决学习的主要教学原理可以总结如下[3]:在问题解决学习中应当学习的问题包括应用题规则运用问题、决策问题、纷争解决问题、诊断解决型问题、战略实施问题、政策分析与设计问题、两难问题,等等。为了解决不同种类的问题,不同种类的认知方略是必要的;为了培育不同的认知方略,不同的教育方法是必要的。而问题解决学习环境的设计由若干要素构成,包括应当解决的问题、解决的示例、案例研究、结构性类题、过去的经验、替代性视点以及模拟等。同时,所有的问题都必须组合若干认知方略,包括问题图式的构成、类推的比较、因果性推论、质问、示范、论证以及元认知等。

问题的本质体现在结构化的程度、复杂性、动力性、问题产生的境脉等多种侧面。作为问题解决者的学习者,是认清问题的本质、明确问题解决的必要条件、洞察意义与深度理解的自我调整型学习者。因此,在问题解决教学中选择的问题应当满足某些条件,如表5-1所示。

表5-1　构成"问题"的条件

(1) 问题应当以学校课程中必修的知识与技能为基础。

(2) 问题应当是学习者能够应对的该学科或跨学科、跨知识领域的重点内容。

(3) 问题应当是真实的、现实的、有价值的。

（4）问题应当适于学习者运用与现实情境的要求类似的知识、技能与态度。
（5）问题应当具有挑战性，有相当难度并需要全员做出贡献。
（6）问题的构成应当是欠缺信息或者矛盾的软结构。
（7）应当给予学习者同预设的技能发展相关的教材，同时提供有关问题解决的前提性内容的教材，便于学习者掌握这些教材之后，在必要时能够将问题同这种教材连接起来。

　　PISA 是以义务教育修毕阶段的 15 岁学生为对象，从 2000 年开始实施的世界规模的学力调查。根据 PISA 2012 的"问题解决能力调查"，"所谓'问题解决能力'是指理解一时不明白解决方法的问题情境，以及个人从事问题解决的认知过程的能力，这里面也包含了作为一个建设性的善于思考的公民，为实现个人潜能而主动地介入问题情境的意志"[5]。"问题解决能力"由三个要素构成：其一，问题情境的特征。问题情境的特征包括旨在问题解决而预先向回答者提示的必要信息——"静态的问题情境"，与对问题情境做出适当的选择、判断，并从反复判断中发现新的信息的"交互作用的问题情境"。前者是从全局角度做出判断；后者是以根据问题情境做出具体判断，从而达致问题解决为其特征的。其二，问题解决的过程。该调查测定的认知过程分为四类：（1）探究、理解；（2）表达、定型化；（3）计划、实施；（4）观察、熟思。这种问题解决过程接近于探究过程（课题的设定、信息收集、整理与发现、归纳与表达）。其三，问题的情境。问题的情境分为状况（技术与非技术）与用途（社会性与私密性）。PISA 的问题解决能力调查就是根据上述三个要素的组合而成的问题展开调查的。PISA 2015 的"协调性问题解决调查"不同于 2012 年调查中测定的个人单独解决创造性问题的能力，旨在评价通过集体的理解与努力实现问题解决的能动的能力，指出"所谓协调性问题解决能力，指的是 2 人以上的团队，通过分享问题解决所必要的理解与努力，以及通过他们所拥有的知识、技能与努力，实现个人有效地参与问题解决的一连串尝试过程的能力"。从这个定义可以明白，协调性问题解决能力是同他者共同抱有目的，分享各自拥有的知识、技能与努力，共同解决问题的能力，而在这种协调性问题解决中包含了参与者个人的能力。如果说，PISA 2012 的问题解决能力调查针对的是每一个人的问题解决能力，那

么,协调性问题解决能力则是强调了同他者协同解决问题的能力。[6]

二、问题解决教学:原理与过程

(一) 问题解决教学的设计原理 ·····································

关于有效的问题解决设计原理,在研究者与实践者之间有着惊人一致的见解。[7]

第一,在选择问题之际,应当选择真实(合乎学习者的认知要求与现实性)的、合乎学科教学并能促进跨学科思维的问题。为了形成合乎元认知成果的问题,具体地可以采用如下设计原理:(1)学习成果应当是囊括性的,不应当用学科的边界去区隔。只有这样才能避免束缚学习的潜能,从而促进学习者从多种视点出发展开思考。(2)问题应当反映专家的实践从而促进学习者知识的迁移。(3)问题应当是软结构的。这是因为,现实的问题对于学习者而言是棘手的,需要发展学习者从迷惘的情境中洞察意义的能力。(4)问题应当是现实的。当学习者能够借助对话讨论当下情境之际,挑战问题的机会增大。

第二,导师的作用在于帮助学习者发展元认知技能与培养问题解决者的专业性。导师的具体作用可归纳如下:(1)导师应当反复提问,借以保障学习者的知识深度。(2)导师应当聚精会神地保障班级活动过程的推进从而促进全员参与学习,促进他们对问题的理解过程以及能够明确地解释他们所提出的解决方略。(3)导师应当促进元认知层面的思维,帮助学习者展开自主学习。(4)导师应当尽量避免成为信息提供者。为此,要求导师协助学习者存取信息源,促进学习者同拥有必要知识的伙伴协作。(5)导师应当时刻把握课题的难易度并加以适当调整,以免挫伤学习者的探究欲望。

第三,实施真实性评价借以确认学习目标的达成度。实施真实性评价的要点如下:(1)教学设计或导师必须让学习者明确地理解直面提出的问题中所指向(或者预期)的学习成果是什么,评价的方略必须根据所指向的成果加以运用。(2)终结性评价应在问题解决的最终环节、在表现学习者对问题的解决策略的情境中实施。通过与专家的评论或者被推崇的解决方略相比较,对班组的结果进行适当的核查。（3）形成性评价在问题解决的任何环节均可实施,所采用的方法要有助于全员参与,有助于每一个学习者积极地处理信息。

第四,持续地举办报告会,借以牢固地掌握从经验中学到的知识:（1）报告过程的目的在于帮助学习者认识学到的知识,将其语言化并做出条理化的处理,把新的学习整合到既有知识之中。（2）导师促成报告的作用在于对所有参与者的声音一视同仁,为此,要倾听所有成员的声音,集思广益。（3）遵从所规定的报告程序。了解旨在推进报告而需要的一般的与专业的提问,准备好提问的话题。（4）展开有助于促进新的知识纳入既有图式的提问。（5）促进学习者用概念地图来表述学到的知识,并为此提供必要的材料。

(二) 问题解决教学的过程

如前所述,既然问题是从现状与理想状态之间的关系中产生的,那么,问题解决教学的第一步就是洞察现状与理想状态。所谓"问题解决"就是把问题分解为课题的过程,也就是"问题的课题化"。倘若问题能够正确地课题化,问题也就解决了一半。问题解决的教学过程大体可分为如下八个步骤[8]:

1. 问题设定。问题解决过程最重要的一步是"问题设定"。抓住落差的契机是种种"现象"与"症状",从症状出发捕捉问题。所谓"现象"与"症状"是指某种异样的感觉。在这里是事实还是见解并不重要,重要的是异样的感觉,然后设定视点与视野。视点与视野不同,以什么作为问题也会有所不同。归纳这些"差异",可以把问题分为三类:一是某种变化引起的落差,可以谓之"发生型"问题。在这种场合,"着眼于变化""消除原因"是问题解决的过程。这里终究是着眼于"变化",亦即发现变化之中的原因,其对策也是处置基于此种原因的变化,所以以暂时性的解决方略居多。二是始终存在的落差。在这种场合,就得有着眼于引起"现象"与"症状"的"结构"的解决方略。换言之,形成问题不发生的结构乃是基本的解决之道。三是旨在满足更高目标而产生的落差。设定了更高的目标,自然会在现状与理想之间产生落差。在这种场合,就得有着眼于形成"更优状态结构"的解决方略。所谓"要有问题意识""问题意识不足"是同"更高理想状态"同义的。一个人拥有的"理想状态"低,几乎就"没有问题",因为不产生落差。相反,倘若作为"理想状态"提出了较高的远景与目标,往往便会产生落差,这就是"问题意识高"。这里需要时刻思考的问题是:(1)落差是什么?(2)这是真正需要消除的落差吗?(3)这种落差消除之后,能够获得成果吗?(4)这是单纯的"要因"之一吗?问题解决没有产出就没有意义,因此要不断地扪心自问:这是有价值的问题吗?

2. 现状把握。所谓"现状把握"就是"收集事实与确定机制"。这里所谓的"事实"是"说明现象的事实"。比如,感觉身体乏力、发热,就得找医生,诉说症状,医生就得量体温,进行问诊,收集说明症状的事实,然后"确定机制"。所谓"机制"就是引起现象、症状的直接要因。通过确定直接要因或机制,进一步深化思考也就有了可能。所以说,"直接原因"即"机制",即"对准方位"。问题究竟隐藏在哪里,一开始就毫无目标地挖掘,效率是非常低的。所谓"对准方位"就是找出引起某种现象的直接原因,亦即现象发生的机制。要对准方位,了解直接原因,就要分解"问题领域",收集事实。问题领域可从种种切入口进行分解,找到问题所在。这种分解的过程分三步:(1)分层次收集事实;(2)按时序收集事实;(3)分解构成要素,收集事实。据此,就可以回答:第一,说明现象的事实是什么?第二,要因,即问题隐藏的地方在哪里?

3. 原因分析。在"现状把握"中确定了产生现象的直接要因,接着就得定点深挖了,深挖的方法就是"结构化"。把引起现象的状况、结构加以可视化,就是原因分析的作用。所谓"结构"就是"关系与关系之间的关联"。关系有不同的种类,这里指的是"因果关系"。在一切现象的背后都存在"因为 A,所以 B"的因果关系,并最终表现为现象,这种因果关系的关联就叫做"结构"。原因分析是以直接关联的要因亦即机制为起点的,其要点是"连接事实之间的缝隙"——不是跳跃,而是连接"为什么"与"事实"。这里追寻的是现象背后的"状况"以及在状况背后引起"状况"的"结构"。不过,在"状况"和结构之间并没有一条明晰的界限。引起现象的要因群谓之"状况",包括"状况"在内构成问题的"因果关系的连接"谓之"结构"。为了从根本上解决问题,必须从结构入手。倘若不从状况入手,即便抑制了表面的现象,只要其背后的结构不变,依然会产生别的现象,问题依然会出现。

4. 解决策略的制定。一旦发现现象背后的结构,接着就是制定解决策略。

原因分析倘若深入,解决方略的方向性自然会明晰起来,就可以沿着这个方向思考具体的对策。解决策略的制定即是设计新的结构。这里指的是设计不致再生问题的结构,亦即设计抓住根本要因并让其不再发生的结构。这里所谓的"根本要因"是指"该要因没有了,其他的要因也就不会发生"。现象的发生就是由于种种要因纠缠在一起,形成结构。不过一旦追踪这种结构,就可以发现"只要没有它,别的要因也就不复存在"的要因。倘若在这个阶段里没有发现根本要因,那就是前一个阶段"原因分析"停留于表面的缘故。根本要因不在于发现,而是要在深挖中求得"可视"。所谓问题解决就是解决"冲突",我们说"追溯到问题没有发生之前的状态",指的是"追溯到冲突没有发生之前的状态"。这里所谓的"冲突"是对于想要实现的理想的一种障碍。解决方略既有"改善体质"式的,也有"应急处置"式的。改善体质需要时间,因此,必须边应急处置,边改善体质。总之,在这个阶段里主要是选择起作用的要因,设计解决问题的结构。这样,事实上需要回答两个问题:(1)怎样的要因起作用,才会使现象不再发生?(2)怎样的结构才会使问题不再发生?

5. 解决方略的评价。根据界定的目标,衡量解决方略。从复数的方案中选择最优方案,必须评价各自的优缺点以及可能产生的副作用,最后还得考虑成本。重点是:(1)该方案成功的前提条件是什么?(2)该方案实施中可能碰到的障碍是什么?(3)该方案实施中可能产生的副作用是什么?

6. 问题解决的实施。第六、七、八步属于问题解决实施的范畴,分别是实施、监控、反思。在实施阶段,主要是界定所期待的成果,包括中间成果与最终成果,并设计流程和具体路径。事实上要回答如下问题:(1)输入与产出是什么?(2)需要哪些材料?(3)需展开怎样的流程?在监控阶段,主要是监控实施现场,监控实施前后的业绩差异,并根据情况采取纠正措施。事实上要回答如下问题:(1)计划与实绩有多大落差?(2)长此以往将会有什么后果?(3)今后将会发生什么?在反思阶段,主要是反思方案实施中的经验与教训、应当改进之处、全员分享并取得的共识,以及实施中的输入。有效实施的三个要诀是:其一,作为组织的沟通。作为组织必须付诸实施的觉悟,问题解决的实施不是一个人的问题,在组织中需要各种各样人的协调配合。由于问题解决意味着"改变现状",总会有不欢迎的人,为实现与这类人的协同,付诸实施的骨干的力量必须是巨大的。其二,关系者的共识。在问题解决中不同的人交织在一起,这时一旦认识发生偏差,就会出现偏差的行为。因此,必须在关系者中取得广泛的共识。其三,能够付诸实施的计划。提案者与实施者未必相同,方案在实施过程中难免走样,所以要时刻反躬自问"自己实现了什么"。

如果改变视点来说明问题解决过程,可以归纳为3W1H,即"什么、在哪里、为什么、怎么办"(What,Where,Why,How)。从传统的学习观看来,"所谓'学习',是习得以教科书的方式决定了的内容,写出被视为标准答案的知识(称之为'正答主义'),并有效地暗记(称之为'暗记主义'),从而取得好成绩"。问题解决的探究活动,不同于死记硬背,问题与答案不是即时了结的,而是一个个难关的连续。探究活动的周期包含了六个环节[9]:(1)感到茫然与疑惑,明确意识到需要探个究竟(形成问题意识)。(2)针对自己意识到的问题,思考自己的探究方式(形成课题意识),设定应当解决的明确的问题(课题设定)。(3)假设问题的解决方法,明确假设。(4)计划解决问题的方法。这种方法或许是实验田野作业,或是调查,或许是阅读文献资料。(5)实施解决问题的方法。这样,问题的答案大体会有一个头绪,但问题未必就能够立马解决。(6)在反思探究,对照假设引出答案的过程中,一定还会产生众多小问题,出现茫然与疑惑状态,从而再度返回到第一个环节。这样,问题解决的探究活动即不断从对问题的解答中产生新的问题,不断摸索问题的答案。在这个过程中新的问题层出不穷,问题与答案处于反反复复无休止的循环往复之中。在无休止的探究周期中,逐渐产生更艰深的问题,也产生更确凿的假设。这样看来,探究是一个艰苦的历程。不过,真正投入探究活动的人,大多抱有快乐的情绪。即便有不快乐或是焦虑的场合,也不是由于探究活动的失败,而是需要重新设问,找到顺利地展开探究的线索,进而重新投入探究活动。

三、问题解决教学的教育学探讨

从历史上看,在教育学中基于不同教育哲学的认识论而形成了不同的教学过程论。教学过程大体可以分为两种：系统学习的教学过程与问题解决学习的教学过程。前者是把学术知识视为绝对真理的"学科课程"。这是儿童接受教师的知识灌输并加以吸收的认识过程，谓之"系统学习"。后者是主张通过现实问题的解决获得的知识才是真正的知识的"经验课程"。这是儿童通过运用自己的知识解决问题获得真理的认识过程，谓之"问题解决学习"。"经验课程把学习的重心置于学习的儿童，在这一点上，是划时代的。"[10]众多纷繁复杂的教学过程论，归根结底可以归入这两大流派。

问题解决教学的过程是以问题解决的认识论为基础的教学过程，问题解决教学是经验课程在经验单元的教学过程的总称。这种经验单元包括问题单元与作业单元。"问题解决学习"的理论代表人物就是杜威（J. Dewey）。所谓"问题解决法"是从社会存在的现实问题出发而构建的问题单元的教学过程，这种教学过程的阶段就是杜威倡导的"反省性思维阶段"。在杜威看来，人的问题解决过程有如下五个步骤[11]：1. 问题的认识。问题解决的第一阶段是认识到应当解决的问题的存在。在观察种种现象之际，感到其中的某些矛盾，或是发现其同自己的既有知识有所差异，从而产生对问题的认识。2. 问题点的把握。问题认识一旦产生，下一步就得明确地把握是什么问题、哪里有问题。3. 假设（解决法）的提出。一旦把握了问题点，下一步就得确立问题解决的假设。在这个阶段，多采用直觉性思维的形式，也会反反复复地尝试错误。4. 假设（解决法）的探讨。一旦确立假设，下一步就是通过调查资料、琢磨事实来评价假设。另外，若确立了几个假设，就得对这些假设加以比较。5. 假设（解决法）的选择。问题解决的最终阶段就是从所比较的假设中选出最好的假设（解决法）。倘若这个阶段的所有假设均不恰当，就得修正假设，或是提出新的假设。

在问题解决的心理学研究中，早期阶段的研究大多采取用"洞察""预见"之类的语词来表述比较单纯的难题。即便这种研究可以揭示人类思考过程所特有的现象，也可以揭示创造性思维所必须的条件。但随着认知心理学的问世，单纯的难题式的问题已发展到需要众多步骤的复杂问题，以及要求特定知识才能解决的问题。

1. 洞察问题。在对类人猿的学习研究中，占支配地位的行为主义的尝试错误学习,不同于问题解决。比如类人猿能够发现,延长棍棒或者踏上叠起的箱子可以够到香蕉。这时的发现绝不是尝试错误,而是展开"洞察",即转变视点——高高叠起箱子,即制造工具了。高等动物和人类能够通过转变视点来看待客体,求得问题的解决。在这些研究中,不是如行为主义所思考的那样,形成"在这种状况中如何做出反应"之类的刺激反应式的学习,而是把握问题情境的整体,通过情境的切换一举地解决问题。

2. 多步骤的问题解决的课题。自认知心理学问世以来,问题解决过程开始得到关注。需要复杂的多步骤才能解决的问题中,最具代表性的就是哈诺伊(hanoi)塔课题[12]。移动哈诺伊塔解决问题,就是在问题空间进行搜索,以求通过搜索最后达到目标或目的,即解决问题。(1)问题的初始情景,称为"初始状态"。(2)达到目标的过程中的各种状态谓之"中间状态"。(3)目标就是"目标状态"。(4)问题空间,就是上述三种状态,以及有关三种状态的知识,通过对这些信息的分析,达致问题的解决。比如,有大小不同的三张圆盘被穿在一根棒上,课题是从 a 状态(初始状态)变成 b 状态(目标状态),规定的限制条件是一次只能挪动一张圆盘,并且大盘必须在小盘下面,当然,挪动的次数越少越好。不同的圆盘挪动的次数是不同的。用三根棒至少需 7 次,用四根棒至少需 15 次,用五根棒至少需 31 次。这样,在要求多步骤的问题解决的课题中,研究的对象便逼近了问题解决的本质所在——问题解决的过程展开了怎样的思维过程与解决策略。

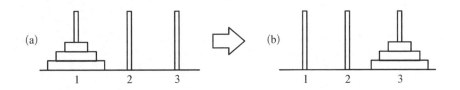

图 6-1 哈诺伊塔课题

(佐藤公治.学习与教育的世界:教育心理学的新发展[M].东京:あいり出版公司,2013:131.)

3. 需要特定知识的问题解决课题。由于在现实的问题解决情境中需要运用必要的知识才能解决问题,所以必须揭示如何去运用同问题解决直接相关的知识,这也是学校教育的学科教学中经常发生的问题。在学校现场发生的教学与儿童理解的活动,几乎就是这种运用特定知识来展开问题解决的活动。

加德纳(H. Gardner)说:"所谓智慧,就是解决问题,就是在一种以上的文化境脉中创造有价值的产品的能力。"[13]如今,学习科学研究主题之一就是"问题解决学习",其研究目标就在于揭示最有效的发生学习的认知与社会过程,运用这种知识来重新设计课堂教学及其他学习环境,借以求得深度学习。认知科学家花费了几十年的功夫致力于研究问题解决的认知基础。"关于问题解决的最重要的理论之一是信念与心理表象,包括是否拥有概念与具体行为的外在世界在内的问题空间的心理表象。"[14]由于知识学习一般需要问题解决,对学习的学习科学研究也同样需要以问题解决研究为基础。

参考文献

[1][8] 芝本秀德. 问题解决技能[M]. 东京:日经 BP 社,2017:15,50.

[2][3] R. Reiser,J. V. Dempsey,编. 教学设计与技术:教学技术的动向与课题[M]. 铃木克明,合田美子,主译. 京都:北大路书房,2013:101—102,116—117.

[4][7] C. M. Reigeluth,A. A. Carr-Chellman. 教学设计的理论与模型:面向共同知识基础的建构[M]. 铃木克明,林雄介,主译. 京都:北大路书房,2016:167,164—174.

[5][6] 奈须正裕,主编. 培育儿童能够生存于知识社会:基于核心素养的课堂创造[M]. 东京:行政出版,2016:29—33,33—34.

[9] 田中耕治,等. 读懂教育:教育学探究的进展[M]. 东京:有斐阁,2017:120—122.

[10][11] 江上英雄. 发现学习论:学力论与思维结构[M]. 东京:东京图书出版,2017:271,309.

[12] 佐藤公治. 学习与教育的世界:教育心理学的新发展[M]. 东京:あいり出版公司,2013:131.

[13][14] OECD 教育研究革新中心,编著. 学习的革新:21 世纪型学习的创发模型[M]. 有本昌弘,主译. 东京:明石书店,2016:162,69.

7. 批判性思维：概念界定与教学方略

一、批判性思维：概念的演进

(一) 批判性思维：新时代学校教育的诉求 ·······························

人类社会从"产业革命"到"后产业革命"的历史进程，有力地推动了学校的变革与课程教学的发展。学校作为社会的一个缩影，承担着越来越高的教育期待与社会要求。

所谓"产业革命"意味着人类劳动的"机械化"，机器替代了作为能源的人的体力劳动，机器成为产业革命的象征，制造成品的工厂成为产业革命最伟大的作品。学校也模仿这种工厂来设计，把学生视为生产工程的原材料，最终加工成统一规格的成品。学校教育的目的是授予儿童在机械化的工厂里所需的"读、写、算"的基本技能，培养他们成为顺从的劳动者，本质上是机器的附庸。从"产业革命"到"后产业革命"(也叫"信息化时代")的变革中，产生了迥然不同的"学校教育"与"学习"的概念。为这种"后产业革命"提供土壤的，是发轫于19世纪、发展于20世纪的三大技术。一是电信，包括电话、电视等。二是雷达与声纳，包括电子显微镜、X射线透视装置、超声波、核磁共振等。三是电子计算机，被誉为"思维机器"。当这三种技术实现一体化之际，"数据"得以产生，"信息"与"知识"得以加工，并广为传播。这些"智能性"活动可以替代人类部分的智能活动，故称为"自动化"。这种"自动化"就像"产业革命"时代的"机械化"那样，使得"后产业革命"得以实现。这不是"产业革命"的简单延续，而是根本不同质的一种知识产业形态。"后产业革命时代"的生产方式与社会方式将会超越文化的差异，高度尊崇信息、知识、智慧、创新的价值。这种根本变化势必催生学校教育的根本变革。如果说,"产业革命时代的学校是模仿工厂生产,不是为了'学',而是为了'教'来设计的,那么,后产业革命时代的学校则不是为了'教',而是为了'学'的教育环境来设计的"[1]。新的时代需要借助新的教育体制供应新型的、完全不同于旧教育体制所生产的人才,这是因为未来社会的职业是现今无法预料的。据美国《纽约时报》称,"2011 年美国入学的 65% 的儿童在其大学毕业时所从事的职业,是现今不存在的"[2],这就要求学校教育能够培育新时代需要的"核心素养"——给予每一个儿童以自信,发展每一个儿童的潜能,使他们能够开拓自己的人生,促进社会的活力,创造更好的社会。归根结底,当代学校教育转型的时代诉求是从 20 世纪培育"记忆者"的教育,转型为 21 世纪培育"探究者""思考者"的教育。

然而,旧的教育体制并非一朝一夕能够解体的。一个深层次问题与课题是,传统的应试教育观念与体制根深蒂固,造成学校教育的扭曲,越来越与时代的发展背道而驰。我国一些地区与学校仍然沉醉于应试教育的"成就"之中,应试教育的流毒仍然在肆意扩散。其实,应试教育不过是一种被升学考试的光环美化了的劣质教育。这种教育给学生带来的代价是:第一,基础学力低下。传统的应试教育的教学体制无法使得每一个学生扎实地掌握基础学力。第二,解决能力低下。学生不能把学到的知识应用于具体问题的解决。第三,自我效能感低下。学生对自己的评价低,唯恐失败,不敢于挑战,只能设定低目标,过分看重他人的评价。第四,沟通能力低下。学生不能阐发自己的主张,不能倾听他者的意见,不能通过建设性讨论、抱着彼此尊重的态度去进行沟通,去发现彼此同意的解决方略。这些问题归根结底是源于应试教育的种种因素,同时又是彼此相互关联的。因此,重要的不是个别地探究这些问题的具体对策,而是要求得同时解决这些问题的战略与策略——这就是当今国际教育界"核心素养"潮流中强调的"批判性思维"(critical thinking)。

(二)"批判性思维"概念的界定

最早论及"批判性思维"的,当推杜威。他在《我们怎样思维》中开宗明义地倡导"反思性思维"(reflective thinking):"这种思维乃是对某个问题进行反复的、严肃的、持续不断的反思。"[3]杜威在论述"批判性思维"态度的重要性时说："倘若在个人的态度或与逻辑推理原则的知识及其技能两者之间必选其一的话，那我们就应当选择个人的态度——幸好我们不必做这样的选择，因为个人态度与理解方法并不是对立的——把两者编织起来形成一个整体，才是我们所需要的。"[4]最早使用"批判性思维"术语的是布莱克(M. Black)的《批判性思维》(1952)和斯特宾(S. Stebbing)的《有效的思索》(1939)，但这两者并没有明示"批判性思维"的定义。[5]

教育哲学家艾尼斯(R. H. Ennis)在1962年批判了杜威的"反省性思维"，强调在"批判性思维"中归纳性推论起着核心作用，并且指出了批判性思维的逻辑基准。否则，会出现问题解决者以为问题解决了而了事的情形。他把批判性思维定义为"正确地评价命题"[6]。就是说，"批判性思维"是合理性(理性、逻辑性)思维，是有意识地琢磨自己的推论过程的思维。显然，艾尼斯在这里聚焦了"合理性"。1987年他把"批判性思维"界定为"相信什么、聚焦什么的合理性、反省性思维"，强调了"合理性""反省性""目的性""相信什么、决定做什么"四个特征。1991年，他又详细论述了"批判性思维"的要素，即焦点、理由、推理、状况、明确性、整体把握。[7]

麦裴克(J. E. McPeck)在1981年批判了艾尼斯的定义，认为即便不是批判性地进行，命题也是可能得到正确评价的。他将"批判性思维"界定为"参与主动挑战问题解决活动的态度与技能"[8]。所谓"反思性怀疑"不是无差别怀疑，而是有所认同、求得问题解决的过程。就是说，麦裴克不同于艾尼斯重视结果的合理性，而是重视过程的反思性。他认为，以往实施的着重技能的教育是不够的，他强调思维态度的重要性。基于麦裴克的批判，艾尼斯在1985年将"正确地评价命题"变更为"有助于做出应当信赖并付诸行动的决策的反省性合理思维"[9]。在他看来，批判性思维包含了假设、视点、愿望、解决、策划等，可以做出广义的界定："批判性思维的要素可以区分为认知侧面的能力与技能和态度与情意侧面的倾向性。"[10]

哲学家保尔(R. W. Paul)把作为个别技能组合的批判性思维称之为"弱势批判性思维"，因为批判性思维技能有可能作为自我保护与自我欺骗的诡辩来运用；另一种是"强势批判性思维"[11]，这是一种公正的思维，基于知性谦逊——发现自己的视点终究不过是一种视点而已，基于知性共鸣的思维态度——要求想象与理解他者视点的知识。从这个意义上,保尔给出的"批判性思维"的定义是"当你更出色、更明确、更准确、更有力地做出思考时的思维"[12]。

"批判性思维"的概念被归结为"自觉的自我控制的判断"[13],涵盖了技能维度与性格维度两个层面。批判性思维或许被视为不遵从特定步骤的思维方法。不过,批判性思维的概念尽管多样,但重视"反思"与"态度"是共通的。值得警惕的是,围绕"批判性思维"的概念产生了不少误区。在日常生活中批判性思维是同"怀疑一切"联系在一起的,以为批判性思维即"为所欲为地批判",这是一种误解。李普曼认为:"所谓批判性思维是不偏颇,准确、深邃、真实,指向抽象性、一贯性、实践性的思维。"[14]诸多论者则重视"合理性"或"反思性"的观点。因此,要理解"批判性思维"的概念可以借助"批判性思维的大三角形",即"批判性(怀疑性)、合理性(逻辑性)、反思性(反省性)"来思考。[15]

批判性思维不是"责难对方的思维"。从"批判"的词汇来看,似乎有攻击对方的否定性的意味。其实,批判性思维是建设性的,并无抓住对方的辫子,攻击、批倒对方的意涵。在批判性思维中重要的是:其一,倾听对方的发言,准确地解释论据、逻辑与情感。其二,反思自身思考的错误与偏差。因此,不倾听对方的发言就去展开攻击,是同批判性思维格格不入的。我国教育界设计的"正方 VS 反方"的"辩论赛"往往用尽一切手段以战胜对方为唯一目的,有可能引向诡辩术,偏离了涵养"批判性思维"的本来目的。因此,所谓"批判性思维"可以界定为:第一,是基于论据的逻辑性的、不偏颇的思考。第二,是有意识地琢磨、反思性地审思自身的思维过程。第三,是旨在更好地适应目标与情境的目标指向性思考。诸如,学习者与研究者进行的批判性阅读、批判性读取(信息收集)、批判性对话(讨论与发表)、批判性写作(报告与论文),所有这些技能都是支撑每一个人作为公民的生活所必须的。[16]

二、多元逻辑探究:批判性思维的一种解读

(一) 多元逻辑探究:批判性思维的本质意涵 ··

保尔把"一元逻辑"界定为,在一种标准框架中按照限定的操作所能解决的

问题及其解决手段。正确的逻辑操作一旦产生,问题就得以解决:答案与所提出的解决策略,根据标准框架中默然的标准,可以被证明是"正确"的。这里所谓的"标准"并不限于"基准",也可使用"立场""观点""信念系统""见解"等术语。[17]推论的框架倘若是隐含在问题之中的框架,可谓之"标准";倘若是思考问题的人所依据的框架,可谓之"立场、观点、见解"。"多元逻辑"的问题则是诸如"爸妈爱我吗?""何谓爱?"之类,围绕这些事实意涵,可以从爸妈的视点、我的视点出发,做出多种解释。何谓"爱"的界定,诸如父母之爱、教师之爱,或者严爱、溺爱,从多样的框架出发来展开,最后可以综合成一个"爱"的概念。这些问题有一个共同点,那就是思考问题的人的视点——应当思考的问题的标准是复数的,根据这些框架可以做出多样的思考。在综合这些思考(回答)的场合,不可能像"一元逻辑"那样确定唯一的"正确"答案。对此,保尔的界定是:"问题以其他的问题群与形式群密切交织在一起,而且关于问题的概念也是混杂在一起的,其背景往往嵌入了重要的价值观。"[18]

多元逻辑问题具有经验的或概念的特性,而且推论的结构由于存在各自多样的视点与多样的基准,要取得一致意见,就得展开不相容的逻辑。由于复数的基准框架是对立的,要求得解释或赞同,就得"验证"基准框架本身。重要的是在复数的基准框架中如何来选择应当讨论的焦点,使得相互对立的基准框架得到辩证的配置。保尔强调,在自己的观点中嵌入反对的观点,自身就得组织对话性交流;要发展合理性精神,共鸣与互惠的技能是不可或缺的;通过标准框架、多样框架的思路的讨论以及展开评价,进而在基准框架之间,谋求协同关系的对话性交流。最终的决策是辩证地整合多样框架的思考,基于"无偏向"囊括的基准做出判断。人类的现实世界的问题,亦即人文社会科学的问题,是关于个人与社会的"无序的混沌的世界"的问题,存在着相互对立的视点与矛盾的推理路径和逻辑困境,这些问题原本是应当基于多元逻辑来展开探究的。

那么,为什么说人类的问题是多元逻辑的问题?因为这些问题拥有三个本质特征[19]:(1)人的多样性。"人类是同时集结了物理学的、化学的、神经学的、心理学的、历史学的、哲学的各种学问的一种存在。"比如,推断某人犯病的原因,可以从其生产史、家族关系、发病的直接契机、生活环境等进行探究。(2)文化、宗教、政治思想等不同集团的多样性。（3）价值判断的危险性。真善美、正义之类的价值判断是存在的，一旦成为现实生活层面的价值判断，就会变得复杂。这是由于任何特定的道德判断都是从某种伦理立场出发，把情境的事实加以概念化的结果。倘若综合这些本质特征，就可以把握价值判断随着情境而发生的相对变动。这样，个人的多样性、每个人所属集体的多样性，构成了若干复数的多样价值观。保尔所谓的"无序的混沌的世界"意味着，作为多样存在的个人与多样的集体而形成了价值判断的变动，构成了多样视点的价值观错综复杂的世界。因此，问题不仅是求得各种价值观的合理性，而且必须基于多元逻辑的推理形式，在维护互惠的关系之中展开对话性的辩证的探究。

　　另一方面，科学技术的问题本质上是"一元逻辑"的问题。这种科学技术的问题，就像"求平方根"的数学题那样，也是自然科学的问题。作为科学技术探究的最有力的推论系统，可举杜威为代表的"问题解决论"。从杜威的思维方法来说，问题解决的推论形式有如下的特征：第一，人类的问题解决行动的起源是好奇心、疑问、困惑、迷惘、不知所措的事态的体验。第二，其过程有五个侧面，包括（1）"暗示"；（2）确认问题情境的"知性梳理"，明示旨在解决问题而应当回答的问题；（3）"假设"，对确立问题、回答问题预测的假设；（4）推论作用，验证假设；（5）基于行为的假设验证，通过行动验证结果的验证与评价。第三，这些过程称之为"反省性思维"。这是一种大胆而周密地考察所获取的信念、知识乃至决策的"反省性思维"。在这里，保尔着眼的是问题解决的过程。人类世界与科学技术世界的问题，其推论形式的范围在本质上是不同的。"多元逻辑"的推论形式是以哲学的"辩证法性质的逻辑"为基础的"原理性思维"，而"一元逻辑"的问题解决理论是限制"一般测定的"探究对象以认知心理学为基础的"步骤性思维"。不过，要断定科学技术领域的问题是"一元逻辑"，还是存在疑问的。事实上，在实际的一连串问题解决过程的各个阶段中，是进行着多元逻辑的推论的。比如，在确立假设的阶段就存在着从复数的观点中凝练复数的假设，再提炼出基于问题情境的精准的假设这一多元逻辑的过程。促进探究的"反省性思维"也意味着，以问题解决中探究的答案作为进一步反思的对象，从复数的视点出发持续地进行验证的过程。

所谓"对话型教学"意味着对在复数的观点与标准框架中对话性、辩证地思考事物的指导。"对话性思维"类似于多元逻辑的推理形式，因此，这个问题可以解读为：原本作为"一元逻辑"问题的自然科学领域的问题可以运用多元推论形式进行探究。换言之，学生不可能径直地达致正确的思考，必须展开对话性的思考，而不是生吞活剥地接受被灌输的知识。被视为"正确"的知识是否真正正确，需经实际的验证；当发现自己既有知识算不上正确、需要重建之际，就必须有多元逻辑的推论形式。这种学习，谓之"合理学习"。[20]当然，这种学习不仅适用于自然科学的领域，也适用于真正地理解人文社会科学领域的自身的问题。

(二) 开放心态：批判性思维的关键要素

　　保尔引用社会学家米尔斯(C. W. Mills)的三种不同信念系统的思考者的类型，指出在"多元逻辑"的探究理论中"开放心态"是不可或缺的[21]，并且揭示了强势意义上的"批判性思维"的特征。他将米尔斯的三种思考者类型分别命名为"粗野型""诡辩型""批判型"。"粗野型"一味张扬自己的信念与信条，根本不是一个"批判型"的思考者。"诡辩型"在探讨他者的观点中虽可以说持有某种程度的"开放心态"，但由于其目的是非难他者、强化自己思考的正当性，终究纠缠于自己的观点而不能自拔。这就是保尔所说的"弱势批判性思维"。"批判型"在以自己的观点作为基点探讨他者的观点这一点上同"诡辩型"相通，但"批判型"思考者的目的是公平合理地评价自己既有的思考与他者的思考，从而发展自己的思考，这就是"强势批判性思维"。

　　"强势批判性思维"思考者与"弱势批判性思维"思考者的分水岭就在于"开放心态"。在多元逻辑探究中所谓的"开放心态"，当然不是"公说公有理，婆说婆有理"的相对主义，也不是表面地向他者开放心胸、只要略有了解就行的层次。这里的"开放心态"是指从诸如此类的封闭自己、封闭社会中解放出来，是一个与"知性谦逊""知性勇气""知性诚实""知性公平"之类的伦理特征相关联的复合概念。"开放心态"即是在自己与他者的思考之间公平地穿梭，是"对话性交流"，其归根结底是旨在重建与发展新的自我、新的社会而生发的心态。这就可以被视为"批判性思维"的思考者。这里所谓的"重建与发展"所看重的"多元逻辑探究的统整",并不是把重心置于裁判怎样的观点与标准框架最优,而是通过评价合理性,认识自他的逻辑弱点,发现自他的思考的优点,去创造过去自己的思考中所没有的新的思考。这就是保尔的"哲学性思考"——多元逻辑探究批判性思维。他所指向的是从"自我中心性"和家庭、学校、社会塑造的正确的价值观与知识中解放出来,获得"思考与行动的自由"。具体地说,第一,就个人信念(价值观)的视点而言,归属社会的自己,思考自己切身的问题,承认存在着多样的价值观,把具有合理性的价值观纳入自己的"信念体系",从而使自己从旧的信念体系中摆脱出来,重新建构新的"信念体系"。第二,就"个人是集体一员"的视点而言,在拥有多元价值观的人所构成的社会中,思考作为市民派生的问题,分享具有合理性的见解,寻求解决之策,建构自己所属的民主社会。第三,就学校教育的视点而言,不是硬生生地灌输现成的知识,而是审视知识生成的过程,并理解知识的真正的意涵。这是同创造新的知识、发展科学的视野相通的。这里所谓的"科学"包括人文社会科学和自然科学。

学习者通过自主地思考,创造新的知识、新的自我、新的社会——这就是批判性思维教育的目标所在,这才是寻求更好的专家、更好的社会的强有力的"生存能力"。那么,不能达到"弱势批判性思维"或"强势批判性思维"的要因,换言之,用"一元逻辑"来探究原本应当以"多元逻辑"探究的问题的原因究竟何在?保尔给出了两个答案[22]:

其一是自我中心性。儿童看待自身是无意识的,没有比较与相对化的习惯。因此,可以发现,儿童经常是"自我中心"的,把自己的思考视为绝对的。这就是认知的"自我中心性"。这种特征导致儿童不能正确把握左右关系、局部与整体的包容关系、逻辑乘法关系(A∩B)、矛盾关系(A与非A)。"自我中心性"思维不仅作为自我认知的"自我中心性"出现,而且也会同自我肯定与自尊心之类的情意的"自我中心性"交织在一起出现。儿童通过自己相对化地进行思考,维持同他者的互惠关系来学习探究的能力,并融合了认知侧面与情意侧面,分阶段地、渐进式地发展。不过,这种儿童的"自我中心思考"也会出现在成人身上。同他者没有交流与冲突的自我世界的场合,是不会发生理解思维的"论证需求"的。成人之后,即便是达到消弭了"自我中心性"的发展阶段的人,倘若同他者冲突之后不加以反思的话,仍然会再现"自我中心性"思维。在"自我中心性"的延长线上,就是"民族中心主义"了。

其二是教化主义。"教化主义"关注的是家庭、学校、社会的"教示体制"的负面特征的问题。"教示体制"是指儿童从他者那里学会知识(概念)、价值观,从而获得作为一个社会人的素养、成为社会的一员,可以说,具有享受传承文化的正面特征。但另一方面,"教示体制"给儿童灌输的是他者所意义化了的默然的价值观与正统知识,具有妨碍儿童原本的自发思维的负面特征。在日常生活中,在信任地理解、行动并内化"家长、教师与权威者是正确的"的过程之中,假定儿童想更深刻地思考某个事件,并且想提问或提出不同见解的时候,倘若"教示体制"发挥强大作用,儿童就会被收敛在封闭的所谓"一元逻辑"的世界。倘若儿童在这种状况下成长,他们甚至可能会表现出"认知的、情感的、伦理的障碍"[23]。

三、批判性思维教学的策略与条件

(一) 批判性思维教学的策略 ··

批判性思维教学必须直面一系列问题的探讨,并且获得一定的共识:第一,为什么要实施批判性思维教学?以往的学校教学是以系统地教授学科知识为中心的,而所谓"批判性思维教学"旨在将学习者培育成为"良好的思考者"(good thinker)与新时代的公民。第二,批判性思维能够教授吗?借助教授相关的技能,学习者是能够形成批判性思维的。因此,批判性思维教学是被作为一般学习技能的教学问题来对待的。就是说,批判性思维优异者是拥有多种思维技能的。在这里,相较于仅仅将其作为训练思维技能的要素,在解决某个领域问题的全过程中加以教授,效果更好。第三,如何采取有效的批判性思维教学的策略?下面着重梳理一下批判性思维教学策略的代表性研究。

美国在 20 世纪 80 年代世界教育改革的浪潮中强调"高阶思维"的培育,特别着力于批判性思维的评价与测量的开发。自 20 世纪 90 年代以来,批判性思维的"第二波"研究者提出了一系列教学策略：（1）强调思维的逻辑分析与创造性样式。（2）宽容信念评价中情意性、文化性、规范性要素的影响。（3）强调共鸣性、人际间的兼容风格，以及有悖于逻辑的批判性思维的调适。（4）强调思维构成与标准双方对境脉底色的敏感性。（5）承认良好的思维的解放性、启发性功能。[24]在此基础上，他们提出了"批判性思维模型"的研究，以及扎根"批判性思维课堂"的教学研究的课题。

李普曼（M. Lipman）在推进儿童哲学、编制教学大纲、出版《课堂中的哲学》之后，又明确地倡导"探究共同体"的概念。他认为存在形形色色的"共同体"，既有旨在思考的共同体，也有不求思考的共同体；既有反思性的、自己能够修正错误的共同体，也有与此相反的共同体。在学校教育中期许的无疑是"探究共同体"。为使教育的优先事项从知识的习得转向有效的思考，必须重新定义课堂的功能。当下课堂的弊端是将儿童作为"信息的容器"。"课堂必须是儿童思维的连接，准确地说，必须作为探究共同体加以改造。""所谓批判性思维无非就是矫正自己的错误。"[25]把课堂作为探究共同体的一个好处就在于，共同体成员可以彼此之间探求方法与步骤，相互修正错误。因此，探究共同体的参与者倘若能整体地内化该共同体的方法论，那么也就能够对自己思维的错误加以自我修正。在李普曼看来，"探究共同体"亦即"研究者共同体""学习共同体"。探究共同体所实践的探究是"自我批判的实践""自我修正的实践"。[26]

可以说，李普曼倡导的"哲学讨论"打开了学校教育中批判性思维教学研究的缺口。在这种探究共同体中展开的"哲学讨论""精致讨论"同"粗糙讨论"形成了对照。"粗糙讨论"没有探究的目的，是浮光掠影的。出席者的发言是以罗列式告终，彼此之间是无交集的。李普曼把不能对探究目的有所贡献的学习者谓之"出席者"，把面向讨论目的而展开探究的学习者谓之"参与者"。"精致讨论"有探究的目的，是累积性的。各参与者的发言是彼此关联、相互补充并得以组织化，进而渐次拓展讨论参与者之间的理解。在这里做出完全明确的"赞成"与"反对"的结论，并不那么重要，重要的是随着讨论的进展而创造某种结果与成果。"哲学讨论"是"精致讨论"，而且是促进参与者提问的讨论，是合理地组织思考而展开的讨论。三种讨论之间存在明显的层级性。

保尔在他的《批判性思维指南》(1990)中归纳了批判性思维教学的三个基本原理：(1) 通过各门学科的教学培育批判性思维；(2) 重视对话性思维；(3) 引出包含了情意侧面的批判性思维方略。[27] 保尔倡导"苏格拉底讨论"，其功能可以分为三类[28]：其一，自发型或者计划外型。指学习者的发言存在有疑问、不正确之处，视情况提出问题，支持学习者进行自我修正的讨论，是"一切以苏格拉底的精神来进行"的一种类型。其二，探索型。提出诸如"何谓朋友""何谓语言""人与动物之异同何在"之类的抽象论题，展开拓展性的讨论。讨论的秩序与结构比较自由，其进行依存于学习者的回答，不可能全部预测。因此，教师事前即便思考了同抽象性问题相关的论点与关键概念，也不能预测学生回答可能性较高的答案，教师在备课时做一些最起码的准备就行。其三，集中型。相当于遵循教学方案的讨论。比之探索型，论题更聚焦，讨论更有序，目的是求得某种共识，且教师事前应尽可能做好准备。在上述三种类型中，特别是探索型与集中型是难以绝对区隔的，而且区隔本身也并不重要。这是因为，在实际的教学中往往是从探索型向集中型、或从集中型向探索型过渡的。也就是说，基于典型的案例，探索型是开放式的讨论，集中型是求得某种共识的讨论。前者"求异"，后者"求同"。在学科教学中，两种类型的讨论相互补充，不断深化集体的探究学习。最终把这些讨论的成果同学习者个人的思维建构联系在一起的"苏格拉底提问"，与其说是组织学习者的思考，不如说是合理的自我决定优先。使学习者各自领悟到"无知之知"，感到困惑，达到混沌状态，成为讨论的目的。

保尔重视在对话教学中培育三种能力：一是运用"苏格拉底提问"，学会自我反思的能力；二是辩证推理的能力；三是分享异质性或对立性的信念、重建自己的信念的能力。[29] 保尔要求借助对话教学，反思自己的见解（信念）并琢磨其合理性；开拓多元的视点与见解并琢磨各自逻辑的合理性；发现其间的关系借以重建自己的见解。这样，学生通过"对话"能够自我反思地运用"苏格拉底提问"的质问能力，亦即习得探究所必须的技能与态度。苏格拉底讨论法的目的就在于"合理的自我决定"[30]。所谓"合理的自我决定"包含两种能力：一是"合理决定"意义上的基于逻辑规则的合理判断能力；二是"自我决定"意义上的凭借自己的意愿进行思考的态度。因此,苏格拉底问答法的探究方法彻底地要求学习者展开"自主性"与"合理性"的讨论,亦即基于"合理判断"能力与"自主思考"态度的培育,来选择课堂讨论的形式。

无论是李普曼倡导的"哲学讨论",还是保尔倡导的"苏格拉底提问",其实两者的原型都是苏格拉底问答法的"对话",他们把"问答法"中的"对话"视为从"独断"中解放出来的"心理自由的技能"。唯有借助探究共同体的对话与讨论,才能培育反思精神,提升知识教学。

(二) 批判性思维教学的条件

应试教育的观念与体制崇尚的是基于"一元逻辑"的"记忆型教学",而不是"多元逻辑"的"思维型教学"。这种知识教学只能培育"低阶认知能力",对于包括"批判性思维"在内的"高阶认知能力"不仅望尘莫及,而且还衍生出了诸多有悖于"批判性思维教学"的深层次问题:其一,在教师、家长等他者教化式地教授其视为正确的知识(概念)、信息以及价值观的场合,学生就会因生吞活剥知识与价值观,丧失提问的冲动而停止自己的思考,导致无法能动地展开知识与价值观的意义建构。这种"自我中心性"与"教示体制",通过因果关系的循环,容易形成"诡辩型"的思考者。这种思考者会陷入"决定的客观性梦幻"之中,亦即以为自己当下认为是正确的东西,比其他任何的思考都要正确得多,是绝对正确的。其二,在他者教化式地教授视为正确的知识(概念)、信息以及价值观的场合,当他者教示的知识与价值观同自己心中既有的知识与价值观相冲突、学习者想要建构自己的知识与价值体系的时候,作为权威者的他者越是强有力,在情感层面,学习者自主性思考就越会被封闭,产生焦虑与冲突,导致自我否定。其三,当学习者产生焦虑与冲突而又不能摆脱这种情感纠葛之际,在伦理层面就会像《伊索寓言》中描述的狐狸那样,产生"酸葡萄心理"——歪曲地接受事物,对得不到的东西极力贬低它,以求得自己的心理平衡,进而导致伪善、嫉妒与自我欺骗之类的不合理的自我安慰与自我肯定。

那么,怎样的知识教学才称得上"多元逻辑探究",或者说,培育"批判性思维"教学的形成条件[31]是什么呢? 第一,设定拥有多样视点、多样标准框架可能扩散的基本问题。借助这种问题展开的探究,本质上是在基于多元逻辑展开论证的"判断",在这种判断中要求"基于理性反思"的探究事实。第二,在视点与标准框架之间展开对话性交流。多样的视点与标准框架由于是不相容的、各自独立的,在相互依存中进行"对话性思维"的交流是不可或缺的。可以分为三个阶段,一是,自我的视点与标准框架内的对话。由"为什么""什么""怎样"的问题引导自己的思维,拓展论证的深度与广度。二是,自己与他者的视点与标准框架之间的对话。也就是在复数的标准框架之间蜘蛛网般地穿梭琢磨。三是,自他视点与标准框架各自同整体视点与标准框架的对话。在整体之中了解自己的视点与标准框架的位置,思考为什么进行探究,从而基于囊括性的标准去调整、琢磨"舍去什么、重视什么、如何解释整体"。特别是在"对话性思维"中产生矛盾对立之际,展开"辩证思维"。保尔强调,辩证思维是"评价对立性思考的合理性的强弱、求得某种统整与共识"的主要原理。第三,这种对话性交流具有统整地达致问题探究的目的。为达成目的,评价各种视点与标准框架的合理性逻辑的技能是不可或缺的。第四,同样,为了整合,在多元逻辑中汇通各种视点与标准框架,势必会增加以"公正心态""开放心态"展开对话的伦理态度的重要性。严格地说,在以中立的立场评价各种视点与标准框架的合理性,进而维护互惠关系并洞察彼此的视点与标准框架的关系,创造、发现新的问题解决的评价整合中,伦理态度是不可或缺的。

四、批判性思维教学的过程与特质

(一) 从批判性思维的阶段看教学过程的特质 ·····························

要在学校教育中更好地实施批判性思维教学,就得实现思维的三个重要侧面——批判性侧面、创造性侧面、情意性侧面,而专业熟练的律师可以视为批判性思维的典范。[32] 因此,不妨借鉴法官的判决过程把批判性思维分为如下四个阶段。[33]

1. 明晰信息。所谓"明晰"就是正确地把握报道、言说、典籍的主张以及支撑其主张的证据,相当于法官在裁判中认定当事者的主张与事实是否真实的场合,是正确地理解各自的发言及其书面表达的阶段。就是说,(1)针对问题与争论焦点进行梳理;(2)认定当事者的主张以及支撑其主张的证据(理由);(3)旨在明晰地提问(比如主张是什么、证据是什么)。在这里,重要的是促进不能很好发言的当事者的参与,解开矛盾的主张的原因,明晰当事者的要求,同时也包括理解其背后的情感与信念。

2. 探讨推论的基础。对推论基础的探讨是指基于明晰化了的信息展开的探讨:(1)揭示隐蔽的前提。要认清隐蔽的前提就得探讨证据与主张是否合拍;有怎样的事实前提与证据才能讨论;有怎样的价值观才能讨论。(2)探讨证据是否可信赖。要判断信息与证据的可信度,问题的要点在于考察信息与证据是否有错误或编造;是否有隐情;不同的信息之间是否一致;是否有左右信息可靠性的利害关系。(3)评价科学的事实与结果。在法官的角度,就是分析当事者的主张、被告的供述、证据、科学鉴定的事实判例等。在这里必须注意的是避免形成先入之见。所谓先入之见是指没有基于充分的证据而过早地做出假设,并无视反证假设的证据的一种倾向。比如,搜查人员不仅要探求提升信用度的积极信息,而且要探求消极信息。法官自身不仅要探讨基于一方主张的真相,也要探讨基于对立的另一方主张的真相。在评价科学事实与结果的场合需要注意的是,是否有确凿的手段;样本是否充分;是否有适当性与再现性。此外,还会存在科学未能阐明的问题;测定结果存在误差与不确凿的问题;答案不止一个、专家之间意见不一致的问题,等等。

3. 进行推论。所谓"推论"是指从作为证据的信息中引出正确的结论,主要有归纳、演绎、价值判断三种。(1)归纳。归纳中的判断是基于复数的证据引出结论的概括化过程,大体可以分为三个步骤:第一步,在证据获得中重要的是不能偏颇,要多方面地集中多数证据。不仅要证实主张的信息,而且须探索可能翻证的信息,避免从个别事例与偏颇事例出发做出过度概括的现象。第二步,基于证据进行概括化,形成假设。法官在裁判中基于当事者的主张与证据形成心证的过程,就是一种归纳性推论。第三步,在假设验证中根据证据(基于假设的结论)来进行评价,做出维护假设还是修正假设,或者形成新的假设的结论。在判断是否采纳某种主张之际,重要的是比较肯定性与否定性证据的数目及其强度。法官所要求的是,没有对方质疑余地的证明的强度。(2)演绎,即演绎性判断。不过,基于这种归纳与演绎并不能自然地得出结论,有时也可能存在若干逻辑上正确的若干结论的情形,此时重要的就是价值判断。(3)价值判断,即考虑到背景事实、结构、平衡、价值等而做出不至于偏颇的判断,相当于法官斟酌支撑判断的价值观是否适当、是否有说服力。另外,法官了解当下社会经济的背景、法律制定的目的、历史意义,反复探讨判断是否正确,最后再做出判断。

4. 做出决策与问题解决。最后的阶段是从1到3的过程引出结论,基于所处的状态做出决策与问题解决。为了把这种批判性思维的结论与自己的主张传递给他者,还得有说服对方的沟通技能,这就需要考虑对方的情感与信念,思考如何明确地表达结论。特别是在讨论与共同的问题解决中,从1到4的认知过程分别同他者的交互作用相关,来自他者的反馈是同促进反思、修正自己的偏见与错误联系在一起的。另外,监控认知过程的认知开始于做出是否进行批判性思维的判断,并在思维过程的明晰化以及如何判断是否反映了思考结果的各个过程中发挥作用。

(二) 批判性思维教学的特质

那么,在"探究共同体"的哲学讨论中,批判性思维教学有哪些特质呢? 或者说,有哪些功能上的特长呢? 李普曼基于"思维是对话的内化"与"探究是批判性的实践"的论断[34],确认了"哲学讨论"存在如下优势:

第一,形成"反思场"。这是哲学讨论的第一个教育功能。一般认为是思考产生对话,实际上,是对话产生了思考。在多数场合,人们相互对话之际不能不进行反思,聚精会神地思考其他的可能性,倾听、关注定义与意涵,认识以往未能思考的选项——通常会发生以往不曾有的大量对话的心智活动。所谓"对话"是把他者对自己所发表的言说的意涵,与自己的言说的意涵,加以内化,并发出新的言说,从而使对话得以连续。这就意味着,自己与他者言说的交流其实是各自思考的交互作用、调适与修正的过程。于是,李普曼在"人的思维是通过对话而发生内化作用"这一点上,发现了哲学讨论的功能。

第二，促进自我建构的过程。哲学讨论的第二个教育功能是旨在重建个人的自我认知与信念系统的前提过程。维果茨基指出："在儿童文化的发展中，一切的心理功能两次登台，亦即表现为两种水准。开始是社会水准，然后是个人水准，或者说开始是在人际之间，然后是在儿童内部表现出来。"[35] 这种从"个人间过程"向"个人内过程"变换的儿童认知的发展，在维果茨基的《思维与语言》中被明确地表述为从"心智间机能"向"心智内机能"的"高级心智机能"的发展与过渡。"心智间机能向心智内机能的过渡，亦即从儿童社会集体活动形式向个人机能的过渡现象。这是一切高级心智机能发展的一般法则。这些功能，最初是作为共同活动的形式发生的，只是在其后被儿童过渡到自身的心智活动形式中。对自己的语言，最初是在对他者的社会语言机能的分化中发生的。儿童发展的大道不是外在于儿童的渐次的社会化，而是以儿童内在的社会性为基础而发生的渐次的个性化。"[36] 借助沟通活动中的对话从他者那里获得认识，就是"心智间"的过程。通过这一过程将这种认识嵌入每一个人的心智内，借助每一个人不同的心智体系实现再建构，就是"心智内"的过程。这种从集体的"心智间"到个人的"心智内"的过渡，就是维果茨基所说的以语言为媒介的心智机能发展的一般法则。对李普曼而言，哲学讨论是以"社会性的自我发展"为宗旨的。就是说，作为"探究共同体"的学习者集体是基于特定社会的知识与信念、通过彼此交流来评价。而后借由学习者个人内化讨论的成果，重新建构自己的知识与信念的。因此，所谓"哲学讨论"的概念是个人重建自我的前阶段的过程。

第三，调动思维积极性与分享学习。上述批判性思维的过程需要花费时间，并付出认知性努力。倘若没有持之以恒的态度，即便在必要的情境中也难以实现批判性思维，特别是容易冲动地做出判断，或是采取先入为主的态度，或是容易服从于权威与多数人的意见。批判性思维既然是合理的、反思性的思维，那么，复数的人的思考就有多视点探讨的可能，选择范围也更加扩大。问题解决的核心是解答的探索与检索。由于是多视点的琢磨，更容易做出深思熟虑的、合理的解答。但实际上多数的人的问题解决未必优于单个人的问题解决，集体的思维往往可能流于肤浅，甚至做出不适当的判断，这种现象可称之为"集体浅虑"(groupthink)。[37]避免"集体浅虑"的策略是：(1) 集体中的骨干应采取公平的姿态,形成能够进行批判性评价的情境；(2) 能够以种种方式得到批判性评价；(3) 骨干鼓励每一个成员在集体之外设定别的研究小组,集体分为若干下位集体,分别研究复数的方案,在提出最终结论之前给予成员深思熟虑的时间；(4) 聘请外部专家给予点评与挑剔；(5) 小组成员充当评判员,等等。

批判性思维是构成"21世纪型能力"的核心要素。弗莱雷(P. Freire)指出,把知识当作存储物"灌输"给学生的知识教学是大错特错的[38],"唯有要求进行批判性思维的对话才能产生批判性思维"[39]。批判性思维教学为新世纪学校教育的转型注入了不可或缺的"催化剂"与"抗毒素"。

参考文献

[1] [美]R. L. Ackoff. 颠覆教育：理想学习的设计[M]. 吴春美,大沼安史,译. 东京：绿风出版公司. 2016：122.

[2] 加藤幸次. 课程经营的方式[M]. 东京：黎明书房. 2017：3.

[3][4] [美]杜威. 我们怎样思维·经验与教育[M]. 姜文闵,译. 北京：人民教育出版社. 1991：1,28.

[5][14][25][26][32] [美]M. Lipman. 探究共同体：思考的课堂[M]. 河野哲也,土屋阳介,村濑智之,主译. 东京：玉川大学出版部. 2014：37,77,316,117,285.

[6][8][11][12][13][15][37] 楠见孝,道田泰司,编. 批判性思维：21世纪生存的素养基础[M]. 东京：新曜社,2015：4,4,6,6,3,3,50.

[7][24][27] 樋口直宏. 批判性思维教学的理论与实践：美国思维技能教学的方法与日本综合学习中的运用[M]. 东京：学文社,2013：158—171,118—121,226—227.

[9] 栗山和广,编著. 教学心理学：从认知心理学看教育方法论[M]. 东京：福村出版,2014：69.

[10] 市村伸一,编. 认知心理学(卷4)：思维[M]. 东京：东京大学出版会,1996：52.

[16][33] 楠见孝,道田泰司,编. 批判性思维与公民素养[M]. 东京：诚信书房,2016：2—3,3—7.

[17][18][19][20][21][22][23][28][29][30][31][34] 酒井雅子. 批判性思维教学：培育探究型的思考力与态度[M]. 东京：早稻田大学出版部,2017：36,36,38,41,44—45,45—48,47,227—229,226,223,42—43,253—256.

[35] 中村和夫. 维果茨基心理学[M]. 东京：新读书社,2004：13.

[36] 维果茨基. 思维与语言[M]. 柴田义松,译. 东京：新读书社,2009：383.

[38][39] P. Freire. 被压迫者教育学[M]. 顾建新,等,译. 上海：华东师范大学出版社,2001：28,41.

8. 儿童阅读的本质及其环境设计

阅读耕耘儿童的心灵与学力。阅读素养的培育作为儿童成长的发展性课题，是学校教育不可推卸的责任。近年来我国中小学的"儿童阅读"活动展现出一派生机勃勃的面貌，这是值得称道的。不过，我们需要警惕在应试教育土壤中炒作的"儿童阅读"活动往往倾向于"儿童阅读的课程化"，从而埋下了碎片化知识教学的陷阱。这就引出了一个重要的话题——儿童阅读的本质及其环境设计。

一、儿童阅读的本质：意义建构

儿童阅读有其特有的价值。提及"阅读"往往容易给人一种"被动地输入信息的作业"的印象。然而心理学的阅读研究表明，即便是再短小的文章，也是一种牵涉文章背后某种意义信息之关联的复杂过程。学习者不是被动的存在，而是以主体的视角展开学习的存在。阅读在于获得新知，所谓"儿童阅读"是指阅读学校课程以外的书面文字的文本，理解其内容，从而获得新的知识与信息的过程。这里的儿童阅读的"文本"主要指"连续文本"，包括童话、小说、故事、信件、报道及网络文章等各种样式，牵涉叙事文、说明文、记叙文、论述文等各种文体。

儿童的阅读行为其实就是儿童"读者同作者的对话，同自身的对话，同以往的生活中自己遇到的人与事的对话"[1]。在认知心理学中，大量的研究将"儿童阅读"视为儿童读者运用既有知识来建构文本解读的认知活动。这种读解由若干下位过程组成。首先是认知文字，读取单词意义的过程。儿童读者运用既有的知识（语法的知识、篇章结构的知识、文本内容的知识、学习方式的知识等）来读取文字内容所表征的意涵,而后将所获得的意涵整合,继而形成对文本的解读。[2]简言之,儿童阅读的本质是一种"意义建构",在建构过程中儿童阅读的边界不是固定的、僵化的,而是能动的、灵活的。因此,儿童阅读的研究不能仅停留于外在的阅读活动的组织形式与具体方法层面上,而是应当深入、细致地把握儿童的认知活动本身。

儿童阅读活动中的"阅读",从"文本阅读理论"的视角来看,是指读者把文本中读到的字词句信息同先前读到的字词句信息进行整合,以达致篇章结构水平的理解。这种阅读存在共同的阅读图式:一是简约文本内容,省略诸多细节的部分;二是突出强调某些部分而忽略其他部分;三是凭借自身的个人经验对故事情节进行改编并使其合理化。但在语文教学的"课本阅读"中,"阅读"则常常表现为接受教师关于课文的"结构分析",侧重于精准地吃透(再现与归纳)课文叙述的内容,借以理解课文传递的内容。在这里,教师的讲解是以"作品"与"作者"为中心展开的,分析课文的主题与篇章结构成为阅读指导的主要内容,却忽略了阅读过程中文本与儿童读者经验之间的关联。教师只是让学生(读者)接受作品与作者的信息,发挥鉴赏者(消费者)的作用。此种情形下,儿童读者往往是被动的接受者,而非主动的建构者。

"读者反应理论"提出,"儿童阅读"是对文本(作品)与读者(儿童)之间交互作用的一种读取行为[3],即儿童阅读是儿童读者的意义建构活动。因此,读者不是机械地接受来自作者的表象(文本)的"消费者",而是"生产者"。从某种意义上说,"是以来自作者的表象(文本)作为'经线',和以来自读者的阅读活动作为'纬线'交织而成的织物,亦即阅读是在文本(作品)与读者之间的交互作用之中形成的"[4]。这就是所谓的"读者的诞生"。正是这样,阅读活动从课文结构的探究转变为以读者中心的讨论。"读者反应理论"从四个视角诠释了如何实现基于"读者"的阅读。一是文本反应理论的视角,即聚焦读者如何基于他们对文本及其风格的认识,对具体文本作出反应。二是经验反应理论的视角,即关注读者参与文本与体验文本的性质。三是心理反应理论的视角,即根据读者的独特个性与发展水平而改变的认知与元认知过程。四是社会反应理论的视角,即关注读者眼中的文本角色、态度与价值如何形塑了读者的反应。阅读活动研究关注"作品"与"读者"之间的交互作用乃是理所当然的。不过,这并不意味着可以容许读者离开了作家与读者所处的社会制约、离开了作品本身,去做天花乱坠的胡乱解读。

二、儿童阅读意义建构的达成:阅读能力水平划分的基础

"阅读是人类达到的对头脑的一种最高境界的刺激,是一种营养素。因为它是基于文字的抽象符号进行咀嚼并阐释其意涵的一种行为。"[5]那么,儿童读者是怎样形成作品的意义世界的呢?基于对文本理解的研究,认知心理学提出了两种阅读模型[6],以把握读者的阅读理解过程。

其一,"基于叙事文法"的文本阅读模型。这种模型重视读者对作品整体意义的把握,认为其形成是基于认知心理学的"图式"。亦即所谓的人理解某种对象,把握该对象周遭的环境,形成其意义的整体结构是不可或缺的。"叙事文法"是桑代克(P. W. Thorndyke)倡导的基于文本内容的形式结构的一种模型。按照这种模型的解释,"阅读"即读者从自身的意义世界出发理解文章与故事的整体内容结构,并进一步阅读故事、理解故事。不过这种"叙事文法"存在一个局限性,那就是它只能诠释宏观的故事结构,不能解释读者如何形成句与句之间的意义关联这一微观层面的活动。

其二,"重视读者意义构成"的文本阅读模型。这一阅读模型突出了"因果分析",认为对文本的理解就是推论文本内各种行为的因果关系,进而理解其行为的目标与计划。之所以在阅读过程中着眼于探讨这样的因果关系,就是由于在现实社会中要理解他者,首先就要推论其行为的意图,这就形成了对文本中的重要活动的意义建构。其次要理解文本中人物的行为及其意义之间的因果关系,从而发现稳定的关联(结果)。根据这种因果关系模型就有可能更加全面地掌握读者的阅读理解过程。

美国心理学者金奇(W. Kintsch)根据读者在阅读文本过程中形成的表现差异,区分了"文本的学习"与"来自文本的学习"。"文本的学习"所形成的表象谓之"文本基础"(textbase),"来自文本的学习"所形成的表象谓之"情境模型"

(situation model)。[7]这个"情境模型"揭示,人的阅读理解过程包含三个层次,即文本表层结构处理、文本基础处理和情境模式处理,分别构成表层理解、中层理解和深层理解(见表8-1)。

表8-1 阅读理解过程的三个层次

表层结构处理	表层理解	把握字词句的阶段,谓之"符号化";亦即读者深入阅读之前把握其梗概的准备阶段,并会迁移到"文本基础处理"阶段
文本基础处理	中层理解	把握文本字面意涵的阶段,即明晰构成篇章的要素(命题)之间的关系,把握全文的意涵的阶段
情境模式处理	深层理解	在社会文化情境下"读者、文本、阅读活动"之间交互作用的动态过程——在从文本中提取信息的基础上,动员既有知识,据以细致地分析概括、解释推断、揭示意涵,整合多种信息从而把握全文内容的情境的阶段

此分析同 PISA 对"阅读能力"的界定——"信息提取、解释、反思与评价"大体相当。从阅读过程的复杂性来看,仅影响单独的过程不可能带来阅读的提升,因此把整合了种种过程的阅读作为一个课题来把握的"自主学习"的观点,显得十分重要。这里面,聚焦动态过程的"元认知的观点"将成为今后研究与实践的课题。比如,有日本学者提出了激活阅读教学中的元认知活动的概念——"教学诀窍"(思考解读方略、收集别的信息源、生成自我质问),并倡导让学生展开促进元认知活动的练习。

因此,"儿童阅读"是儿童(读者)进行推论、整合多种信息、修正既有知识等种种建构活动。占(C. K. K. Chan)对小学 1—6 年级儿童进行了阅读的知识建构活动的分析,区分出五种阅读水平[8],同时统计得到与各水平相对应的儿童年级和数量[9](见表8-2)。

表8-2 小学阶段儿童阅读水平区分

| 水平一 | 能够从文本的个别单词与语句中作出联想,显示出对文本传递的内涵本身尚不理解的反应 | |
| 水平二 | 能够从文本的局部内容联想到自己的既有知识来进行陈述,或者能用别的单词来改述文本的部分内容,显示出文本内容与自己的既有知识尚未得到整合的反应 | 1—2 年级,45% 儿童与此对应 |

水平三	能够用另一套语词来改述文本的整体内涵,或者加以简单的加工,从而理解了文本的整体意涵,但并未显示出既有知识得到修正的反应	3—4 年级,48%儿童与此对应 5—6 年级,45%儿童与此对应
水平四	能够试图填埋文本意涵与自己的既有知识之间的鸿沟而作出假设,显示出旨在整合文本意涵与自己的既有知识而进行的问题解决的反应	5—6 年级,39%儿童与此对应
水平五	能够超越文本意涵以及自己的既有知识,进行旨在建构更复杂的知识的问题解决,显示出知识得到拓展的反应	

制约儿童阅读的因素很多,包括既有知识的作用,因素之间的交互作用,以及读者的目的、方法、手段乃至情绪态度。当然也存在客观的因素,即文本本身的内容与组织方式是否适应儿童年龄特征的问题。这个研究也表明,儿童阅读的知识建构活动呈现出年龄发展的差异。

三、儿童阅读意义建构能力的呈现:阅读素养

国际教育成就评价协会(International Association for the Evaluation of Educational Achievement,IEA)主持的"国际学生阅读素养进步研究"(Progress in International Reading Literacy Study,PIRLS)以 4 年级(9—10 岁)学生为评价对象,从 2001 年开始重点考察学生的阅读素养(包括阅读成绩、阅读行为、阅读态度),同时也关注学生在学校与家庭中的阅读环境。阅读能力的评估以真实的阅读材料为基础,试卷的设计具有连贯性,可以跟踪测试学生阅读素养的发展趋势。其对阅读过程与策略的界定如表 8-3 所示。

表 8-3　PIRLS 对阅读过程与策略的界定

直接理解过程	提取信息	(1) 找出同阅读目的相关的信息;(2) 找出特定想法或者论点;(3) 搜寻字词句的定义;(4) 指出故事的场景(时间、地点、人物);(5) 找出文章明确表述的主题或主要论点
	不复杂的推论	(1) 推论某事件所导致的另一个事件;(2) 基于一连串的观点,归纳出重点;(3) 找出代名词与主词的关系;(4) 归纳文章的主题,描述人物的关系

诠释连接过程	诠释整合	(1) 归纳全文的信息或者主题;(2) 诠释文中人物可能的特征;(3) 比较与对照文字信息;(4) 推测故事中的语气或者气氛;(5) 诠释文中信息在真实世界的适用性
	比较评估	(1) 评估文章所描述事件实际发生的可能性;(2) 推测作者如何想出令人出乎意料的结局;(3) 判断文中信息的完整性或者阐明、澄清文中的信息;(4) 找出作者论述的立场

上述内容归根结底体现了文本与儿童交互作用的特征,揭示了儿童阅读素养形成中的关键性特征。基于阅读过程与阅读策略的界定,可以看出"阅读素养"指向以下三种能力:其一,提取与检索的能力(提取信息、检索所需要的信息);其二,整合与解释的能力(整合文中的信息以便理解其主要概念,读者能否解释文中未提及的内容);其三,反思与评价的能力(反思指透过个人的知识与经验进行比较或者假设,评价指基于个人标准进行判断)。

这同 PISA 对"阅读素养"的界定是吻合的。"PISA 型阅读素养"不仅要求正确地读取并再现给出的文章内容,而且能够在深刻理解的基础上,探讨并评价文章的好坏。[10]因此,"PISA 型阅读素养"指的是学生理解并运用书面语言的能力,涵盖理解过程、阅读兴趣、阅读行为与态度。其中,不仅包含了"基础阅读素养"——"文本知识基础的构筑",而且重视同自身知识连接的情境模型的构筑,以及琢磨内容的批判性阅读。这里的"批判性阅读"强调的是运用批判性思维的过程,系指基于一定的标准与框架,对文本内容作出某种判断的阅读,包括适当的推断能力、特有知识、对理解的监控。[11]

儿童的阅读研究终究是以培育阅读素养为核心课题的。依据 PIRLS 和 PISA 的界定,阅读素养的趋势包括以下四个方面。第一,从狭义的语文领域拓展到其他领域,成为人类终身学习能力的基础。第二,从字词句的理解层次到文本内容或结构的反思与批判性思维能力。第三,从个人面向文本发展到同文本互动,即同文本背后的作者进行对话的深度探究与理解。第四,从各个学校的情境拓展到社会生活、社会机构及其活动团体的学习情境。因此,儿童阅读活动不能停留于(或者满足于)"接受性阅读"的水平,而应当提升到"批判性阅读"的高度。从儿童阅读素养看,需要构建更广泛的知识获取的环境脉络,即不满足于"接受性阅读",而是挑战"批判性阅读",因此教师的阅读指导应当着眼于"批判性阅读能力"的形成。

总之,儿童阅读最大价值就在于其自发、自主、自由。儿童阅读的边界远远大于语文课程中的阅读,两者有高度重叠的部分,又有微妙的差异。在儿童阅读中教师过分地介入、干预乃至替代,或者说,把儿童阅读统统纳入传统的既定的语文课程框架,未必可取。

四、儿童阅读素养提高的有效途径：能力监控与环境支持

(一) 监控：阅读展开的动力机制 ··

学习者要把文本中不明白的部分同既有知识连接起来进行判断,或是提炼重要的内涵,理解监控是不可或缺的。对理解的监控由认知与元认知两个过程组成。[12]其中"认知"是把握文本内容、建构表象的过程,在这里指通过实施认知方略、判断文本的字词句篇的意义来建构通篇文本内容的表象。"元认知"则是将认知过程中形成的初步理解,同既有知识之间进行比较、参照的过程。在"认知"与"元认知"之间,有着谓之"监控""控制"的作用力。所谓"监控"是指判断该阅读活动是否正常地进行。倘若阅读的内容、所建构的表象,以及作者的意图与阅读的目的是相应的,阅读继续进行;倘若是不相应的,则阅读活动中断。这一情形下,监控具有促进阅读展开的功能。当建构的表象与监控之间产生不协调的情形,就会做出"是否应当消除不协调"的监控,旨在消除不协调的控制就会起作用。借助这种控制的作用,拥有问题修正功能的元认知的阅读方略就会得到运用。因此可以说,在元认知过程中自身的既有知识与对该阅读活动的目的的理解,起着重要的作用。在这里,支撑理解监控的重要因素是"自我效能感""自控学习策略"及"目标的介入"(明确学习目标是否实现)。当一个人直面阅读目标的达成、运用自我监控的策略之际,作为其结果,倘是实现了阅读水平的提升,则"自我效能感"提升,而"自我效能感"又成为学习动机,激发学习者进一步掌握知识与技能,并且持续地运用学习方略——如此循环往复,推进阅读理解的进步。[13]

这种对阅读理解的监控作用正是"批判性阅读"的重要认知过程。发现文本缺乏连贯性，是批判性阅读的代表性表现。如阅读到包含了矛盾信息的文本时，由于不能建构整合的理解性表象，学习者就会进行"不能理解"的监控。借助这样表现出来的消除"不协调"的控制作用，学习者做出修正问题的尝试，从而找出"不协调的原因"，指出文本"缺乏连贯性"。批判性阅读不仅表现为形式的推论能力，也表现为阅读态度、领域固有的知识、理解监控的功能。要促进批判性阅读，就得为种种儿童阅读活动提供多视角多层面的支援——基于上下文情境的系统的阅读指导、互教互学的环境，以及讨论过程中形成的对话等。

(二) 养成：阅读信念与阅读兴趣的培育

阅读素养的养成特别需要着力于儿童"阅读信念"与"阅读兴趣"的培育。

首先是阅读信念。"阅读理解"的过程是一种需要付出能动的努力的认知课题，不过学习者未必能做到这一点。许多学习者以为只要能流利地阅读就等同于理解，却不知道阅读是需要自身更积极地参与的一种主体性活动。因此，我们有必要关注"阅读信念"的概念，即"阅读理解究竟是怎样一回事"这种每个阅读者都应有的思考，也可表达为"阅读观"。如前所述，"阅读"是阅读者成为主体、作用于文章、构筑理解表象的一种探究过程和自我调整活动，即由文字符号——字、词、句这些更小的单位组合形成整体的"自下而上"的过程，以及把握知识掌握过程的框架而进行的"自上而下"的过程构成。由于仅仅局限于这种复杂阅读过程中的有限部分，所以运用的方略也就有局限性。在这种过程中应尽可能采取各式各样的方略，诸如"热衷于同思考方式不同的人接触""对有别于自己思考的人感兴趣"等。格雷戈里·施劳（G. Schraw）和布吕宁（R. Bruning）把"阅读信念"分为两个向度，一是"传递信念"，把阅读视为"根据作者的意图"来展开探讨；二是"变换信念"，把阅读视为"根据读者的意图"来展开探讨。[14]研究表明，在阅读"议论文"后写作评论文，读者的变换信念越高，则其评论的程度也就越高。

其次是阅读兴趣。"阅读兴趣"可以界定为"对于特定领域的肯定性志向"，这是一种动机作用，会影响到阅读过程与方略运用等一些质的侧面。日常经验表明,人们对于有兴趣的事物会花费时间与精力。学习者对主题的"兴趣"是学习中的重要资源:兴趣度越高,阅读的成绩越好。"兴趣"是参与所处理的信息选择的核心要素。但另一方面,"兴趣"不是单独产生影响的,而是同课文内容之外的要因交互作用的。探讨阅读者的兴趣与课文结构的明确性,会对阅读成绩产生影响。研究表明,在课文结构不明确的场合,阅读者的兴趣对成绩具有较大影响。越是感兴趣的人,越是能够生成高质量的归纳,由此可见"兴趣"对理解的影响:兴趣有助于促进积极的信息处理,提升阅读成绩;同时,兴趣也会积极地影响到阅读方略的运用。

(三) 阅读环境的设计:儿童阅读的外在支持

文本的内容与篇章结构必须符合儿童的年龄特征,不能超越儿童可接受的深度与广度。从这个意义上说,儿童阅读是有边界的。所以,成人与教师对儿童阅读的介入需要讲究策略与方法。不过,儿童终究是多元智能的存在,个性特征与兴趣爱好各不相同。从这个意义上说,儿童阅读是没有边界的。如果儿童课外阅读的篇目都被规定得死死的,还美其名曰"课程化",就是对儿童阅读的一种粗暴侵犯。这里的所谓"课程化"的设计往往等同于学科课程的设计,俨然设置了僵化的学科边界。具体表现在如下几个方面:其一,明确规定了结构化的知识与目标;其二,学习目标做了过细的分析;其三,采用按照由易到难的阶段展开教学的方法。这是一种教育技术学的方法。需要认识到,儿童阅读是一种复杂的创造性学习活动,是长期的、工匠式的、艺术性的工作。作为儿童阅读设计的核心观念,正是着眼于活动的特征来使用设计术语的。此处的"活动"是指意识到目的、对象、因素并达到彼岸的过程。学习绝不仅仅是个人的问题,而是要组织相关的人的活动,要准备框架、建构共同体,发展这种组织而走向成功——这就是儿童阅读环境的设计。因此,儿童阅读设计主要包括三个要素——阅读活动、阅读空间、阅读共同体。

第一,阅读活动。直接牵涉学习的核心概念是活动。"活动"意味着人类以工具、符号为手段,协同地直面现实世界而展开的有意义的能动的社会实践。[15]在阅读环境设计中,首要的任务是思考引发阅读得以形成的高密度的活动设计。这里的"活动"或是研讨会式的短期集中型的计划,或是问题解决活动那样的长期的计划。采取怎样的规模、怎样的内容,依存于所要求的学习领域与对象。一般而言,需要关注三个方面。一是活动目标清晰。站在儿童读者的立场,能够理解这种学习活动按照怎样的目标展开,对于学习者意味着什么是重要的。在不能理解其意义的活动中,学习者是不可能倾注力量的。二是活动本身有趣。即便是在容易理解的活动中,倘若活动本身没有趣味,活动是持续不了的。这种趣味性,不是指游戏那样的趣味,而是指活动中内在地隐含的课题本身所拥有的结构性的东西;既有产生新知的趣味性,也有其他问题解决的趣味性。总之,这是一种内在的趣味性。三是隐含认知冲突。趣味性是活动的重要因素,但仅凭这一点还形成不了学习。学习得以形成的最大要素是隐含着认知冲突。比如,自己的见解有别于他者,解决这种矛盾而达到新的水平的活动,或者自己设想的假设不能如愿,需要做出某种修正之类的困惑状态之际,学习方式优化的可能性会提高。为了制造认知冲突,就得有设计。陷入认知冲突,对于学习者而言是一种痛苦的经验。一则是苦痛的经验,二则是趣味性,看起来是自相矛盾的情绪交织共存,对于活动设计却是非常重要的。

第二,阅读空间。学校的校舍与教室的布局实际上鲜明地反映了某种儿童观、知识观和学习观,表明"空间"在儿童阅读环境设计中的重要性。传统的教室空间往往是静态的、被动的、划一的,且往往是教师一味地灌输知识,目标局限于学生个人掌握知识的行为。儿童阅读的空间应当从传统课堂中解放出来,着力体现人与人之间、人与文本之间、人与社会及自然的客体之间开放的、自立共存的和谐状态。儿童阅读需要超越封闭的教室与学校的空间,打破物理性的墙壁、个体间的墙壁、学科间的墙壁、地域间的墙壁,同时开拓阅读活动所必需的信息与物资的场地,引导儿童真正参与作为"文化实践"的学习。[16]在儿童阅读中直面认知冲突、与不同见解进行对话是不可或缺的,其间接触到的不同的观点、情境与状态构成了学习的背景。

第三,阅读共同体。按照情境学习论与活动学习论,学习不能还原为个人知识与技能的获得,而是在不断的再建构之中,形成共同体的成员与人工物的关系系统。亦即,所谓"学习"是组织并参与实践与社会化工具的网络。[17]相比阅读空间与阅读活动,阅读共同体是最难以把控的对象,特别是长期的共同体设计会遇到形形色色的困难。在共同体的设计中应当控制如下三点。

首先,拥有共同的目标。共同体之所以是共同体,就是因为其拥有某种共同的目标与活动,如共同拥有兴趣、爱好与问题,共同拥有经验。显然,人为地创造共同体的场合,由于共同拥有的东西并不明确,共同体建构过程中较易出现意外情形。所以在建构新的共同体之初,需要围绕共同体共有的问题取得共识,同时需要常常警醒。

其次,保障全员参与的策略。即便共同拥有目标,共同体也往往会因参与人员有限、大量出现"幽灵成员"而导致失败。这是由于参与的方法设定不充分,参与者难以真正参与其中。同核心的成员一起设定参与方法,联合大量成员,就会产生凝聚共同体的力量,从而实现创造性学习之基础的多样性。

第三,拓展共同体的信息网络。"边缘性参与"之所以困难的另一个原因是,共同体一旦在某种程度上延续,就会产生共同体独特的用语方式与行为方式。维系共同体的多样性需要新人的参与。然而,新人不了解共同体文化,这就必须为其提供梳理种种信息资料并进行解释的活动。

当我们着手设计阅读环境时,很容易从"活动—空间—共同体"的顺序来思考。不过这三个概念基本上是有机地联系在一起的,必须作为一个整体来加以设计。例如活动目标同共同体目标直接相关,而空间的设计倘若没有活动的设想是无从谈起的,空间与共同体也会在某种程度上制约活动的内涵。需要指出的是,这里的儿童阅读——儿童的"学习"是在复杂的网络中自然发生的,谁来参与及如何参与,往往各不相同。因此这种学习设计不可能完全事先预设,是一种开放形态的学习设计。其中首要的是,我们需要警惕在"儿童阅读课程化"口号下应试教育的侵袭,将教师指导者的角色转变为设计者。儿童阅读的指导不是听任教师凌驾于儿童读者之上,做过分的干预与干涉,剥夺儿童的自由阅读的权利;也不能满足于儿童阅读目标的系列化、阅读组织方式的系列化,而应当走进儿童读者的内心世界,把握儿童读者的认知过程、情意过程的真实状态。

"腹有诗书气自华",儿童阅读将会带来心灵的陶冶与学力的奠基,儿童阅读应当成为儿童自身主宰的自由探究的天地。

参考文献

［1］　山元隆春,编.阅读教育[M].京都：世界思想社,2015：11.

［2］［7］［8］［9］　波多野谊余夫,编.认知心理学：学习与发展[M].东京：东京大学出版会,2003：183,183—184,186—188,188.

［3］［6］　佐藤公治.学习与教育的世界：教育心理学的新发展[M].京都：あいり出版公司,2013：181,183—184.

［4］　新教育心理学者之会.心理学者谈学科教学[M].京都：北大路书房,1997：37.

［5］　日本国立教育研究所,编.阅读教育赏析：为了培育真实学力与聪慧心灵[M].东京：东洋馆出版社,2010：59.

［10］　松下佳代,编著."新型能力"能够改变教育吗？[M].京都：智慧女神书房,2015：81.

［11］［12］［14］　犬塚美轮,等.逻辑性读写的理论与实践[M].京都：北大路书房,2014：22—24.

［13］　栗山和广.授业心理学：从认知心理学看教育方法论[M].东京：福村出版公司,2014：36.

［15］［16］［17］　茂吕雄二,等.情境与活动的心理学[M].东京：新曜社,2012：4,34,134.

［18］　吕玉英.小学学生阅读理解问侪题的模式与效益[D].华东师范大学,2016.

9. 成长心态与反思能力

素质教育注重学生的"成长心态"与反思能力,应试教育则是滋长学生的"僵固心态"与应试技能,两者形成了极大的反差。国内教育界却有人醉心于颠倒黑白,甚至以"应试教育政治正确"的大棒来打压革新的教育思想及其实践,实在是滑稽可笑。

一、两种心态: 成长心态与僵固心态

寻求成功与失败原因何在的"归因",与借助自身努力一定能带来所期待的结果的"自信",从某种意义上说,是属于个人主观意愿的范畴。不过,相关研究逐步表明,有时这种信念会极大地左右一个人的意志、情感乃至实际的行为与成绩。斯坦福大学心理学家德韦克(C. S. Dweck)的"心态"(mindset)说,晚近越来越受到关注。[1]

顾名思义,"心态"表示一种思维习惯,也是一种信念。围绕学习与成绩,在儿童的归因中会出现"努力"与"能力"两大因素的巨大作用。当你询问小学低年级儿童有关"勤奋者"与"聪明人"的问题时,他们往往会回答"勤奋者是聪明人"。就是说,他们认为努力与能力是呈正比例发展的。由于努力,能力往往会持续地变化与成长,这种以成长能力的概念为基础的见解,德韦克称之为"成长心态"(growth mindset,GM)。另一方面,到了初中前后学生会逐渐出现这样的回答——"假如取得了同样的成绩,比较不那么努力的儿童是聪明人"。在这种认识中,努力与能力是呈反比例发展的。这是由于学生对能力的认识产生了偏差、能力概念发生了错误所致。在他们看来,人的聪明才智是天生的。就是

说,所谓"能力"被视为与生俱来的、命运决定了的,是一生不变的所谓"能量"。这样,倘若自己与他人取得了同样的成绩,就证明越是努力者能力越低。她把这种受固定的能力概念所支配的见解,称之为"僵固心态"(fixed mindset, FM)。

两种心态体现的是两种绝然不同的精神境界。"僵固心态"是基于同他人比较,伴随反比例发展的见解之类认知能力的发展而形成的,从这个意义上说是高度精致化的概念,会带来种种的副作用。"僵固心态"占优势的人,钻研事物的目的不是理解与进步,而是向自己与他人夸耀自身能力。考试不及格、竞赛失败、不能同伙伴相处等困惑,全都是能力低下的证据,可直接认定为"失败"。因此,此类学生只要有一点风吹草动,就会焦虑不堪,意志消沉,消极防卫,而且往往选择退却,甚至不自觉地同他人比较,由此产生嫉妒、嘲笑和污蔑等负面表现。在他们看来,不怎么努力便获得了成功,才是聪明才智的最好见证。所以,"努力"对他们而言是十分忌讳的事情。不同于受"僵固心态"束缚的人,"成长心态"占优势的人钻研事物是为了取得某种新的知识的理解与进步。倘若自己松松垮垮、心灰意冷,就不可能充分发挥潜在能力,只能导致失败。而且他们懂得,在钻研事物的过程中产生的困惑是今后学会应当如何做的有益的信息源。或许会有一时的丧气,但他们并不认为这是决定性的失败。他们相信,努力使人聪明能干,因此不惜努力,虚怀若谷,也真诚地赞赏他人的努力与成功,共同分享喜悦,认为他人成功的榜样给自己提供了如何努力的启示与勇气。这种心态大体是同消极的情绪毫无关联的。

这样,不同心态占据优势的学生,其学习的积极性与品格会完全不同。"非学无以成才,非志无以成学。"(诸葛亮《诫子书》)两者的差异会淋漓尽致地表现在日常的课堂行为、同学之间的关系、经验的情绪与所形成的自尊心,以及成绩、习得的知识与技能的质。不用说,"成长心态"是优异的,"心态"不仅影响到学习积极性的高低,而且导致积极性的质也截然不同。"僵固心态"带来外在动机——儿童在作为赏罚与竞争手段的外在动机作用之下学习,"成长心态"带来内在动机——儿童在以学习过程本身为目的的内在动机作用下学习。同"归因"一样,"心态"既然是主观的意愿、个人的信念,那么,通过适当的教育影响与环境设计是可以得到修正、诱导与形成的。通过能力获得期待的结果的经验，不是同他人比较，而是同以前的自己进行比较，发展的部分得以评价的经验，对成功所带来的聚焦努力的赞赏等等，都可以激发学生的成长心态。

二、作为第四维度的"元学习"与反思

"课程重建中心"（the Center for Curriculum Redesign，CCR）基于证据与研究的方法，在2015年以更简洁、更明确、更有用、更有序的方式，提出了"四维教育"的课程重建框架。第一维度，知识的维度，包括传统知识与现代知识的交融。第二维度，技能的维度，包括"创造性"（creativity）、"批判性思维"（critical thinking）、"沟通"（communication）、"协同"（collaboration），简称4C。第三维度，品格的维度，包括德性与价值观。第四维度，元学习维度，包括学习目标、方略与成果的反思。第四维度强调了"学习的学习"的必要性，即如何学会反思与达成目标的自我调节技术——"元学习"（Meta-Learning），促进成长心态的发展。[2]"元学习"的重要内涵，就是上文所述德韦克揭示的两种心态。

那么在学校中，这两种心态对儿童的目标及其相应行为会有怎样的影响呢？学习目标与"成长心态"相结合的儿童，理解教学中学到的技能，关注自己的思维；与之相反，拥有执行目标与"僵固心态"的儿童，关注教授内容的掌握与他者的看法。亦即，学习取向的儿童把错误视为成长与改进的机会，而执行取向的儿童则将其视为失败。其结果是，学习取向的儿童愈发努力挑战，执行取向的儿童愈发心灰意冷。学习取向的儿童更多地具有元认知的倾向，因而能够取得高水准的学业成绩。关于学习能力的这种心态，无论是潜在的还是显性的，最早从小学三年级开始就影响到儿童的元认知过程，使其能够采取种种学习策略。

发现成长机会的关键是"元认知"。"元认知"承担着控制人类认知活动的司令部的作用，对学习活动会产生巨大的影响。它让学生相信自己能够成长，所以并不缺乏成长心态，而能有效地设计、监控、评价自己的学习方略。"元认知"可以分为关于认知的知识——"元认知知识"，与监控元认知过程的"元认知

活动"。在两种元认知之中，着眼于元认知的知识可以进一步加以分类。从产生怎样的影响作用看，可以把元认知知识分为方略知识、任务知识、自我知识。所谓"方略知识"是指关于顺利地进行学习、思维、问题解决活动而使用的一般方略的知识；所谓"任务知识"是指关于课题的难易的知识；所谓"自我知识"是关于自己的强项与弱项的知识。

"元认知"是一个上位概念，是关于学习活动的学习，在 CCR 的模型中被解释为"如何反思、如何适应"。在这里，"反思"是构成学力的核心或最根本的要素。对于学习者而言，所谓"学习"不是打开教科书，听取讲解，理解其内容，然后记忆的活动；而是设定适当的目标，参照目标制定妥当的学习计划，琢磨目标与现状之间的关系，必要时修正计划等复杂的控制过程的作业，而把握这种控制的认知过程就是"元认知"。对自己学习能力的判断也受"元认知知识"的正确性所左右，设定不恰当的目标遭致反复失败，也是导致学习积极性低落的重要原因。元认知高的儿童，能够凭借自身的力量推进新的领域的学习，这是因为他们在线控制自身的学习过程、确凿地推进学习的同时，能够正确而自觉地掌握所有领域的固有知识，并能够根据需要有效地运用。由此可见，"元认知"是学习能力的核心。

三、让每一个儿童成为更好的自己

在划一的应试教育背景下，当下我国一些名牌学校特别是超级中学自吹自擂的所谓"优质教育"，充其量不过是"低阶认知能力"强一些而已。从本质上说，这些学校未能从"低阶认知能力"上升到"高阶认知能力"，仍然是一种"劣质教育"。因为，应试教育只能助长儿童的"僵固心态"，充其量不过是培养儿童理解并记忆教师所传递的信息，必要时能给出标准答案而已。儿童只有在相互信赖、相互期待的"协同学习"的关系中，才能培育自主性努力的意愿与自信，成为更好的自己。

这里反映了两种不同的学习观的分野。应试教育抱持的工具主义学习观主张，"知识"是描述世界真实面貌的概念，能够囊括地解释世界众多现象的就是"真理",就是学术价值高的知识。学校的任务就在于教授这种学术价值高的知识,所谓"学力"就是知道这种"真理"的能力。然而,素质教育秉持的建构主义学习观主张,仅仅用语言记住知识是没有价值的。知识是在同他者协同性地展开课题探究,观察他者所提出的有效方法(知识),在尝试错误中借助探究而习得的。因此,所谓"学习"不是教师单向传递知识的活动,不是记忆真理的被动性活动,而是在实际的体验过程中通过师生之间交互作用,展开有效的知识探究,让学习者掌握学习方略而建构的活动。所谓"学习",就是旨在达成课题的解决而采用有效方法,运用并建构种种知识的能动性的活动。严格地说,这种学习是不可能离开具体的实际活动孤立地进行的。

学力观的转型带来教学观的转型。建构主义的教学强调培育儿童的三种能力[3]:(1)设定课题、指向目标达成的探究能力;(2)参与学习小组的活动并做出贡献的协同性沟通能力;(3)自律性地增长自身才华的反思性自我学习能力。这就是说,建构主义的教学设计突出探究性、协同性、反思性的教学活动。这种活动包括[4]:(1)在课堂教学中,不是使学习者"理解、记忆",而是让学习者思考、判断、表达。(2)学习课题不是由每一个学习者个别地完成,而是以协同学习的方式完成。(3)学习成果不仅是知识、技能的习得,而且要让学习者觉悟到自身的变化与成长。

美国文学家、教育家谢林(F. E. Schelling)说:"真正的教育就是产生差异,每一个人的差异,成功的差异,才能与天分的差异。既非凡庸,也非个人的卓越,亦非标准化,这种差异正是衡量世界进步的尺度。"[5]

参考文献

[1] 奈须正裕. 素质·能力与学习的机制[M]. 东京:东洋馆出版社,2017:74.
[2] C. Fadel. 21世纪的学习者与教育的四个维度[M]. 岸学,主译. 京都:北大路书房,2016:62.
[3][4] 藤井千春. 能动学习的教学实践原理[M]. 东京:明治图书,2016:26,31.
[5] R. L. Ackoff. 逆转的教育:理想学习的设计[M]. 吴春美,大沼安史,译. 东京:绿风出版公司,2016:107.

第二辑
探究的课堂

指向核心素养的学校"课程"、基于素养本位课程而实施的"教学"、在教学中儿童经验的"学习"——这三者不是彼此孤立的，而是相辅相成的。我们不仅要从学校课程的角度审视学习的达成，而且要从儿童学习经验的质的角度，审视作为课程的教学内容与教学状态。

课堂不是记忆知识的场所，而是探究知识的场域。所谓"探究知识"就是在种种领域中活用知识，从而凭借自身能力，发现并习得新的知识。这正是"能动学习"的本质。

10. 核心素养与课堂转型

面向 21 世纪的教学应当是从"教师中心"转向"学习者中心"的教学,亦即超越了传递教科书知识的目标,旨在发现每一个人的学习兴趣,掌握学习方式的能动的教学。那么,这样的教学拥有怎样的目标与方略呢? 或者说,课堂转型有哪些指标性特征呢?

一、从被动学习到能动学习

学习的主体是谁? 当然是儿童(学生)。但在传统的教学设计中,儿童不是学习的主体,而是知识的容器。因此,所谓的"教学方案"其实是教师"教"的设计,不是学生"学"的设计。应试教育的课堂一味追求知识传递的所谓"有效""高效",其实恰恰是"无效""低效"的。在"问"与"答"之间,倘是捷径式地求得师生之间"一问一答"的场景,那不是教学,唯有在问与答之间存在曲折的思考过程,儿童才能在教学活动中体验到变革的可能性。教学唯有把学习对象同儿童既有的知识关联起来,让他们发现自己理解的不足之处,并且通过否定日常生活中积累的停滞的、固化的认知,才能让他们的知识、技能上升到新的高度。教学的过程不是单纯识记的过程,而是借助集体思维,在多样的分析与综合活动中形成思考力、判断力、表达力的过程。因此,有效的教学不是作为结论来记忆知识的"一问一答"式的教学,而是借助对话中心的教学,让儿童通过讨论、争辩等交互作用,来介入他们的内在条件,否定、修正各自的思考。教师联系儿童的回答反复追问,使其意识到自身回答的角度、视点和根据,从而让儿童发现新的关系与关联,产生新的课题。唯有展开这样的问与答,才称得上有效的教学,才是真正能动的学习。

能动学习可以为"优质知识"提供保障。其一，它重视让学生从事有助于提升知识质量的学习。优质知识不是单纯地"了解"到的知识，而是可"理解"、可"运用"的知识，也可以说是能够活学活用的知识。在数学、物理、化学、生物等学科领域中，学生大多从经验中拥有了朴素概念，而它们往往是同科学概念相悖的。例如，从经验上看，"地球是平的"，但教科书传递的知识却是"地球是圆的"。倘若不能消解这种矛盾，单纯生吞活剥教科书的理论与概念，学生是难以在课堂之外拥有知识的。因此，要回答"圆的地球为什么看起来是平的"就得从学生自身的经验切入，增加抽象度，即用语言来概括与表述自己的思考与理解的机会。反之，教科书传递的原理与科学概念也可以借助日常生活中的具体案例来分析。唯有借助这样的过程，才能逐步将朴素的经验逐步上升到原理、原则等科学概念的高度。

其二，它重视获得"优质知识"的学习方法。要掌握优质知识，就得扎扎实实地学习——不是碎片化地记住教材内容，而是必须将其关联、归纳、内化为自身的东西。因此，学生要学习的东西，不只是单纯的"答案"和"答案的表述"，还涵盖了其理由与根据。在这种学习中，儿童需要有思考力、判断力、表达力。在这里，"大观念"成为重要的学习对象。为了驱动思考力、判断力、表达力，把握教科书的基本内容，有效的方法就是借助"协同学习"中的对话。在对话学习中儿童要把自身的经验与原理原则联系起来，直面需要共同解决的问题，就得将自己的思考加以外化。于是，由于儿童经验的差异，就会出现彼此不同的多样化的思考。确认彼此思考的差异，兼容不同的思考，寻求能够认可的，表达每一个人的思考，听取彼此的表述，不断地推敲答案——这就是借助对话学习形成的知识的社会建构过程。

其三，它重视基础素养。所谓"基础素养"不是单纯地接收、发出信息而已，而是有意义地整合多样的碎片化信息的能力。在当今的信息化时代，"基础素养"的内涵不再限于3R（即"读、写、算"），也包括"信息素养"。

能动学习也可以为"高阶认知能力"提供保障。第一，它重视问题发现能力、创造力，或沟通能力、协作能力等，首先是"自己发现问题、同伙伴对话协作、创造答案"的素养与能力。问题发现能力是非常重要的教育目标。所谓问题发现能力也即质疑能力,大体包含两个因素:一是丰富化的知识本身提示了疑问。亦即,理解了方才知道之后的不理解。二是学习者自身主体地探究然后提出疑问。亦即,学习者能动地运用理解了的知识,才能发现之后不理解的地方。可以说,后者是更自觉的元认知过程。第二,它从事的掌握优质知识的学习,可能成为同时掌握沟通能力、协同能力、革新能力或自立、协同、创造的基础。所谓"实践力"意味着由"自律性活动""关系的形成""可持续的社会性沟通"三个要素构成的、开辟自身与社会未来的能力。[1]它包含了实践课题的发现与解决;通过协调性课题的解决,形成关同多样的他者的关系;得到"价值"的学习与创造这三个过程。

二、从个体学习到协同学习

"学习"本质上是一种互惠的"协同"过程。心理学历来把"学习"视为以个人为单位的"行为变化与认知结构的变化",但从维果茨基(L. Vygotsky)的发展心理学看来,学习是一种"沟通"。用佐藤学的话来说,"学习"是同客观世界对话、同他者对话、同自身对话的过程。就是说,"协同学习"不是单枪匹马孤军奋斗,而是同学习伙伴一起实现上述三种对话的"三位一体"的过程。然而应试教育的课堂教学是竞争性且极具个人主义的。当今世界之所以强调"协同学习",除了上述的根本原因——"学习即协同"之外,还有一个根本原因是,"没有协同便不能保障每一个学生的学习"。这就是布鲁纳(J. S. Bruner)倡导的"脚手架"原理——在协同学习中,以小组活动与对话为媒介,引发不同学力水平的学生一起展开"进取与挑战的学习",既可以挑战高水平学生的课题,又可以回应低水平学生的问题,从而填平学生之间的"学力落差"。从个体学习转向协同学习是实现"公平而有质量的教育"所必需的。佐藤学说,"学习共同体"教学改革的目的就在于培育每一个儿童成为"学习的主权者"。不过,要实现这个目的绝非易事,症结在于儿童苦于异化的学习。教学的异化产生了三种局面:学习对象(内容)的丧失、学习伙伴的丧失,以及学习意义的丧失。所谓"学习"的实践无非就是克服这三种异化的实践。[2]

学校教育从"封闭"走向"开放"是克服异化的唯一的解决之道：实现传统文化知识的学术世界与现代社会课题的连接；同学习伙伴的连接；同过去、现在与未来的自我学习路径的连接。让每一个儿童在各自回顾自己的学习过程中，形成前瞻性地作为学习经历的课程，保障作为学习者的"我"的自我建构。同时，也在协同学习中，保障作为学习者的"我们"穿越班级与学校，与教师、专家、家长一起在社区里协同的"学校创造"。儿童通过学习，同世界、文化、科学与历史相遇，历练自身，再造关系。因此，课堂不是单纯地促进儿童记忆的场所，而是通过学习活动所进行的不断提升自己能力新高峰的造山活动，是对生活世界认知的重建活动，是与在生活世界中一同生存者的关系建构活动。

人不可能独自成长。在课堂教学中所有儿童，也包括教师在内，从根本上说属于"同他者分享"的存在。[3] 在这里，"同他者分享"具有莫大的意义。在课堂中倘若不能同他者分享，那么，理解教学内容本身是难以成立的。这是因为，即便一个儿童理解了教材，但这种理解在本质上唯有同伙伴分享之后才能得到确认。另一个"同他者分享"的理由是，在一个拥有数十名儿童的班级里，每一个儿童的理解并不是一模一样的，这就需要彼此之间的取长补短：同等学力的伙伴之间的互补，不同学力水平伙伴之间的互补——高学力的教低学力的，低学力的向高学力的学习。所谓"协同精神"是指面向学习目标，同伙伴齐心协力，为了自身与伙伴而认真地学习，为了同伙伴一道达成学习目标，要求自己能够做出积极贡献的态度与实现目标的具体行为。当然，并不是所有学生从一开始就能正确认识到协同精神的意涵与价值。协同精神是通过同学习伙伴的交流，在实际体验到互教互学的优越性的过程中，一点一滴培育而成的。重视协同精神、同学习伙伴一道求得深层学习，就必然会提升自身与伙伴的学习质量，从而展开主体性的、能动的学习。

"协同学习不是单纯的教学方法，而是教学创造的基本原理。"[4] 充满协同精神的协同学习不同于一般的小组学习，其基本要素如下：（1）肯定性相互依存。在协同学习中要达成学习目标，就得基于基本的信赖关系，求得相互依存，从而形成最大限度的合力。它是有助于学习目标达成的，所以是"肯定性相互依存"，而不是妨碍学习目标达成的"否定性相互依存"。（2）积极性相互交流。即便是

"肯定性相互依存"，倘若不能积极地交流，便也不能期待其学习效果。在协同学习中，同学之间面对面的积极交流、互教互学是一个前提条件。（3）个人的双重责任。每一个学生都肩负双重责任，即对自身学习的责任与对伙伴学习的责任。倘若伙伴有不理解的问题，学生必须做出反思，积极地给予支援。（4）社会技能的促进。在小组合作学习中学生需要具备必要的学习技能与沟通技能。倘若学生没有掌握这些技能，就得有意识地展开教学。（5）活动的反思。要提升小组学习活动的质量，就需要在协同学习中对学习活动进行建设性的评价。反思学习活动中自己和他人的言行，思考该继续什么、该停止什么，不得以甄别或批判伙伴为目的。唯有不断满足这些要素的小组活动，才能称得上是协同学习。

三、从表层学习到深度学习

能动学习不是单纯地让儿童活动，而应当是通过活动深化学习。为了超越活动主义的学习，就得叩问"从活动中可以学到什么？""借助学习成果儿童能够理解世界么？"与此相关的教材内容的充实与教学方法的改革是不可或缺的。这里需要解决两个问题。

一是生活概念与科学概念的关系问题。何谓"深度学习"或"深层教学"呢？运用思考力等素养与能力进行的学习所必需的是"概念"，而没有那么必要的是"非概念或难以形成概念的事实性知识"。两者的区别在于，后者是同人们生活的世界直接关联的知识。例如，"猫、狗、牛、羊"或是潮起潮落的"潮汐"，完全是同其所指的现象相连接的知识。这些知识对于人而言是原原本本地作为客观存在而被认知的，所以是无需做出讨论、批判与改变的。此类知识包含了名称、符号、标记、位置等。反之，"哺乳类""重力"之类的概念是由人类创造的旨在理解客观世界的认知工具。这些概念要求精益求精，但是有加以讨论、批判和改变的余地。于是，不同于目睹的日常现象，概括抽象的"哺乳类"之类的概念被发明出来，如"重力"就是用来解释"潮汐"的概念。

因此，要真正地理解概念，就得知道人类用这种概念解释了哪些问题。相反，通过学习文化现象或是学习作为问题解决工具的概念，就能更好地理解客观世界。正如亚里士多德说的，"概念的理解犹如太阳一般"，通过学习概念，能够更容易地理解其他概念，洞察现象的差异与例外，照亮新的思维路程。这样，倘若深刻地理解"概念"，或者不是旨在求得知识的"量"，而是提升知识的"质"，学生就能够刷新客观世界与自我的认识——"自己学到的东西有什么作用呢""改变自己的日常经验，就能够重新理解客观世界么"之类思考是十分重要的。无论哪一种教学方法，重要的是学生在学习后比学习前有所"进步"。可以说，能够反思进步的内容就是深度的内容。把学生视为进步者、知识建构者这一点，说明了素养与能力的必要性。因为儿童是主体的、能动的存在，重要的是创造知识的力量，而不是单纯地接受与记忆知识。指向核心素养的教育立足于儿童是知识建构者的学习观，通过实际地准备相应的教材与学习活动，创造提高儿童素养与能力的可持续的教育。

当然，要运用素养与能力，就得充实使之发挥作用的学科教育内容，因此重新确认世界上普适知识是十分必要的，这就出现了一系列动向，包括精选被称为"本质性问题""大观念"的内容，倡导一体化地进行知识与素养·能力的培育的情境性探究，等等。不管哪一种动向，都是催生学生"孜孜以求"地学习以重建学科内容的一种尝试。学习科学的成功实践表明，借助扎实的学科内容的教学，素质与能力既容易运用也容易培育。

第二个问题是"大观念"的重要性问题。儿童学习的重要概念谓之"大观念"（big idea）。所谓"大观念"是指，儿童即便忘记了所学概念的细枝末节部分，仍然能够长久记忆其重要的本质性的理解。儿童要深化对"大观念"的理解，就得理解基础性的概念，掌握探究与问题解决的技能，并把这些概念与技能同课堂彼岸的大千世界相连。[5]加拿大安大略州的教科书《科学与技术》（1—8年级，2008年修订版）在提及"大观念"时说，该学科由"生命系统""结构与机制""物质与能源""地球与宇宙系统"四个板块组成，并据此来设定各个年级的教学内容。例如在《科学与技术》的"电与电器"一节中，"基本概念"与"大观念"相互对应：作为基本概念的"能源"中突出的大观念是"电能同其他能源是可变换的，其他能源的形态是可能变换为电能的"；作为基本概念的"系统与相互作用"中突出的大观念是"在社会中电能承担着重大的作用，而电能的生产会对环境产生巨大影响"；作为基本概念的"可持续性与责任"中突出的大观念是"必须寻求把能源生产对环境产生的影响减低到最低限度的方略"。[6] 在加拿大《社会科》（2013 年版）6 年级教科书的"人与环境：全球化、沟通与加拿大的相互关系"板块中，其中的一个教学目标是"在探讨全球化问题的同时，解释国际协作的重要性，评价国际社会中加拿大与加拿大国民的行为效果"，作为基本概念的是"相互关系"与"展望"，其相应的"大观念"是"加拿大与加拿大人的行为能够给世界带来变化"。[7] 这里所谓"基本概念"是贯穿整个基础教育阶段的学科课程编制的框架。具体地说，诸如《理科》可能由"物质""能源""系统与相互作用""结构与功能""可持续与责任""变化与延续"六个板块组成，而"大观念"则是基本概念内涵的具体化，需要用儿童日常生活与社会生活相结合的方式来求得理解。

归纳起来，实现主体性、对话性的深度学习的教学设计需要满足如下三个条件：其一，"问题产生"的教学设计。在传统的知识传递型教学中主要是教师提问，很少有来自学习者的疑问。之所以必须有"激疑"亦即有某种促进学习者产生疑问的机制，是因为其可以使得每一个学习者思考方式的"差异"可视化。其二，"问题分享"的教学设计。通过问题分享，可以使得每一个学习者的才能共同作用于问题解决，亦即形成"我的学习"与"我们的学习"。其三，"问题深化"的教学设计。据此，"我的学习"与"我们的学习"的反思才有可能，才能进一步深化问题，形成可持续的学习。通过以上"问题产生""问题分享""问题深化"，展开学习的"开始""连接"与"持续"的教学设计——这就是课堂改革的方向。[8]

我国众多中小学醉心于追求的"有效教学"，充其量不过是旨在应试竞争的成功而求得又多又快地传递知识罢了。然而这种"有效学习仅仅是限定于一定的目标做出的评价，而不问这种目标本身的价值是什么，但优质教学不是单纯追求有效，而是以所选择的目标本身是否有价值（符合教育目的、教育观、儿童观）作为必要条件"。[9] 这样，我们越是贴近教育的现实，就越要关注价值的问题，否则教师就会成为近视眼的技术工匠，而依赖这种工匠是不能保障教育的品质的。反过来说，那些不符合教育目的、教育观、儿童观（如应试教育）的理论是有效的吗？事实上，只要是以人的学习为对象，亦即牵涉到培育人的课题，就不可能逃脱应当实现的育人价值的问题。

参考文献

［1］［5］［6］［7］ 日本国立教育研究所.素质与能力·理论编［M］.东京.东洋馆,2016：203—204,119,
119—120,121.

［2］ 佐藤学.共同学习的课堂 共同成长的学校：学习共同体的改革［M］.东京：小学馆,201：162.

［3］ 江上英雄.发现学习论：学力论语思维结构［M］.东京：东京图书出版,2017：22.

［4］ 松下佳代.能动学习［M］.东京：劲草书房,2015：115.

［8］ 森敏昭,主编.21 世纪学习的创造［M］.京都：北大路书房,2015：12—13.

［9］ 吉田章宏.授业研究与心理学［M］.东京：国土社,1978：49.

11. 倾听与对话教学的基础理论

信息传递型沟通模型是以单向的、线性的、单纯的意义交换为特征的，代之而起的是意义生成型沟通模型，其特征是沟通的参与者频繁地展开意义的生成。基于"核心素养"的课堂教学也应从单纯知识传递的"传递型教学"转型为知识建构的"对话型教学"。

一、基于"倾听"的知识建构

(一) 哈贝马斯的"理解"与基于"倾听"的知识建构 ·················

德国哲学家哈贝马斯(J. Habermas)在近代主观理性的基础上加上了"反思"，以此来阐述沟通行为的意义并揭示"理解"的价值。他把人类的交互行为分为"成果指向性行为"与"沟通性行为"。前者又分为"工具性行为"与"战略性行为"，这些行为是基于行为主体的主观立场，基于唯我论理性的单向行为，是植根于"唯我论"世界观而形成的行为。而"沟通行为"则同这种唯我论行为对立。哈贝马斯把"沟通行为"定义为"参与行为者的行为计划"，不是经过自我中心成果的计算，而是经过理解行为得以调整的。这里"讨论"的意涵对于思考"倾听""发表"的学习意义是富于启示的。沟通行为首先是借助听与说而形成"理性"的问题。这些听与说不是单纯的技术，而应作为知识建构的本质来思考，为此必须寻求作为理性沟通方式的听与说的对话性、沟通性之合理性所在。

哈贝马斯的这一理论给出了一个描绘沟通模型的框架，那就是拥有改变作为"被动行为"的"倾听"的能力。在他看来，同他者的关系不是主观与客观的关系,而是主观与主观的关系。在这里,每个人都拥有自己的认知框架,以单纯的对象来认识他者是被不允许的。主观是以对话者各自拥有自己的认知框架为前提的。倾听的教学就要求根据哈贝马斯的这种理论,产生建设性的"理解"的倾听。这种倾听,也不是单纯接受性的。为了"接纳他者的文化"而产生"理解",对话者彼此之间必须有能动的积极的影响。

(二) 从巴赫金的对话理论看"倾听"的意涵

对话教学论的进展,本质上是旨在克服发话者基于单向影响的意义传递的单向沟通观而进行的理论建构。换言之,就是从发话者中心的"独白"转换为重视"倾听"的"对话"。在近代社会里,教学论一直是在独白论的思想背景下发展起来的。在以笛卡尔的"我思故我在"为代表的"唯我论"看来,自己就是一切的标准,他者的存在只处于次要地位。然而,进入 21 世纪,这种自我中心的思想不仅给人类,也给地球上所有生物的未来带来威胁。在这个背景下,教育也必须改变,从单向的知识消费与享受转向交互作用中的知识建构。社会建构主义背景下的对话教学论,强调"对话的必要性",作为克服独白论思想的理论,可用"我们思故我们在"来表征。

可以说,巴赫金的对话理论是建构性的。他的对话理论大体可以从"作者与读者交互作用的对话中产出意义"来寻觅其形成轨迹。他说:"仅仅是被动地理解言语意义,不能说是理解——在实际的言语生活中所有具体的理解都是积极的。这是把被理解的东西纳入自己的对象性、表达性视野之中,形成应答,并同被激发的反驳与赞同构成不可分割的整体。从某种意义上说,处于优势地位的是作为积极性原理的应答方式,这种应答是形成理解之基础、为了理解考虑利害关系而进行的积极准备。理解唯有在应答中才能成熟,与应答构成了辩证统一、相辅相成的存在。"[1]

克服接受性单向信息传递、矫正"倾听"意涵的巴赫金对话理论,提示了倾听教学的意义及其框架的转换。这是从对话中心的视点出发,向作为交互作用的"对话"的转换,赋予了"倾听"以能动行为的价值。他在《语言与文化符号论》中阐明了如下的沟通观:"所谓言语活动(言语、发话)的真实现实,既不是言语形态的抽象体系,也不是独白式的发话,当然也不是产生独白的心理、生理作用。它是一种发话与多种发话所展开的基于言语的交互作用——'沟通'——这一社会事件,言语交互作用就这样成为言语的根本存在方式。"[2]

巴赫金把言语作为交互作用、作为社会事件来看待的语言观,同传统的语言观大相径庭。他进一步在"能动的受信问题"一节中说:"一切真正的理解不是被动的理解,是能动的理解。""一切的理解都具有对话性——意义不是语词中的东西。意义既不存在于发话者的心中,也不存在于听话者的心中;意义是以赋予的音声(文字)复合为媒介,发话者与听话者进行的交互作用(沟通)的效果,犹如正负两极连接时迸发出来的火花。"[3]巴赫金的思考方式颠覆了从发话者到听者的线性的单向沟通。这种界定,否定了自上而下、上传下达的内涵或者知识的传递。巴赫金的对话理论寻求经历交互作用,以对等的关系开展知识建构。为了克服唯我论发展所带来的现代文明危机,这种沟通——听与说的方式,必须从片面倚重于"说"的沟通转移到"听"的层面,强调能动地听的意涵。

受信的能动性问题,是意义究竟在哪里生成的问题,同时也是"他者的声音"与"多声性"的问题。这是构成巴赫金对话理论的根本问题。语言也好,思想也好,不是在一个人的头脑中形成的,而是在社会集团中、在众多人的声音的交响中生成的。因此,巴赫金说:"在种种语言中一种语言的地位和对他者语言多样的听取方式与反应方式,构成了本质性的问题。"在这里,巴赫金揭示了传递模型的问题所在——发话者想要传递的意义转换为语言符号,而听者又把这种语言符号加以解读。在社会文化框架内交响的多种语言中,我们既是发话者,也是听话者。从这个视点看来,"听"的行为与"说"的行为必须矫正,沟通模型必须转型。

二、沟通模型的进化

在沟通模型的研究中,出现过各种各样的沟通模型,主要有线性模型、圆环模型和交流模型。[4]

1. 线性模型。谢农（C. E. Shannon）与韦维（W. Weaver）的线性模型（1949 年），描述的是从发信者（信息源）至到达点的线性的沟通，这种沟通发端于古希腊亚里士多德的辩论术。在这里，来自发话者、面向受信者的作用，被界定为"沟通"。由于该模型明确区分了始点与终点，所以被称为"线性模型"。这种模型所表示的从发信者到受信者的线性思考方式简单易懂，但也有其局限性，即"发信—受信"的模型不能解释人际之间的互动与交互作用，不能充分说明误解产生的原因。"发信—受信"这一表述所表达的仅限于言语，不能表达人类非言语的复杂沟通。

2. 圆环模型。在线性模型中沟通是单向性过程，但日常生活中的沟通是受信者反馈发信者的动态性过程。施拉姆（W. L. Schramm）的圆环模型（1954 年）强调的就是这种动态性过程的交互作用。该模型在交互作用中加入了"反馈"，重视沟通的双向性，而且没有始点与终点，是持续性的。这种模型清晰地揭示了彻底的依存关系——参与共同作业的发信者同时也是受信者，双方在个人内及人际间不断地做出反馈。这种模型把人类视为用符号解释意义的解释体，认为"误解"是受信者对发信者所要表达的意义做了不同的解释。在圆环模型中有受信者与发信者交互作用的表象，但在实际的日常沟通中，并不限于井然有序的状况，比如，教师在同学生的课堂对话中常常是看着学生的反应，而改变讲解的内容与方式的。也就是说，在实际的沟通中，符号化与符号解读是同时进行的。

3. 交流模型。无论是线性模型还是圆环模型，都能对发信者发出信息、受信者接受信息做出解释与说明，但巴伦（D. C. Barnlund）的"交流模型"（1970 年）是不分发信者与受信者的，"沟通"被视为发信者与受信者同时参与的活动。一个人想向对方传递自己信息的同时，也看着对方的表情与动作等反应，赋予其作为"线索"的意义。"沟通是参与者赋予积极意义的过程"这一主体性受到重视。对方所说的内容，倘若自己疲劳了，没有好好听取，就不会有意义赋予的"线索"发生；即便对方没有意图，自己也能够认为其是赋予了积极意义的"线索"。在沟通中个人所进行的意义赋予过程是基础，把这种意义赋予同他者分享的活动，就是人际沟通。由于意义赋予过程是各自进行的，在自己的意义赋予与对方的意义赋予之间会存在落差,于是缩小这种落差就成为沟通的目的。这个模型可以对人的言语与非言语、个人的信息、环境与状况等所有意义赋予的"线索"做出解释。因此,在集团成员之间的对话与活动中也可以从这样的视点出发,关注其是否从各自成员在怎样的状况中、从怎样的言语与非言语出发,做出了解释。具体来说,小组成员 A 是怎样看待其他成员、怎样把握小组状况的,立足于这个视点,抓住从自己的视点出发没有发现的线索,就有可能更好地改进状况。

4. 教学沟通模型。1991 年,日本的坂元昂推出了教学的"三向沟通模型"[5]。他认为,教学中的沟通是以如下三种信息流作为基本单位的。第一信息流(箭头①)向学习者提供信息,同时学习者做出反应。其代表了促进学习者见到、听到来自教师的信息,在明白接受了信息之后,展开行动与思考的活动,特别是借助提问促进学习者思考。在箭头 A 中,让学习者展开活动的作用与功能非常重要。第二信息流(箭头②)指向儿童的反应、应答,即儿童向教师进行反作用。其往往是以基于语言的活动为中心的,但也有肢体动作、手势等非语言活动。教师诊断或接纳这些活动的意涵与意图是箭头 B 中的重要要素。第三信息流(箭头③)是教师对学习者的"反馈"(Knowledge of Results,简称 KR)。这种反馈大体有两种功能:一是梳理儿童应答的正误信息与发言内容,反馈给儿童;二是提示教师如何接受这种应答信息。借由阐述感想、做出评价,诸如激励表扬或者批评,教师传递出自己是如何接纳来自学习者的反应的。这种功能倘若充分发挥,儿童就会知道自己得到了教师的认可,并激发起学习的积极性。这个模型表明,为了达成教育目标,教师一方面要确认学习集体中每一个儿童是否确实地展开了学习活动,另一方面,要预测并解释每一个儿童的反应,选择适当的信息传递方法。

在这种沟通模型中,"意义"是一个关键概念。沟通不是单纯的信息传递,而是参与者之间意义的生成与再生成的过程。就是说,沟通流不是线性的,而是纵横交错的网络。我们应当重视的是前向的、积极的、有变革力的沟通与对话,重视"人的创造性"。

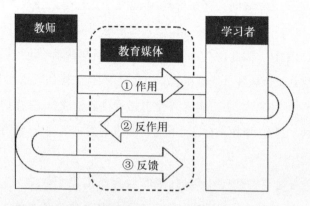

① 教师向学习者传递信息的作用(提示与反应控制)
② 学习者向教师做出的反应
③ 教师向学习者做出的反馈

图 11-1　教学沟通模型

(林德治,等,编著.教学改善的进展[M].东京:行政出版公司,2016:10.)

三、倾听学习的模型

　　大石初太郎描述了"对话图式",认为"对话的基本构造是,A、B 两者彼此成为发话者与听话者,交换词汇,涵盖了说与听的循环往复的圆环模型"[6]。A、B 同时通过"说"与"听",加深理解、改变判断、咀嚼感动、更新内涵,并逐渐发展立场。在学校的课堂教学中,重要的不是单向的知识传递,而是基于作为交互作用的沟通模型来展开教学的设计。所以,植西浩一界定的"沟通"[7]不是彼此传递心中的某种意义,而是两者共同创造意义。在沟通进行中,发话者成为倾听者,倾听者成为发话者。在这种反复中,两者之间生成的意义也得到了深化与发展。可以说,在对话过程中新的意义不断创生出来,而且在此期间,双方在对话之中不断进行反思(自我内对话)。这个现象表明倾听活动是沟通行为,同时也是思维活动,对话中的双方倾听着三种语言:来自对方的语言、自己发出的语言,以及自己内心世界的语言。这些语言的交响促进了对话者的思考与自我变革。"对话"既是产出外在意义的活动,同时也是变革自身内在的活动。

植西浩一并不将"沟通"视为发话者向听话者的单向传递,而是认为对话是借助发话者与听话者的交互作用形成的,期间有不断的思维活动在进行。在此基础上,他将目光聚焦在听话者侧面,力图把握"倾听"这一行为是经历怎样的过程来进行的。为了把握"倾听"这一行为、构想其学习,思考这个过程的模型化是有效的。该研究参考了增田信一的"音声言语生成过程模型",把"倾听"分为五个阶段,"提示各个阶段必须有怎样的学习"[8]。该模型着重揭示"倾听"的行为,特别是促进学习者的创造性思维同发信结合的"倾听"行为。也就是说,"倾听"不是被动的,而是同发信连接的能动行为。

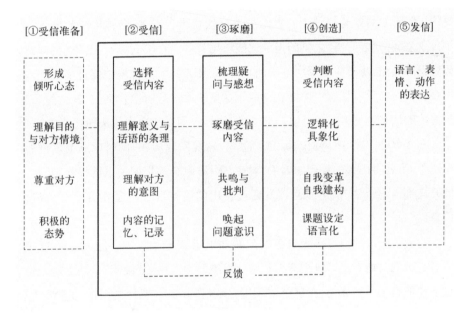

图 11-2 倾听教学模型

(植西浩一. 倾听与对话的教学论[M]. 广岛:溪水社,2015:34.)

在该模型中,① 受信准备② 受信③ 琢磨是④ 创造过程的基础。在倾听的学习中,态度尤为重要。"倾听"是唤起有意识的注意所必需的活动;可以说,学习者是否有倾听的态度决定着学习的成功与否,是否有倾听的心情极大地左右着听到的内容。对倾听的目的、对手、情境的理解,也是影响倾听的重要因素。

"尊重对方",无论是作为倾听的心理准备还是对于态度的形成,都是不可或缺的。例如,即便是要求批判性地倾听的场合,倘若不尊重对方,不吃透其真意,也不过是走过场而已。建设性的批判必须以尊重对方为基础。不过,对于听者而言,即便没有趣味的话也得认真倾听,是十分困难的。所以根据学习者的兴趣、爱好选定题材是十分重要的。要想达到"积极的态势",把"闻"提高到"听"是不可或缺的。唯有这样,听者才能集中精力地倾听。再者,是否创造了容易集中精力倾听的课堂环境、适合于学习内容与学习形态的课桌椅的配置、良好的学习集体建设等外在环境等,都对倾听态度的准备影响重大。

在②受信阶段,听者进行受信内容的选择,为此,集中精力进行"倾听"是必要的。倾听是需要全神贯注的自觉的选择性行为。不过,全神贯注的倾听力,不仅仅是凭借"好好听"之类的指令就能够培育的。在唤起倾听积极性的同时,记笔记的方法,便于集中精力倾听的场地,在具体的学习情境中促进反思等,都需要在反复的学习训练中才能获得。在这个阶段选择听取什么,会极大地影响到之后的信息处理。在琢磨阶段开始的反思,也同受信内容的选择相关。

在③琢磨阶段,听者梳理疑问与感想,发现问题所在,同时琢磨受信内容。在这里,听者将进行一系列的因果、对比、选择、综合等把握关系的操作,活跃地展开内部语言活动,推进思考。发话者发出的语言对于听者而言是有价值的信息。

听者将听取的内容作为自身的问题加以琢磨,产生共鸣与批判。在这里,听者必须同时拥有逻辑思维能力和感性思维能力。由于"倾听"是作为能动性、创造性的行为而形成的,在这个阶段里,展开逻辑的与感性的活跃的思维活动十分必要。问题意识也是作为这种思维活动的结果而产生的。可以说"琢磨"是主体性的倾听者的活动。在教育现场,通过每一个倾听者同其他学习者的对话,往往会发生"琢磨"这样的思维活动。重要的不是把它视为私语,而是作为关键的发现,同其他学习者设置对话情境而发挥作用,在此过程中把想到的东西写下来也是有效的。

从②受信到③琢磨,是进行受信内容的理解与价值判断的过程。②受信不是在全部结束之后才过渡到③琢磨的,两者是并行的。从②受信到③琢磨的活动反反复复地进行,重要的是求得受信与琢磨之间的平衡。

在④创造阶段,倾听者对听取的内容做出判断,进行逻辑建构与表象化,归纳发信的主题。在此过程中,"信息"被加工、重建成新的信息,这对于倾听者而言是一种发现。有价值的信息的重建会震撼倾听者的心灵,促进其自我变革,为自我的形成做出贡献。所谓能动的倾听,就是自我框架的更新。

"信息"一旦被视为值得发信,设定主题,听者就会将其加以语言化(表情化、动作化),成为信息发信者。即便在听者不成为信息发信者的场合,也会因做出判断,进行逻辑化与表象化,在倾听者的内心世界展开创造性活动,导致自我变革与自我形成。

这个阶段也要求听者反思自己的思考与所创造的内容,根据需要做出反馈。在课堂教学的情境里,通过一系列的帮助——提供用于判断的材料、提示用于逻辑化与表象化的要点,支持倾听者成为发信者。在这些倾听的指导中,重要的是将对"听"的指导同对"说"的指导关联起来,有所侧重地进行。

在⑤发信阶段,"听"与"说"贯通,倾听者成为发信者,发信者成为倾听者。倾听者创造的信息作为语言或作为表情与动作表达出来,使沟通进一步推进。

倾听是对话的前提条件,然而,在日常的教学实践中对能动的倾听方式的指导却极其薄弱。倾听教学模型的研究可以为一线教师提供培育儿童"倾听力"的基本线索。

参考文献

[1][6][7][8]　植西浩一. 倾听与对话的教学论[M]. 广岛:溪水社,2015:22—23,30,31—33,44.

[2][3]　巴赫金. 语言与文化符号(巴赫金著作集 4)[M]. 北冈诚司,译. 东京:新时代社,1980:208,226—227.

[4]　浅井亚纪子. 集体沟通[M]. 东京:实教出版公司,2016:26—32.

[5]　生田孝至,等. 开拓未来的教师的能量[M]. 东京:一茎书房,2016:58—59.

12. 对话型教学的创造

知识社会中的教师必须深刻认识"对话"的意涵与"对话教学"的价值,从儿童的实际出发展开有效的对话教学实践,以此培育每一个儿童的"对话力"。践行对话教学的过程,同时也是促进每一个教师成长的过程。

一、何谓"对话"

(一) 广义的"对话"概念

对话是人类最优异的特质。"对话"一词可以追溯到 1300 年前后的元代,诗曰:"山僧对话夜未央,不知风露满衣裳。"(萨都剌,《夜泊钓台诗》)如今,对话已成为当今社会理论与实践层面的关键概念。[1] 广义的"对话"概念,不仅是一对一的对话,也包括同两人以上的他者的相互交流;不仅是基于语词的对话,也包括感性、感觉的交流,无言的意思传递也可以是有效的对话。就是说,所谓"对话"不是单纯的信息传递,而是同他者通力合作、彼此交响的共同创造的活动。

对话是双向的,对话是沟通人心的桥梁。植西浩一梳理了日本学者对"对话"的若干代表性界定。[2] "对话"是人与人面对面进行的交谈,随着谈话的进展,发话者成为倾听者,倾听者成为发话者。这是谈话的最基本的形态。所谓"对话"包含不同的逻辑意义,不仅指单纯两人之间的价值观的交流,而且包含了多数人之间进行的价值观交流。当然,也有同自身的对话,同教科书与作者的对话,同其他种种事物与现象的"对话"。总之,"对话"包括了对谈、畅谈、会话、讨论、辩论和专题讨论等一切谈话活动中存在的精神要素。在这里,颠覆了从发话者向倾听者的线性的、单向的沟通观,拒绝自上而下、上传下达的意思或者知识的传递。对话是经过相互影响，在对等的关系上寻求知识建构的活动。

对话是意义与关系的生成。"一切的思想，都是某种同某种的连接，构建某种同某种之间的关系。"[3]维果茨基以具体的发话行为的功能为中心，考察了人际沟通行为，指出了分析人在内心创造的词汇的必要性。运用词汇的结果是词汇概念的进化。维果茨基的对话理论有三个特征：(1) 内言与外言；(2) 从外言向内言的内化；(3) 发展，即从内言向外言的实际发话的促进。[4]

对话是一种文化形态。所谓"对话力"就是多元文化之间的沟通能力。"对话"与"会话"有所差别。简单地说，所谓"对话"(dialogue)是同他人交往、交换与交流新的信息，而所谓"谈话"(conversation)是彼此相识者之间欢快的谈话。进一步说，所谓"对话"是同他者的不同价值观的交流，在这种交流过程中改变、提升自己当初的价值观，或者感受这种变化的喜悦，这是一种对话的基本态度。植西汲取上述的认识，给对话概念做出了双重意义的界定。其一是，人与人之间真诚面对，彼此制造话语，超越价值观与思考方式的差异，加深对彼此的理解，重建关系、创生新的知识的言语行为。其二是，真诚面对事物与自身，深化思索、更新认识的行为。在这里，对话是同事物的对话、同自我的对话，它不是指表面的饶舌，而是同事物、同事件、同人的对峙方式，即便是沉默，也有内心的对话在进行。

社会建构主义的代表人物格根(K. Gergen)给出了"对话"的广义界定：所谓"对话"是指"一切形式的沟通方式"，"也包含了更实用的一切种类的会话，即基于语言与非语言的会话"。对于社会建构主义而言，对话是一个关键概念。"对话建构社会"，"对话产生变化、发展与新的理解"。[5]"所谓'对话'，广义地说，是人们旨在整合种种关系，发表自己的见解、倾听他者的意见而进行行动的过程。从社会建构主义的立场出发，是对于所有问题的扩声，亦即借助对话，有可能从多样的视角发现'问题'，能够接受多样的结果。"[6]所以，巴赫金(M. M. Bakhtin)说："对话的终结即人类的终结。"

(二)"对话"的功能、特色、目的与类型(水平) ·····························
"对话"的功能在于传递并让人了解自己的思考、情感与信息，也在于意思与情感的传递,更是一种人际交往。[8]这种对话的意思与情感的传递功能是指解释、说服接纳、共鸣的行为,而对话的人际交往的功能是指相互理解、相互启发、相互扶助,建构创造性、发展性关系,因此培育对话力是同形成人际关系的力量联系在一起的。简单来说可以归纳为三点:(1)信息分享,即彼此传递信息。(2)共创,即砥砺参与者的睿智,聚集种种见解,生成新的解决方略与智慧。在共创中具有重大意义的是"开放性""多样性"与"灵活性"。(3)建构人际关系,即生成对立与不同的见解,通过对话加深对彼此的理解,产生相互亲和,建构创造性、发展性的关系。在这里,重要的是"宽容"。

对话的特色可以归结为"相互关系"与"变化、持续"。在基于"相互影响的语言与非语言活动"的对话中,发话者意识到听话者,听话者或接纳或反驳发话者的观点,双方角色不断地更替、变化与持续。发话者根据听话者的反应改变发话的内容与表达方式,听话者通过接受来自发话者的影响,重新组织自己新的思考与情感。重新组织在对话中极其重要。接受对方的发言,受到启发,重新组织自己的思考使对话得以充实,从这个意义上说,"对话"是一个过程。这种变化与持续,正是对话的特色。另外,我们往往会碰到"同自然对话""同先人对话"的表述,由此可以发现"对话"的一大特色在于"具体表征的不可能性"[9]。原本意义上的对话是语言性沟通,而自然是不可能使用人类的语言进行对话的。因此,在所谓的同自然对话的境脉中,人类同自然的对话关系当然不是语言性对话关系,而是巴赫金指出的"精神上的对话"。

对话的目的主要有四个。一是表达自己想传递的信息,让对方认识、理解、共鸣、接纳,也认识、理解、共鸣、接纳对方想传递的信息。二是提升自己、变革自己,亦即自我变革。三是与不同的人交换见解,即便不能达成一个结论,也能够集中智慧,实现一个人不能达成的某种状态。四是通过对话的过程,加深彼此的信赖和亲和,面向共同的目标构筑更好的人际关系。

OECD教育革新中心划分了课堂对话的五种水平[10]:

水平一,背诵。这是师生之间问答的交互作用的最为普遍的传统类型,基本上是由教师实施的持续的口头问答,由一连串的"IPE"问答组成。所谓IPE是指教师"提问"(initiate)、学生"反应"(respond)、教师"评价"(evaluate)。

水平二，以教师为中介的对话。这是维持 IPE 的图式，以单元的逻辑为基础，有建设性的目的。或是指以苏格拉底式问答法与比较自由的讨论，由教师引导学生发言的一种方式。

水平三，教师控制的讨论与辩论。指采用讨论、辩论以及表演等来提供对话结构的方式。

水平四，小组讨论。通常指学习者就给出的论题分小组进行非正式讨论，由教师担当评论员。学习科学家关注的相互教育就是从水平二向水平三、水平四推进的模型。这是以阅读的教科书为中心，由教师控制的对话。学生采取提出问题、预测归纳、提问之类的具体行为，再逐渐地过渡到脱离教师的指示，也脱离活动结构本身，像成人那样展开讨论。

水平五，围绕真实性问题解决的讨论。班级讨论不是针对单纯的话题，而是围绕真实性问题解决的讨论。在这里，所谓"真实性"是指学生直面现实的问题，而不是单纯的练习。所谓"知识建构"的讨论是旨在公共知识的生产与改进的讨论，与此相应地表现为成熟的知识生成的团队中所观察到的讨论。

多田孝志则把课堂对话的水准分为四类，这就是真理探究型、指示传达型、应对型和共创型。这四种类型的对话在传递的准备、自我变革和形成人际关系方面是共通的，不过各种类型对话的目的、参与者的相互关系并不一样。"真理探究型对话"，正如苏格拉底的产婆术那样，是一种寻求真理的对话方法，参与者的关系既有师徒那样的上下关系，也有伙伴那样的对等关系。波尔诺(O. F. Bollnow)说："真理的获得不是在孤子一人的思考中，而是只有在共同的思考中，亦即人际对话中才有可能。"[11]在"指示传达型"中，上位者指示的内容必须归纳起来并正确地传递，而下位者必须正确地把握所指示的内容。在学校生活中这种类型的对话是频繁进行的。"应对型对话"是在发生矛盾与冲突时旨在消解矛盾冲突的交涉、契约、依赖、谢罪、要求、说服的一种对话。这种对话有三个要点：其一，具备语言表达技能，能够做出有根据的发言，冷静判断、有说服力的发言，有见地的发言。其二，给对方以信赖感，因此要尊重对方，采取设身处地理解对方立场与想法的姿态。其三，求得共识的姿态。"共创型对话"的基本点在于"宽容与尊重多样性"。这种对话的目的是通过同多样的他者与智慧的交汇，创生新的知见与结论，并在这个过程中建构创造性人际关系。基于此，"对话"可以分为"浅层对话"(shallow dialogue)与"深度对话"(deep dialogue)。

这样，课堂对话可以分为种种不同的层次。所谓"浅层对话"是礼仪性对话，是表面的、形式的对话，是始终停留于指示、联络、报告之类的议论不深的对话。所谓"深度对话"是直逼人的内心世界的、随时随地发生知性化学变化的、知识共创的、充满愉悦的对话，是能够共创新的知识见解的对话。

二、对话型教学的基本认识

(一) 培育"对话力"：21 世纪教育的一个重大课题

21 世纪教育的一个重大课题是培育全球化时代必须具备的"对话力"。拥有了这种对话力，才能同多样的他者构筑创造性的人际关系，才能适应多元文化社会的伦理与社会规范、解决全球性课题。这就需要克服权威主义与竞争教育，寻求彰显"参与、协同、共创"原理的教学方法。可以说，"对话型教学"是最有效的教学方法。所谓"对话型教学"是指"教学中对话活跃，学习者借助同伙伴的交谈，分享新的发现与价值，在此过程中提升相互信赖与共创意识的教学类型"[12]。这是一种从获得、积累知识的竞争学习中摆脱出来，指向相互表达、分享知识与技能、相互启发、共同提高的"协同学习"类型。不过，我国各地的中小学尽管热衷于对话型教学，但在多年来灌输式教学的土壤中，难以结出成熟的果实，这是一个不容小觑的事实。要实现对话型教学，一线教师应当具备对"对话力"的基本认识[13]：

1. 应答性。对话是一种"应答"，一种互动作业。即便再短，也应当在言词与态度上真诚地接纳对方传递的内容，注重"他者意识""服务精神"（明白易懂地传递与真诚地倾听）的重要性。所谓"发表"是意识到对方在一定的时间内提纲挈领地传递、解释自己的思考。要有效地传递，就得组织能够吸引对方，让其心服、共鸣、接纳的逻辑，就得有服务精神，在讲究结构、用语的选择等方面，让其听得清楚、理解快捷，还得考虑到对方的文化背景与立场。有倾听者，才会有对话。对话的基本是"应答"，倾听的态度与姿态极其重要。

2. 非线性。由于是以面对面短兵相接的方式应对的,所以听话者能够体验到对方的氛围、态度、情感。单纯基于电子媒体的只言片语的传递,往往会招致深刻的误解。基于面对面的言谈举止,在沉默不语的感受中展开的对话,有助于增添形成关系的体验机会。在多元化的社会里,必须有宽容对方不理解或难以相互理解的对话觉悟。或许任何努力都是徒劳的,但至少可以扩大沟通的基础,习得超越对立的手段。因此,经历对方不理解的对话、不能形成共识的对话、说服不了对方的体验,也是必要的。

3. 阶段性。对话技能的提升,重要的是分阶段地习得听、说、对话的技能。(1)要使发言有说服力,就得明确论据,活用统计资料、具体事实和自己的体验。(2)不是一种解决策略,而是采取激发种种睿智的姿态,掌握具体的技能(站在不同的立场上,从种种视点进行探讨)。(3)习得能够做出综合判断、洞察、推测的技能。(4)并不终止于表达不同见解的阶段,而是能够归纳最终的意见,能够对听话者提出建言。

4. 他者性。尊重他者的"他者性"。教师应当相信每一个儿童的潜在能力,抱有期待地应对,特别是从没有自信的儿童身上引出其本意与个性化表现。无论对儿童还是对同事,必须指向尊重多样的异见与批判的、开放的价值观的形成,形成尊重他者、期许他者的氛围。

5. 意外性。在对话型教学中关键的是重视料想之外的"分化与意外"。在对话过程中会出现种种不同的异见与对立,难以收场。正是在惊异、疑问与反驳的漩涡中,发生认知的冲突与混乱、解决状况的过程,才称得上是新的意义生成与知识创造的过程。当混乱模糊的状态发生之际,只要尽可能地保障对话的时间,就会不可思议地产生种种见解的整合,就像破壳而出的雏鸡,诞生新的智慧与解决方略。这种破壳而出的力量,是同未来的创造力联系在一起的。

6.非语言表达的重要性。非语言的表达具有超越语言的力量。让儿童有意识地运用这些表达,习得相关技能,将使对话变得充实。这些非语言的表达主要是:身体动作(四肢动作、眼神接触)、身体特征(体味、口气、肤色、发型与肌肤的气味)、空间利用(待人距离、地盘)、接触行为(触、叩)、准语言(习惯性语气、声音的特征)、环境(建筑物、室内装饰、颜色、温度)、时间的运用(间歇、沉默)。

7. 重视"现场性"与"具身性"。置身现场调查,会碰到多样的人,接触多样的事物。这种活动由于是直接的、相互的,主体不会发生某种变化。所谓"具身性"是磨练感觉,驱使全身心地去听、触、嗅、看、尝。借助五官感受,趣味盎然,尔后产生"要知道""要思考"的想法,然后想起同他者"交谈""传递"。这就是培育通过五官产生体验的根本动力,丰富自身的内心世界。

(二) 培育对话力的三种"基础力"

在对话型教学中,作为人类的基础力不提高,对话力是不会提高的。然而众多儿童并没有接受提升基础力的指导。因此,多田主张为了提升对话力,需要关注如下三种"基础力"[14]:

第一,倾听能力。所谓"倾听"是积极性行为。"听"与"闻"是不同的,"听"是指有意识地听,即倾听。对话中进行着一连串相互交流活动——准确地接受来自发话者的信息;归纳(梳理、解释);进行反思与重建;在有情感地思考的同时进行语言化;向对方发信。在这种相互交流中,不是接受信息,而是准确地归纳,然后重新加以组织,这就是倾听的行为。倾听是对话的根本,用积极的态度集中精力地听,是对话力形成的基础。对话的特色之一是相互关系,这种相互关系的变化与持续就是倾听的行为。一个人倘若不能洗耳恭听,就不能准确地把握对方传递的信息与知识、见解与思路,也不能准确地概括自己想说的东西。因此,倾听是对话的根本。对话中的"倾听"有种种形式,包括准确地倾听、边归纳边倾听、鼓足勇气倾听、带着良性批判地倾听、同对方一起拥有共创意识地倾听,等等。在对话中,对方的立场、话语背后的某种重要的意涵是不同的。感受对方这种话语之后的深意,弥补听取的不足,是对话中极致的"倾听行为"。

第二,归纳与重构能力。适当地归纳多样的发言,然后消化它,得出自己新的见解与感想——这一过程的重要性必须得到认识。这就是对话中的"自我重构力"。它不是知识与信息在头脑中积累的片段,而是结构性地理解、组合、重构多样的信息与知识,确立新的自己见解的能力。这种对话中的"自我重构力"是在混沌中培育起来的。混沌是"创生"的原动力。唯有不畏惧混沌、能够在混沌与秩序之间自由地穿行,才会产生新的发现、新的感悟。"自我重构力"的基础是归纳能力。对话中的"归纳"不是缩短篇幅，而是要俯瞰讨论的整体，通过自己消化，用自己的语言来表达"想说的是什么""想做的是什么"。因此，选择是十分重要的。在对话中听取种种见解，是从选择认为重要的内容开始的。琢磨选择出来的多样的信息，并用自己的话语来置换，用自己的语言来归纳对方话语的意涵。在这里，领悟力对于归纳而言是重要的。不同于文章表达，在对话中，该情境的氛围、实现，对话者的表情、气息都传达着重要的信息。仅凭说出来的话语，是不能真正把握对方想传递的内容的。在这里，通过来自对方不经意之间展现出来的身体动作、态度来领悟其所思所想，是左右归纳质量的重要因素。归纳能力是可以通过反复练习而得到提升的。归纳是旨在把握对方最想传递的信息的一种作业。通过这种作业听话者能够潜心地同他者对话，从而受到启发，得以重构自己的见解。

第三，发信能力。所谓"发信能力"既是传递自己的意见、主张、感想或者准确地传递知识、信息的能力，同时说服对方、使对方产生共鸣的能力，也是琢磨种种表达功夫，选择多样的表达方法中最优的方法，或者组合若干方法的能力。这是广义上的发信能力。让儿童"养成拥有自己的见解的习惯"是提升发信能力的第一步。儿童在自觉地发表自己的见解与感想之前，必须经历"认识→内化→表达"的过程。儿童的发信能力不是一朝一夕能够提升的，需要系统地、分阶段地进行指导。应当留意的是，认识儿童的现状正是其出发点。无需感叹儿童"不会说""不会听""不会对话"，相反，应对这种儿童有问题意识，唤起儿童的对话积极性，着力提升儿童的发信能力。

三、对话型教学的创造

(一) 对话场与学习型组织

对话型教学是有助于 21 世纪人才培育的教育手段。可以从学习的意义与 21 世纪教育的方向来梳理对话型教学的意义。所谓学习是扎根自己的世界，同不同的世界相遇、实现自我变革的过程。同他者一起学习的意义在于通过同多样事物的相遇，丰富自他的世界，进而分享创造新的知性世界。创造这种学习最为有效的方式是对话型教学。在当今世界,要超越多元立场的群体之间的对立困局,就得寻求参与和协同,求得知识的整合。"对话型教学"就是旨在实现这种知识整合,使儿童获得体验机会的"对话场"。

这种"对话场"本质上就是"学习型组织"。所谓"学习型组织"是指"指向目标、旨在有效地行动而持续地提升、发展作为集体的意识与能力的组织。"[15]这个定义强调了三点。其一,组织的目的本身对于成员是有意义的,是激发成员的干劲与主体的源泉。成员之间能否分享这种意义,会极大地影响学习的质量。其二,"作为集体的意识与能力"。在学习集体中,学习的基本主体既是个人的学习,也是组织的学习。不过,作为学习结果而形成的意识与能力,不仅是个人水平的,也必须是集体水平的,重点在于集体意识的拓展,能否发挥高水准的能力。其三,在组织内创造、保持、迁移知识的过程叫做"组织学习",而"小组学习"是指在小组里一起进行探究、考察、反思,共同提升自己的意识与能力的对话场。在小组中,成员的发话方式、听取方式,可以从礼仪性对话发展到辩论、反思性对话、生成性对话。小组学习的神髓是集中成员的现有能量,达致成员之间的意图与理解的融通状态。小组学习的对话有若干要点[16]:

1. 提升场的质量与关系的质量。关系的质量、思考的质量、行为的质量、结果的质量交互作用,往往会产生恶性循环或良性循环。小组学习通过提升场的质量,可以改善关系,提升思维、行动、结果的质量。

2. 转换或者开放原先的视点。在提升小组学习的能力上,必须"保留原先的视点,倾听他者声音反思性地发表自己的主张","从对方立场设身处地地倾听,或者从整体的视点出发加以俯瞰",然后"高瞻远瞩"。这样,才有可能创造新的远愿景与观念。

3. 练习场与场的设计。在小组学习内进行练习是不可或缺的。需要反复进行四种对话,即礼仪性对话、辩论性对话、反思性对话、生成性对话的练习。要展开好的对话,物理性场所的设计以及适当的对话规则的设计都是必要的。

(二) 对话型教学的构想 ··

"对话"可以界定为一种"社会行为",对话不是单纯的谈话,而是能感受到不同立场的同时超越差异,"超越国境的对话""超越世代的对话"。基于这种认识,对话型教学可以分三个阶段进行:第一阶段,了解对话的价值;第二阶段,和谐对话的指导;第三阶段,相互启发性对话的指导。对话要成为名副其实的对话的要点在于接受对方的话语再返回的方式,可以谓之应对力。村松的对话能力系统提出了"接受性对话能力→讨论性对话能力→协同性对话能力"的过程。据此他认为,在小学低年级,应使学生体会到共同抓住词汇的快乐(亲和性对话能力);在小学中年级,应使学生体会到共同理解的喜悦(接受性对话能力);在小学高年级,应使学生体会到开拓见识的乐趣(对论性对话能力);在初中前半,应使学生运营讨论的妙趣(元对话能力);在初中后半,应使学生体会到形成高度共识的达成感(协同性对话能力)。

多田孝志通过对教学现场的考察,把对话型教学分为两种,即"对话中心的教学"与"增加对话性的教学"。前者是名副其实的将对话活动置于教学活动中心的教学。结对对话、小组对话、班级对话、研讨会等对话活动占据教学课时的大半。后者是基于教师的改革意识,尽可能增加对话机会的教学。即便是传统型教学也能在极短时间里设计邻座同学之间的对话,在整个课堂里交换见解的情境。[17]

所谓"集体沟通能力"(group communication competency),是个人在集体中同其他成员交际时所要求的能力。[18]植西浩一提出了"集体沟通能力的自我检查表"[19]:

【兴趣、意欲、态度】(1)走进伙伴倾听。(2)自始至终倾听。(3)看着对方的脸集中精神倾听。(4)兴致勃勃地倾听。(5)有所准备地倾听。(6)尊重对方原原本本地倾听。(7)批判性地倾听。(8)关注言说方式地倾听。(9)在反思自己的倾听方式中倾听。

【技能】(1)边做出反应边倾听。(2)浮想联翩地倾听。(3)边梳理言说的逻辑边倾听。(4)在分辨腔调与方言中倾听。(5)倾听之后记录感想与见解。(6)注意言外之意地倾听。(7)边确认疑点与问题所在边倾听。(8)考虑发话者言说的目的与发话者的立场而倾听。(9)边归纳要点边倾听。（10）区分事实与见解地倾听。（11）选择必要的信息倾听。（12）边做批注边倾听。（13）为区分核心部分与附属部分而倾听。（14）为区分众多见解的异同而倾听。（15）尽快地理解言说的内容。（16）在归纳自己的思考中倾听。（17）在预想言说的展开中倾听。（18）边思考言说的主题与对方的真意边倾听。（19）边琢磨发话者见解的根据边倾听。（20）边思考发话者言说的根据边倾听。（21）边思考发言的机会边倾听。（22）边补充言说的不足之处边倾听。

一般认为"集体沟通能力"包括三个领域：其一，理解小组动力（动力关系与相互关系），并能具体地阐述、分析小组会发生什么事件的能力。比如，能够反思在前日的会议上发生了什么事件，为什么会发生，如何做才能很好地应对这种状况的能力。倘若能够反思自身的情感与行为，分析小组里他人的话语与行为，那么，之后就有可能增加更适当的言行。其二，能够考虑到其他成员的情绪侧面。具体来说，就是要体贴入微地考虑到其他成员的心情与参与态度，能够敏感地发现他人在集体中抱有怎样一种心情，并产生共鸣的能力。要在致力于小组工作与课题达成的过程中了解其他成员的所思所想，是相当不容易的。其三，具备言语与非言语技能，有能够为小组会话做出贡献的能力。这是指能够好好倾听他人的见解与新的想法，提出疑问、做出反馈的能力，或是能够从容回答来自对方的提问的能力。为了提高自身的沟通能力，重要的是尽可能正确、客观地把握自己的现状，积累体验，增强自信。

弗莱雷（P. Freire）批判传统的教育是一种"储蓄型教育"——以为能够像金钱那样大量地储蓄知识。他反对这种"反对话的教育"，认为"没有对话就没有沟通，没有沟通也就没有教育"。问题解决型教育的前提就是对话与沟通，因此，"对话→沟通→问题解决型教育"的生成顺序显然是无可置疑的。践行对话型教育的过程，同时也是促进每一个教师成长的过程。

参考文献

[1][3][4][9]　小坂贵志. 现代对话学入门[M]. 东京：明石书店，2017：16,115,117,69.

[2][19]　植西浩一.倾听与对话的教学论[M].广岛：溪水社,2015：57—64.

[5][6][7]　K. Gergen.社会建构主义的理论与实践[M].永田素质彦,深尾诚,译.京都：中西屋出版公司,2004：47,145,140.

[8][11][14]　多田孝志.培育对话力[M].东京：教育出版公司,2006：35—36,42,68—110.

[10]　OECD教育革新中心,编著.学习的革新：21世纪型学习的创发模型[M].有本昌弘,主译.东京：明石书店,2016：100—101.

[12][13]　多田孝志.在教学中培育对话力[M].东京：教育出版公司,2011：97,97—104.

[15][16]　小田理一郎.“学习的组织”入门[M].东京：英治出版股份公司,2017：26,270.

[17]　多田孝志.共同创造的对话力[M].东京：教育出版公司,2009：122.

[18]　浅井亚纪子.集体沟通[M].东京：实教出版公司,2016：81.

[20]　P. Freire.被压迫者教育学[M].顾建新,等,译.上海：华东师范大学出版社,2001：41.

13. 能动学习：培育关键能力的方法论

"关键能力"必须具备通用的特质,依赖舍去一切境脉与情境的学习、同儿童拥有的既有知识脱节的学习,是绝不可能达到这一点的。这就是说,谋求学科教学同儿童世界的密切关联,在现实世界中展开真实的社会实践这一境脉与情境中,只有通过主体性、对话性的深度学习,才能达到能动的生动活泼的学习境界。

一、真实性的学习境脉

"能动学习"是"基于学习者的主体性参与与学习者之间能动的交互作用的学习而产生的"[1]。换言之,它不是单纯地记忆知识的学习,而是能够运用已掌握的素质与能力活跃地应对种种课题并富有实感支撑的学习。基于素质与能力的教学旨在培育儿童成为出色的问题解决者。不过,人的学习是在具体的境脉与情境之中产生的。可以说,所谓"学习"是学习者作为当事者"参与"知识得以现实地起作用的真实的社会实践之中的活动。

然而在传统的教学中,并不考虑知识在怎样的情境中才能自在地运用,而是将一切的境脉与情境加以抽象化,作为一般性命题来教授的。这种不伴随某种境脉与情境的知识宛如空中楼阁,儿童不过是形式上习得而已。正因为如此,无论教师还是儿童多用范式的巩固作为常规手段,甚至连思想品德课也习惯于知识点与概念的死记硬背。这样灌输的知识除了满足于应对纸笔测验的分数这一特殊状况之外,是无助于任何有现实意义的问题解决的。"一旦考试完毕,忘得干干净净"就是这些知识理所当然的结局。

"能动学习"则反其道而行之,把学习设计成学习者参与含有丰富而具体的境脉与情境的真实社会实践,这样学到的知识也是真实的,是能够在解决现实问题中起作用的知识。而这就是"真实性"(authentic)学习的基本思考。比如,去超市买番茄,可以看到种类不同的一筐筐番茄,问"该买哪一种番茄",作为数学教学的内容是"每筐番茄的分量",但现实中的番茄不仅是个数,在大小、品种上也有微妙差异,是难以简单地比较的,产地的信息也是同数学教学不搭界的。然而恰恰是这种状况,反而会使儿童切实地感受到不能单纯地比较番茄的分量,或是出现关注番茄的营养素——"A 品种比 B 品种的营养素高 1.5 倍,所以买 A"之类的情况。这就引出了儿童自身的生活实感与关注点,展开了体验性学习。同时,通过不同立场与经验的伙伴之间的对话性学习,立体地深化了学习。值得注意的是,通过把真实的"番茄"引进课堂,儿童的思考变得现实了,同时,作为数理学科本身的探究也深化了,也就是说,逼近了学科的本质侧面。事实上,学习境脉的真实化并不像人们误解的那样,远离学科的本质。当然,周全的准备与计划是不可或缺的,学习的现实性与学科的本质性是可以兼得的。

　　真实性学习的境脉纷繁复杂,有人担心会不会出现预设的教案之外的乱套情形,其实这种担心是多余的。即便复杂、纷乱,只要境脉是真实的,儿童就能借助具体的经验与生活实感,掌握促进思考的脚手架——非正式知识。儿童运用了这些脚手架,就能推进自己的思考与判断。国外有研究表明,借助脚手架,那些数学较差的儿童能够参与讨论的可能性在某种程度上提高了,甚至可以期待以此为契机,培育他们的数学兴趣。无论如何,正是在复杂、纷乱的状况下学会的知识,才经得住复杂、纷乱的现实情境中的问题解决的考验。我们的教师往往会为了明白易懂、不至于乱套,而醉心于境脉的单纯化与碎片化。然而,不自然的过分的单纯化与碎片化,恰恰堵塞了儿童参与教学的机遇,反而降低了他们知识习得的可能性,甚至会使好不容易习得的知识终究成为僵死的知识。

二、活性知识与僵死知识

　　或许会有人反驳说,"这哪里是数学课!"这种人是把数学仅仅理解为习得数理步骤、熟练运算技能而已。毫无疑问,在数学教学中学习数理步骤与运算技能是最基本的,但除此之外,重要的还在于能否在纷繁复杂的状况下深刻理解数理的意义、数理的优势、适用条件与限度,这样,才可能把学到的作为知识与技能的数理,适当而创造性地用于现实问题的数学解决之中。这并不是说在学校教育中不要"知识"或者不要教授"知识",问题在于"知识"本身的质量。传统的所谓"学校知识"的特质是:(1)它是碎片化的知识;(2)它是脱离具体经验与情境的一般化知识;(3)它是被视为在个人"头脑"中积累起来的"便携式"知识,而不是同情境息息相关的、在协同中发挥作用的"知识"。在这里,存在着单纯教授"学校知识"的危险性。[2]

真实性学习之所以有效,就在于儿童能够在同之后碰到的问题情境相类似的境脉中展开学习,这样,新的知识就能同其可能利用的条件与理由一起,以成套的方式加以习得。倘若能扩大至多样的境脉中进行学习,这种知识就能发展为在更广阔的范围得以活用的知识。就是说,知识这种东西,倘若不去学习它是在怎样的情境里、基于怎样的理由才能使用,或者反之,倘若不去学习它是在怎样的情境里、基于怎样的理由才不能使用,那么,这种知识大体是难以活用的,亦即不可迁移的。知识活性化的心理学研究表明,大凡在问题解决中有用的、能处于迅速且确凿地被唤起状态的知识,谓之"活性知识"。"活性知识"同所谓的不起作用的"僵死知识",在记忆中的储存方式是不同的。[3]诸多"僵死知识"是作为语言性命题与事实在记忆中储存起来的。

在传统的学校教育中,"学"与"用"是绝然分开的两码事,"知道什么"与"用于解决怎样的问题"往往也是脱节的。所谓"学以致用"也被理解为"今天学,来日用"。传统的学科教学向来关注知识内容的掌握,并不关注如何借助教学内容的掌握去形成儿童的学科素养或跨学科素养。因此,以知识内容为中心的学科教学的最大难点,不是教学内容的选择与量的问题,而是需要求得怎样品质的学科教学的问题。

从情境学习与真实性学习的角度来看,传统的课堂教学大多是从教师与教学内容的角度出发,在不自然的境脉与情境之中进行的。比如,"一辆汽车可乘60人,要运送140人,问需要几辆汽车?"对此问题的回答是"二又三分之一辆"。

在这里,当问起"三分之一辆,有这种汽车吗?"时,其实儿童也是完全了解现实中不会有这码事。尽管如此,儿童们还是确信无疑:"不过,因为这是正确的答案","学校里的学习就是这样的"。

实际的问题解决,是首先是把现实世界中的问题情境提炼为经得起数学的数理处理方式再现出来,然后通过运算处理达致数理的解决,进而对这种解决做出现实的评价,才算终结。亦即,①问题情境→②数学表达→③数学解决(运算)→④对解决的现实评价。但在传统的学校教学中仅仅关注数学处理(②数学表达与③数学解决),同现实世界(①问题情境与④对解决的现实评价)是脱节的,因此,所学的知识不问"来龙"与"去脉",不过是运算技能的操练而已。

所谓不能解的问题,比如"有140名儿童要乘汽车出行,高速公路的限速是80公里,汽车司机28岁,问需要几辆汽车?"儿童们会把140用60去除,然后减去80或者加上28。当然他们会感到些许纳闷,但终究已经想方设法把问题里面提供的数字全都用上了。因为,他们确信无疑,以往的数学就是运算。[4]这也是元学习的一种,但这种错误的元学习中学得的知识是不能使用的。历来的应用题都是在教除法之后用来解除法题,而且问题里面只出现必要的充分的数字。不过,这是失策的。这种模式会让儿童什么也不考虑,仅仅是做除法运算罢了。假如增加一些不能解的应用题,就会慢慢养成儿童审题的习惯。倘若学生能够对上述问题做出"这道题不能解"的判断,那就说明他有数学的学力。假如他能够说出"老师,如果给出一辆汽车能乘多少人,就可以解了",这就是理解了除法运算的状态。

三、培育关键能力的方法论

"知识社会"是以新的知识、信息、技术作为政治、经济、文化等所有领域的活动之基础,飞跃地增加其重要性的社会。这种知识社会所必需的"生存能力"正是"终身学习的能力"或是"主体思考的能力"。它是受学习动机支撑的"自学能力",不是仅仅满足于课堂教学内容的掌握,而是能够判断自己的不足之处,主体地获得必要的素质与能力的"自学能力"。比起满足于"知道"水平的知识的量,更迫切的是要求"问题解决能力"。所谓"问题解决能力"包含了在问题情境中能够运用的思考力、判断力、表达力之类的"认知技能",学习意欲的激发与维系、人际关系调整与协同之类的"社会技能"。这种问题解决能力超越了学科领域的用途,是一种广泛的、通用性高的"核心素养"(core competencies)。把人的整体能力特别是产生成果的行为特征,用"核心素养"的概念来梳理,其中被视为核心的就是"关键能力"(key competency)。

当今世界的学校教育为提升教育质量而共同追求的一个方法论,就是实施"能动学习"。认知心理学的研究揭示了众多国家作为教育目标而实施的"能动学习"的特征,并在同基于行为主义学习理论作为背景的传统的课堂教学实践进行了对比之后,得出如下结论:新的信息与既有知识的连接、因果关系与证据的探究、基于对话的知识的建构、学习者自身的学习过程的反思,都是"能动学习"中必要的过程。而作为达成"能动学习"的学习方法,则是重视"协同"与"探究"的过程。拥有主体地思考能力的这种人才,从学生的角度看,是难以在被动学习的场域里培育的。这就要求从历来的知识传递、灌输中心的教学,转型为"能动学习",亦即师生相互沟通,一起切磋琢磨,在相互的刺激中形成智慧成长的场所,学生主体地发现问题的能动学习。这里的"能动学习"指超越了单向知识传递性的被动学习的一切学习。

能动学习强调"参与"与"外化"。所谓"参与"是指要求学习者能够能动地参与学习过程,因此,认知动机是头等重要的,必须满足"期待"(该课题是否是自己想解决的)与"价值"(该课题是否有价值)两个侧面。它也影响到学习活动(学习活动的内容、同学之间的关系、学习环境)的质量。所谓"外化"是指将自己的思考借助发表、写作、图式化等方法加以可视化。一种思考一旦可视化,就能同其他成员一道发现其理解的不充分之处,以及这种思考同他种思考之间的连接。通过这样的教学,学习目标发生了变化——指向超越了知识习得活动与认知过程的"外化"的伴随学习。通过这种学习掌握的技能与态度(通用能力),在走上社会之后是有用的。基于这种考虑,我们应在教学中要求儿童的能动学习。日本教育学者阿部昇指出,能动学习的优越性在于:(1)大大增加儿童外言化的机会。(2) 儿童相互之间能够进行多样的异质的交流。(3) 在相互启发中产生新的思考。(4) 从众多事例中发现法则,产生抽象的见解。(5) 从差异与对立中产生辩证思维。当见解产生差异与对立时,会激起论争与讨论,由此产生新的发现与见解——这就是辩证思维过程。[5]

能动学习意味着教学范式的转换,换言之,学校的教学从"教"转向"学"。这种能动学习有别于以往教师的单向讲授,它是学习者能动地参与学习的教学方法的总称,诸如发现学习、问题解决学习、体验学习、调查学习等,是学习者主体的深度学习。在能动学习中,不仅过去受到重视的知识、技能,而且"思考力、判断力、表达力"与"主体学习的态度"均作为综合学力成为培育的目标。学习者通过能动学习,培育认知的、伦理的、社会的能力,以及涵盖了教养、知识、经验在内的"通用能力"。其特征是不仅要求个人,而且要求小组的协作学习,共同探究课题,活用学到的知识。在这里,"沟通能力"——努力让其他成员理解自己的见解,形成成员的共识,也是不可或缺的行为。就是说,这种教学不仅培育知识,而且也培育沟通能力与综合学力。这也有助于学习者形成终身学习的意识。换言之,"能动学习"有助于学习者把平日学到的知识同社会问题的解决连接起来,成为发现自己的兴趣与爱好、思考自己未来生存方式与工作的一种契机。

哈佛大学教授瓦格纳(T. Wagner)在他的《未来学校》一书中强调,21 世纪所期待的人才素质,不在于"专业知识",而是"质疑能力""沟通能力""协同能力"。21 世纪的优质教学包含如下要素:第一,学习能力的养成。学习能力包括逻辑思维能力(而不是死记硬背)、切中要害的书面语言能力或是口头发表的能力。第二,学习动机的养成。通过参与讨论、设计、见习、写作,拥有刨根究底的钻研精神与拓展兴趣的机会,提升学习积极性。第三,达成度不是通过纸笔测验,而是借助真实性评价来鉴定的。"知易行难",真实性评价不同于纸笔测验,并不是轻而易举的,需要进一步探讨评价标准与评价技术。[6]

参考文献

[1] 河村茂雄. 能动学习得以成功的班级创造[M]. 东京:诚信书房,2017:136.

〔2〕 羽野ゆつ子,等,编.同你一起创造的教育心理学[M].京都：中西屋出版公司,2017：86.

〔3〕〔4〕 奈须正裕.素质・能力与学习机制[M].东京：东洋馆出版社,2017：171,174.

〔5〕 日本教育方法学会,编.能动学习的教育方法学探讨[M].东京：图书文化社,2016：48—50.

〔6〕 21世纪的优质教学与评价[N].朝日新闻,2017－6－25(12).

14. 且听实证研究的忠告

关于教育问题的讨论往往充斥着基于个人经历与经验的偏见,借助实证研究展开探讨,有助于打破种种偏见,提升对教育的认识。而学习科学的发展清楚地印证了这一点。

一、学习科学的新知

学习领域的研究大约在 125 年之前就开启了。按照瑞士苏黎世理工大学行为科学研究所施奈德(M. Schneider)和施特姆(E. Sterm)的归纳,晚近学习科学的认知研究得出了如下十大论断[1]:

1. 学习本质上是靠学习者进行的活动。

2. 最优的学习一定顾及既有知识。

3. 学习必须寻求知识结构的统整。

4. 借助最优的学习能够求得概念、技能与元认知能力的平衡。

5. 学习借助知识的基础性要素的层级化,最宜建构更复杂的知识结构。

6. 知识结构由于最优的学习而得以组织化,故能活用外部世界的结构。

7. 学习由于人类信息处理能力的局限性而受到制约。

8. 学习是在情感、动机、认知的动力性交互作用之中产生的。

9. 最优的学习促进通用性知识结构的建构。

10. 学习需要付出时间与努力,建构复杂的知识结构需要长期艰苦的心智劳动。

上述十大论断都是以知识的建构为焦点的。因为,在认知研究看来,出色的结构化的知识包含了构成更复杂的能力——概念的理解、有效的技能，以及适应性熟练化——的基础。缺乏这种知识的学习者便不可能利用自己周遭社会的、环境的、工学的、文化的、经济的、医学的、政治的资源。

记忆与学习的实证研究也正在颠覆传统的"学习"概念。历来被视为金科玉律的教学方法被确认是徒劳的努力，即便是大学生也不能说是在基于最优的方法展开学习。美国小说家布朗（P. C. Brown）、华盛顿大学教授劳迪格（H. L. Roediger）和麦丹尼尔（M. A. McDaniel）合作出版了《锻炼脑的方法：成功学习的科学》(2014)一书，从不同的角度与境脉，反复阐释"学习"的主要概念与原则，为读者架起了"学习的认知心理学基础知识"与教育现场之间的桥梁。该书确信三条学习的原理：第一，人无时无刻都在运用知识。要在必要时及时唤起，就得记住学过的知识。第二，人必须终身通过学习记忆知识。第三，所谓"学习"是后天的技能，而最有效的学习方法大体是有悖于直觉的。围绕教学方法的问题，该书梳理了若干要点：

1. 感觉棘手的学习反倒容易有效地巩固知识。愉快学习犹如写在沙滩上的文字，"今日记住，明日忘却"。要判断是否真正在学习，并不是轻而易举的。在学习看起来难以进展之际，采用急于出成果的方法所得到的知识是不可能长久维持的。

2. "熟读课本"与"集中练习"作为学习技能与知识的手段是极其低效的。在集中练习中拼命死记硬背，考试前夕临时抱佛脚，尽管临考时或许能够流利作答并自以为掌握了，但这种做法并非真正的学习，终究只是在浪费时间。从记忆事实、概念、事件唤起的"回忆练习"比之"熟读课本"更有效。熟读课本看起来容易掌握教学内容，但是脑筋不能受到锻炼。倘若是回忆练习，主管学习的神经回路能够得到强化。定期练习可以预防遗忘，不仅强化过去学到的知识，强化回忆的神经回路，而且能够使学习者牢牢记住知识。

3. 设置学习的间隔。在学习开始感觉有些困惑、效果不怎么好的时候，可夹杂别的学科的某些内容持续进行交叉学习，再加以临机应变的应用。

4. 在教授答案之前，让学习者做出求解的努力。即便这种求解过程是错误的，也会成为一种有效的学习。

5. 适合自己风格的学习往往被以为是有效的,但这并未获得实证研究的支持。人是具备学习的各式各样的知性的。与其一味地凭借自己感觉顺心的解释方式与经验学习,不如灵活地运用既有的能力去"拓展学习的幅度",这样可以获得更好的学习效果。

6. 倘若习惯于区分问题种类的基本原则与法则,那么在不熟悉的情境中也能很好地发现正解。习得这种技能时,借助"交替练习"与"多种练习"比"集中练习"更容易。诸如,通过反复进行计算种种立体图形体积的练习之后,无论教科书中出现了哪一种图形,学习者都能正确地做出解答。

7. 学习者容易陷入以为自己"知道了""能够做"的错觉。测验的目的在于判断学习者是否掌握了教学内容,发现薄弱环节,并及时加以矫正,从而获得更好的学习效果。

8. 展开新的学习必须有一定的预备知识的基础。如,学习"三角"之前必须掌握代数、几何;要学会制作家具就必须懂得木材与复合材料的特性、板材的切割与拼接,等等。单凭机械练习自然能够很快地记住,若是"精致化"的训练,学习的量是有限的。所谓"精致化"意味着新的事物可以用自己的语言来置换,是能够同业已掌握的知识关联起来的作业。越是能够把旧有的知识同新的事物关联起来加以解释,就表明越是有了更深的理解,并且形成了日后能做出回答的线索。比如,暖空气含有比冷空气更多的水蒸汽。对于这个现象,人们借助亲历的经验,很容易理解其真实性,因为人们可以想起从空调里滴出的水滴、炎炎的夏日的酷暑,以及阵雨带来的清凉。

9. 把新的知识置于"更大的境脉",可以提升学习效果。比如历史教学,越是了解背景,就越容易加深理解。这种背景通过赋予人类期望与命运转折的波澜壮阔的历史图景,可以更鲜明地留存在人们的记忆之中。同样,在学习抽象概念之际,大凡已经知道了相应的具体事物,就越是容易理解这个概念。从新的题材中提取重要的观念,进行"门德尔模型化"同既有知识联系起来,容易学会复杂的东西。所谓"门德尔模型化"就是指把现实世界的事物归纳成一个形象。新的能力不是与生俱来的,很多人相信学习不好是因为天生的能力不足,事实是每当一个人开始学习新的事物,这个人的脑海里就会发生变化。人的经验是积累起来的,经验受基因的质量的左右也是确凿无疑的。一个人随着学习与门德尔模型的发展,将变得会思考、会解决、会创造。换言之,塑造知性的要素是自己逐渐地拓展起来的。应当认识到,失败是努力的勋章,它对于判断是应当进一步深化还是应当采取另外的战略来说是有益的信息源,在学习感到困惑之际尤为重要。

认知心理学是一门实证地研究知觉、记忆、思维,旨在了解人的心智动作的基础科学,致力于解开学习之谜的研究者也大有人在。长期以来认知心理学者正在从事实证研究,探究怎样的方法会得到怎样的结果,从而发现有成果的教育方略。如发展心理学家与教育心理学家研究人格发展理论,考试制度、教育管理、补偿教育与英才教育等面向特别组群的教材之类的教育工具,神经科学家运用新的成像技术,正在阐明"学习"的脑神经机制,不过,距离踏上教育革新的道路还有一段相当漫长的路要走。那么,要求得更有效的学习,应当听信谁的忠告呢?

二、实证研究的忠告

优异的实证研究原本是需要实验的,需要研究者树立假设,按照严格的标准进行设计,从而展开一连串客观的实验。我们长期以来却忽略了这种实证研究,只满足于主观的思辨。确凿地证明结果是客观的、普适的、能够满足科学标准的案例,寥寥可数。诸多教育训练的框架是根据自以为不错的感觉与师生的个人经验建构的。基于陈旧的教学理论编制的众多教学方法混杂着空洞的说教与直觉,"学习"的概念于是被误读、被曲解了。

我们的教师与学生采取的教与学的方法实际上并不那么管用。许多人花了时间,以为记住了教科书和学科知识的概念,其实是错误的;许多人快乐地在短时间里学习,以为有效,其实也是错误的。学习科学的研究已颠覆了这些常识。研究表明,尽管"集中练习"能够很快记住,立竿见影,但会瞬间忘却,不可能保持长久。实际上,越是感觉困惑,学习的效果就越好、越持久。有调查报告指出,大学生八成以上运用反复熟读课本的方式进行学习,但这种学习方式存在三个缺陷：（1）花费时间；（2）不能长期记忆；（3）产生以为"熟读了即理解了"的错觉。卡皮克（A. C. Karpicke）指出，"学习时间的长度不是测量习熟度的指标"[2]。

20世纪60年代一连串的调查研究证明了死记硬背教学方法的谬误。如多伦多大学心理学家实施的英语名词识记实验。在实验的第一阶段，被试者接受词汇配对测验，开始配对的均是名词，阅读六次之后给予被试名词表。一组给予原先读过的名词表，另一组给予别的名词表。意外的是，尽管从直觉上看好像会有所差别，然而两组名词学习结果其实并没有差异，学习曲线并无统计意义上的差别。2008年，华盛顿大学的研究者着眼于学生散文的理解与记忆的提升，进行了一系列实验。结果表明，无论哪一所学校，无论在怎样的条件下进行的实验，都没有得到短期间的熟读是有益的学习方法的确证。结论是，首次阅读后给予充分时间再读是有意义的，但短期间里几次再读，即便花费了大量时间也得不到效果。可惜学生还是喜欢这种方法，因为他们在课文被读得滚瓜烂熟时，产生"掌握了"的错觉。"回忆课文的内容"同"理解课文背景中涵盖的概念与主题"是不同的，学生却以为反复阅读便理解了根本的概念与主题的本质。这种以为"掌握了"的错觉，是一种元认知亦即"关于认知的认知"薄弱的表现。在决策中，正确地判断自己"知道"与"不知道"是极其重要的。一个人既有知道"知道"的场合，也有知道"不知道"场合，亦即明白自己"不知道"的场合。然而也有不知道"不知道"的场合，亦即不明白"不知道"自己的场合。长年处于应试教育背景下的我们，往往就是处于这种不明白自己"不知道"的窘态——过高评价了自己能够充分理解教科书内容的倾向。为什么会出现这一倾向？接受简洁明晰的讲解，熟读教科书内容，符合逻辑，就以为自己理解了。换言之，学生自己不想知道"不知道什么"。这样，即便是再勤奋的学生也会碰到两个障碍：一是自己的薄弱环节（必须进一步积累知识的部分）；二是选择了产生自以为"掌握了"的错觉的学习方法。

知识是"必要条件"但不是"充足条件"。爱因斯坦有一句名言："创造力比知识更重要。"没有创造力，就没有科学的、社会的、经济的飞跃进步，这是千真万确的真理。况且，知识的灌输索然无味，毫无创造的快乐。当然，两者不可能完全割裂。我们应当追求的是强化知识与创造力两个方面。倘若没有构成基础的知识，就不能解决更高深的分析、综合与创造性的问题。不理解知识的实际使用方法，就不会运用知识。任何领域，从厨艺到脑外科手术都要求熟练，这就需要增加知识、理解概念、做出判断、掌握技能。新的技能的练习方法形形色色。记忆事实类似于在建筑现场汇聚建房的建材。要建房，不仅需要有无数部件与建材，还必须理解材料的负荷特性、能源传输与节约之类的概念。

　　IQ 能够改变吗？脑可以得到锻炼吗？——学习科学针对这些问题做出了诸多振聋发聩的回答。"只要勤奋学习，通过构筑新的联系与能力，脑力是可以得到改变的。"[3]。斯坦福大学的研究者指出："相信智能与生俱来的人恐惧失败、躲避失败，因为在他们看来，失败是由于天生能力低劣所致。但相信智能能够逐渐提升的人却欢迎失败，敢于发起种种的挑战，他们的能力因而得以提升。后者的'成长心态'比前者的'僵固心态'更加重要。"[4]

参考文献

[1]　OECD 教育研究革新中心. 学习的本质[M]. 立田庆裕，平泽安政，译. 东京：明石书店，2013：
　　　81—100.
[2][3][4]　P. C. Brown, H. L. Roediger, & M. A. McDaniel. 锻炼脑的方法：成功学习的科学
　　　[M]. 依田卓已，译. 东京：NTT 出版公司，2016：16，188，270.

15. 测验功能的再认识

早在一百多年前，认知心理学家艾宾浩斯（H. Ebbinghaus）就描绘了"遗忘曲线"，表明人在短时期里所见所闻的东西大约有七成会被遗忘，尔后忘却高峰缓慢下来，渐渐忘却剩下的三成。[1]这就是说，改善学习效果应当研究的课题是发现阻止遗忘过程的策略。

一、测验研究的发展轨迹

作为学习工具的"回忆"的效果，在认知心理学中被称为"测验效果"。亚里士多德、培根、詹姆斯都认识到，"反复回想一件事的练习，有助于强化记忆"。改造已学过的教材，从记忆中唤起已学过的内容——这种回想练习，有助于巩固知识。这种"测验效果"也叫"回想练习效果"。另外，要获得最大的效果，重要的是拉开一定的时间间隔，反复多次地展开回想，这样，就不是单纯的背诵，而是伴随认知努力的回想了。通过反复回想，记忆在脑海中得以整合、凝固，引出知识时的神经回路也得以增强。倘若能够反复地回想，知识与技能就能深深扎根在记忆之中，并成为大脑在思考之前的反射性反应。[2]然而，在我国应试教育背景下的教师与学生，几乎是没有这样使用测验的。学习基础知识与发展创造力并不是二元对立的，两者都必须发展。一个人面对现实的知识越是丰富，解决新问题的创造力就越能发挥。知识是创造力坚实的基础，倘若把知识当作无用的废物，那就好比大厦缺乏了根基，所谓的"创造力"也只是空中楼阁而已。

不少学者针对测验效果展开了一些值得信赖的实证研究。最早的大规模调查结果发表于 1917 年。[3]主试让 3、5、6、8 年级的学生学习名人年鉴里的名人传略。一组学生从教材里攫取头像、给予他们背诵课文内容的时间，另一组学生不背诵，只是反复颂读课文，最后全体学生写出所记忆的内容，在3、4节课之后再进行一次回忆测验。结果是，"背诵组"比"不背诵组"记忆得多。另外，出现最高成绩的是60%的学习时间用于背诵的小组。1939年发表的第二个大规模调查以俄亥俄州超过3 000名6年级生为对象，主试让学生阅读一篇600字的记叙文，两个月之后实施不定期测验，得出了两个意想不到的结果：一是学生接受测试的时间越是晚，忘却的内容越多；二是接受过一次测验的学生，内容大体不忘，其后几次测验的成绩也几乎不下降。到1940年，研究者的关注转移到了"忘却"。作为回想练习与学习工具的测验的潜在效果调查不太进行了，测验作为研究的工具也不时兴了。其理由是，一旦接受测验了就难以忘却。由于受试者"并不纯粹"，作为忘却的手段并不实用。尽管如此，1967年发表的关于测验效果的又一个研究结果中有两点受到关注。此测验给予受试者36个单词，在一次阅读之后反复进行测验，受试者记忆的单词量同几次阅读的场合一样。结果显示，测验取得了同再读同样的学习效果，这就颠覆了一般的常识。于是研究者的关注又回到作为学习工具的测验的潜在效果上，在实验中也增加了测验使用的机会。

1978年的研究表明，集中练习（灌输教学）的场合，尔后的测验即便记录了高分，比起回想练习，忘却更快。[4] 从第一次测验到两天后进行的测验，集中练习的小组忘却了大约一半，而期间不是集中练习而是回忆练习的小组却只忘却了13%。此后研究关注的内容是多次测验对于长期记忆有多大的影响。首先让学生听取出现60个名字的故事。在立即接受测验的学生中做出正确回答的有53%，在一周后的测验中是39%，听取同样的故事但在一周间只接受一次测验的学生的正确率是28%。就是说，比起仅仅接受一次测验，一周后测验的成绩就提升了11%，那么，不是接受一次而是三次测验，会有怎样的效果呢？在听取故事后立即接受三次测验的小组，即便是一周后也能回想出53%的名字，这等同于测验一次的小组的第一次测验的正确率。测验三次的小组比测验一次的小组，对忘却的"免疫力"提升了。不过，测验一次比听取故事后完全不接受测验，更能维持记忆。总之，整个研究表明，进行多次回想练习比只进行一次有更好的效果,拉开测验的间隔则更能提高效果。隔开一段时间再进行回想练习,由于测验与测验之间会有若干忘却,比之立即测验,更能强化长期记忆。

不久,研究者走出研究室,在教育现场探索确认假设的机会。2005—2007年,华盛顿大学的研究小组对单纯地研究记忆力不那么感兴趣了,而是转向在学校现场确认测验的效果——关于分析力、综合力、应用力的研究[5]。结论是,回想练习对于儿童的学习有巨大影响,容易巩固记忆,因此必须引进教学之中。研究表明,在学校的教学中给予反馈比单纯实施测验更有助于记忆。更有趣的是,稍微延后进行测验比立时测验更有助于长期记忆的形成。总的说来,回想练习能够提升学习效果。越是需要做出智慧努力的练习,越是有助于形成长期记忆。

测验可以成为"死读书"与"耍小聪明"的"解毒剂"。频繁地进行测验可以分散重大考试的重要度,不至于"一考定命运",学生对测验的焦虑感也会得到抑制。此外,测验还有助于教师把握学生的理解程度。总的来说,测验的好处是:(1)通过回想的努力可以强化记忆与学习。通常认为通俗易懂的学习内容能够很好地被理解,其实恰恰相反,越是使用脑,就越是能扎实地学习。回想练习越是复杂,对长期记忆的强化越是有效。(2)反复进行回想练习不仅有助于长期记忆,而且能够在种种情境中即时唤起知识,并将之应用于更广泛的问题。(3)教学中即便进行一次回想练习也会有助于改进学年末的考试成绩。测验次数越多,效果越好。最后,测验之后给予修正的反馈,学生不至于一错再错,能够更好地学会问题解决。

二、从静态测验走向动态测验

测验的话题是引发国人对教育政策种种议论的导火线,但测验是有效教学所必需的。反对应试教育不是反对测验(考试)。这里需要明确的一个问题是,测验不是用来搞"排行榜"的计量手段,而是促进学习的工具。重视死记硬背的测验是同引导儿童广泛把握境脉、发展创造力背道而驰的。测验研究表明,通过积极的回忆练习(测验)可以强化记忆,越是复杂的回忆练习,效果越好。其优势大体有两点：其一，明白自己知道的与不知道的，明白该如何聚焦于自己的薄弱环节。其二，通过回忆学过的内容，重新梳理记忆，强化同已知的联系，享受回忆的快乐。实际上回忆（测验）可以预防忘却。美国一所初中的理科教师在课后就学过的教材在某种范围里进行了不影响学期成绩的三次检查，A组给予评分并发还，B组则不进行检查，仅复习三次。一个月之后的测验表明，A组平均分是 A⁻，B组平均分是 C⁺。

每一个人几乎是凭借个人经验做出判断的。对于过去发生的事件，比起客观的记录，人们更信任自己的主观记忆。对某种情境的解释是因人而异的，亦即在我们的直觉判断与行动中，记忆的叙事发挥着核心的作用。不过，记忆的这种可塑性往往会扭曲认知，造成错觉与记忆歪曲。比如，仅仅听到某种传闻的说明，就感觉"知道了"，造成以为是"真实"的错觉。商业广告的虚假宣传，反反复复，久而久之群众便信以为真，就是一例。放在学习中，记忆的歪曲往往会给学生带来这样的假象："能够流利地阅读，就以为是熟练了"，这就是所谓的"流畅性错觉"。听取教师对复杂概念做出浅显易懂的解释，就以为概念本身是极其简单的，自己早就懂了，这就会让学生过高地评价自己。又如在集体里回想过去经验的过程中往往会加入别人提供的某种错误信息，听者把它"嫁接"到自己的记忆中，然后根据错误的信息回想整个经验。这种过程谓之"记忆的同步"或是"记忆的社会性传染"，指的是一个人的错误信息"感染"了别人的记忆。[5] 从错觉与记忆歪曲中摆脱出来是困难的。要一再确认自己知道什么、不知道什么，无论如何都要养成定期自我检查的习惯。所谓"学习"就是反思已经学过的知识，不断更新信息，不断将已知同新知关联起来。动态测验有助于发现弱点，求得改进。一个人只有经受挫折，发现应当改进之处，才能避免将来出现类似的问题，进一步提高自己的能力，拓展专业知识。

测验研究的经验表明，动态地评价儿童能力的测验，有助于提升儿童的能力水平。标准化测验只能在持续的学习过程中实施测验时点的"静态"评价，而要正确评价学习者的潜在能力，便需要从静态评价走向动态评价。动态评价并不要求适应某种现成的教学方法，而是评价个人在特定领域中的知识与成绩，显示成功所必需的条件。就是说，众多的能力测验与学习理论强调的是发现学生的长处,促使被试在这方面倾注精力。动态评价有三个阶段[6]:一是在实际体验或纸笔测验中,了解自己知识与技能的不足部分。二是通过反思、间隔练习及其他有效的教学方法,集中性地提升能力。三是通过自测,注意哪些方面做好了,着重检查哪些方面练习不足。支配人们有效活动的,是把握周遭世界、正确认识自己行动的能力。人们总是在做出自己知道什么、不知道什么,自己能够处理、解决什么问题的判断。在从事课题解决之际,反思自身,在作业进行中修正自己的思考与行动,这一活动便是心理学所谓的"元认知"。

　　智慧不是与生俱来的,努力才是成功的关键,努力本身可以拓展能力的限度。越是努力,成功的几率越大,遵循这种原则并重视成果积累,就是所谓的"成长心态"。人们的成功与其说是受 IQ 影响,不如说是受决心、好奇心与耐久力所左右的。重要的是当儿童遭遇逆境时拥有跨越逆境的经验。处于社会弱势阶层的儿童缺乏冲破难关、经验成功的机会;而家境优越的儿童被过分溺爱,也没有失败与跨越逆境的经验。这样的儿童不能为日后的人生成功形成必要的人格建构。失败赋予人有用的信息,赋予人了解自己的机会,赋予人学习与成功所必须的自我效能感、创造力与韧性,这些都是超越了 IQ 的一种自制力、决心与成长心态。学习技能倘若没有积极要素的支撑,是不可能活跃起来的。所谓"积极要素"是指,提升自己能力的大部分要素是自己能够控制的。专业技能不是遗传带来的,而是练习的量与质的成果。即便是平凡的人,只要有意愿、有时间并做出持之以恒、孜孜以求的努力,就有可能成为优秀的专家。

参考文献

[1]　子安增生,等,编. 教育认知心理学展望[M]. 京都:中西屋出版公司,2016:141。
[2][3][4][5][6][7]　P. C. Brown, H. L. Roediger, & M. A. McDaniel. 锻炼脑的方法:成功学习的科学[M]. 依田卓已,译. 东京:NTT 出版公司,2016:35,38,37,40,124,159—160.

16. 练习作业的设计

在国际"核心素养"的界定中,传统的课程标准强调的是语言、数学等学科的"硬件"技能以及知道多少事实的"硬件"知识,比如解答二元方程式的技能是代数领域的一部分。而关注"软件"技能,诸如批判性思维、问题解决、决策能力、信息能力、社会沟通技能等,则是"核心素养"界定的一种突破。学习科学研究一致主张,这两者不是二元对立的,而是相辅相成的。所有学科的知识教学一方面强调围绕某种通用能力展开,另一方面学科知识与硬件技能仍然处于公共教育的核心地位。21世纪的学校教育寻求学生硬件与软件的同步发展。本章着重探讨的是在支撑硬件知识与软件技能的教学中设计练习作业的基本思路。

一、集中练习的神话

人们确信,集中于一个论题的学习方法更为有效,围绕单一论题反复练习,有助于将知识与技能牢牢地印刻在记忆之中。研究者把这种学习叫做"集中练习"。多数人相信这种学习方法的理由是,效果看得见、摸得着。不过,这种想法是错误的。究竟想看见什么呢?这里所谓的"效果"不过是"一时性的能力",不是"巩固的、持久的能力",无法在日常生活中必要的时候提取出来。练习旨在把学过的东西记住,这是不可或缺的。作为集中练习方式之一的"灌输教学"相当于"暴饮暴食",即便一时间灌输了大量的知识,也会在短时间里从记忆中消逝。确实,集中练习会给人一气呵成之感,但实证研究表明,倘若间隔一定的练习时间,期间夹杂另外的练习,交替地进行,便会提升熟练度,形成长期记忆,也会拓展运用技能的幅度。借助回想练习,学习与记忆得以强化。越是从记忆中引出思路、运用技能,越是能够提升学习效果,因为旨在重建知识的努力过程是可以促进深度学习的。集中练习不过是一个神话。

20世纪50至60年代,心理学家斯金纳(B. F. Skinner)提出,不完全指导的错误对于学习者而言会有反效果,因此应倡导"无差错学习"。饭要一口口吃,教学要小步子走,以免出错。不过,现代研究证明,将从短期记忆中回忆作为教学法是没有效果的,要掌握新的知识,差错是不可避免的。在西方文化中,"达成了什么"是能力的一种证明,多数学习者认为"差错"即失败,要尽量避免。基于这种认识,人们相信在学习中一旦出现差错,就容易一错再错。其实,这是一种误解。学习者即便出现了差错,倘若得到了纠正,是不会记住错误的。[1]失败,是人类世界求得科学进步的基础。无论是在一切革新的背后,还是在有效的教学中,失败都是有益的信息,会带来坚持不懈的努力与活力。失败会激励人们加倍努力,探求新的方法。

二、间隔练习 · 交替练习 · 多样练习 · 生成练习

间隔练习。其优点不言而喻。有这样一个实验:共有38位外科研修医生接受毛细血管再接手术的四种研修课程,都是听讲座之后进行实习。其中一半医生是按照往常的日程一天听四个讲座,其余的一半医生也学习同样的内容,但一周只听一个讲座,分四次听讲,讲座完成之后的一个月进行测验。结果显示,在手术时间、手术的优劣、大动脉再接的成功率等所有项目中,一周听一次讲座的小组比一天学完讲座的小组优秀,两组的成绩有显著性差异。那么,为什么"间隔练习"比"集中练习"效果更好呢?要使新学习的知识巩固在长期记忆中,需要经过"整合",这是强化记忆痕迹、赋予意义、连接已知的过程。但这是需要时间的,有时甚至需要花费数日。而灌输教学依赖于短期记忆,习得的知识非常容易遗忘。所以"间隔学习"远比"集中练习"有效。

交替练习。两个以上的科目与技能"交替学习",是一种比"集中练习"更好的学习方法。举例说明,把学生分成两个小组,学习如何计算四种立方体(三角柱、旋转椭圆体、球椎、半圆椎)的体积。其中一个组的问题区分了立方体的种类

(三角柱的体积计算问题四个,旋转椭圆体的问题四个);另一个组布置同样的问题,但内容不分立方体种类,进行交替练习。结果,分立方体种类求解问题的小组(集中练习)其学生的平均正确率是89%,交替解答的小组其学生的正确率是60%。然而,在一周后的测验中,前者的正确率是20%,而后者的正确率是63%。开始学习的时候交替练习的学生成绩不佳,但最终的测验结果却非常出彩。

多样练习。"多样练习"有助于在更大的框架中磨练理解力、洞察力以及应对情境变化的能力,有助于活跃大脑的相关领域。"集中练习"只对容易认知的单纯运动技能的学习起作用,致力于集中练习的学生的学习,只由大脑中单纯且贫弱的部分加以处理,而进行内容丰富的、需要动脑筋的多样练习的学生,大脑中能够应对种种情境的、灵活的部分被调动起来。晚近的研究表明,多种练习不仅对运动能力有益,而且对认知功能的发展也是有利的。间隔练习与多样练习比之集中练习显然是有益的,这是由于在这两种练习中学生应当判断情境、廓清问题,从若干可能性中学习选择、应用正确的解决方略。不过,比如在数学教学的场合,教科书内容的编制采用的是集中练习的基本框架,每一章练习特定的问题,在教学中学习教科书上的内容之后,求解习题,再从家庭作业的练习过渡到新课。到了下一章,同样是通过集中练习学习不同种类的问题。每一章都这样反反复复。集中练习与同类问题的反复,不能针对分辨不同种类的重要过程展开练习。而日常生活中的问题与情境是瞬息万变的,必须学会分辨问题、选择适当的解决方略。

生成练习。所谓"生成练习"不是教授解法,而是教授解决问题的学习方法。在这种学习过程中,学习者不是在回忆答案,而是在产生答案。"体验学习"就是生成练习的一种。

总的说来,交替练习似乎并没有像集中练习那样能够给学生很高的成就感,各个要素的理解进展不快,不可能立竿见影,所以人气不足,使用者不多。教师往往敬而远之,学生也容易感到混乱——刚刚掌握新的课题又换了别的课题。不过,根据研究来看,交替练习比集中练习更有助于熟练和维持长期记忆。画家作品的鉴别、鸟类的分类等众多研究表明,进行交替练习与多种练习有助于形成"辨别能力"。一般的认识以为,作为学习名画家作品的方法,最好是集中精力学习一名画家的作品之后,再学另一名画家,这对于把握各位画家的风格是最有效的。就是说,分别集中学习某一画家的作品,比之在交替练习中零零落落地学习数名画家的作品,更容易把作品与画家结合起来。交替练习复杂,学生也容易产生混乱,或许难以准确辨别画家的特征。然而,这种认识是错误的。在集中学习中学习一名画家作品的"共同性",在交替练习中学习几名画家作品的"差异",这种学习并不那么起作用。在交替学习与作品的组合测验练习中,判别力受到磨练的学生,在之后进行的选择画家的测验中也取得了好成绩。交替练习的小组在学习中没有见过的作品,多数也能够正确回答出画家的名字。参与实验的学生尽管看到了这一结果,仍然相信集中练习能够更好地帮助记忆。"集中练习是优异的学习方法"这一社会通识,也会蒙蔽学习者的眼睛,让他们难以分清是非曲直。

鸟类分类研究工作者也确认了交替练习有助于提升辨别力的事实。在一个研究中研究者选取 20 科的鸟,各科分别取 12 种让学生观察。在分类的时候,必须注意大小、羽毛、行为、栖息地、嘴的形状、虹彩的颜色等种种特征。特别难的一点是属于同一科的鸟有诸多共同点,但又不是完全一样的。每一科都有其典型特征,但无论哪一科都不是共同的,缺乏根本性的区分点。作为分类的规则,主要不是根据整个科的共同点,而是有赖于个别特征。单靠暗记特征无济于事,必须在学习概念之后做出判断。在清晰地理解、梳理或区分种与科的根本概念方面,交替练习与多种练习比集中练习更加有效。换言之,在回想与认知中,比"概念性知识"低一层次的"事实性知识"的学习是必要的。一般来说,要习得"概念性知识"就得理解大框架中基本要素交互作用的关系,在分类中概念性知识是必要的,仅凭回想事实与案例的练习,似乎难以充分理解分类这一高水平的知性行为所求的一般特征的。然而鸟类的分类实验表明事实恰恰相反。学会分辨科(的类似点),不能停留于单纯的知识获得,还需要达致更高度的囊括的理解——把握鸟的科及其机能的差异。

三、适度困惑与反思能力:练习设计的核心要素

人的"学习"至少有三个阶段。一是最初的信息的"符号化",是把感性认知

的信息转化成有意义表象的过程,在此过程中知识被整合在固定的长期记忆之中。二是"整合",重建记忆痕迹并加以巩固,赋予意义,同业已在长期记忆中收纳的过去的经验与别的知识关联起来。三是"回忆",即更新学过的知识,必要时能够加以运用。不过,根据心理学的研究,"回忆练习"的简易性同学习的巩固率成反比例的关系。"简易"并没有效果。[2] 回忆的知识与技能越是简易,巩固记忆的回忆练习的效果越低。困难的练习难以出成果,但掌握的技能能够长期持续。这种矛盾正是学习中"适度困惑"概念的核心。回忆(实质性的再学习)越是需要努力,越是能扎实地学习。换言之,越能忘却课题的内容,就越能形成对长期记忆有效的再学习。

E. L. 比约克(E. L. Bjork)和 R. A. 比约克(R. A. Bjork)倡导"适度困惑"的概念,指出:"困惑是有助于学习、理解、回忆的符号化与回忆的契机。不过,倘若学习者没有相应的背景知识与技能,那就会成为不适度的困惑。"[3] 认知科学的实证研究发现,在测验、间隔练习、交替练习、多样练习、生成练习以及某些文本影响之下,学习会得到强化,并且长期维持。不过,这种困惑从直觉上可以感受到"不适度",却由于尚无研究的积累,目前无法作出断言。可以明确的一点是,不能克服的障碍不是适度困惑,适度困惑必须是通过学习者进一步努力可以跨越的困惑。

"反思"是练习中不可或缺的一种要素。学习能够在多大程度上发挥作用,不仅取决于获得的知识,也取决于根据知识进行怎样的练习。源自经验的学习方法之一,就是回顾性思考——反思。所谓"反思"是从记忆中引出知识与过去的训练,把它同新的训练结合起来,然后将尝试与做法可视化,在头脑中形成,在这里也包含了强化学习的认知活动。为了巩固在某种经验或者教学中学到的知识,可以用少许时间进行反思。比如,听课或者做课题之后对自己提出如下的问题:"主题是什么?有案例吗?已经知道了什么?这些内容如何关联起来?"在习得新的知识与技能的时候,提出如下问题:"做好了哪些?可以做得更好吗?要进一步提升,应当再学习什么?要做出更好的成绩,下一步该怎么办?"在反思中,包含了前述的强化学习的认知活动——回忆、精致化、生成。

学习科学的问世使得我们能够着眼于有效教学认知的、社会的过程,并且确认了"知识传递型教学终究是难以产生深度理解的学习环境","唯有当遵从学习者的需求、通过逐步地追加、修正、撤除促进其发展性理解的脚手架的时候,才会发生最有效的学习"[4]。练习作业的设计归根结底是聚焦"知识建构环境"的设计。所谓"知识建构环境"是指支撑一切有价值的新知识、新技能的进一步发展,亦即有助于促进一切种类的知识创造的学习环境,这种知识建构环境能够引发儿童潜在的能力。

参考文献

[1][2][3] P. C. Brown, H. L. Roediger, & M. A. McDaniel. 锻炼脑的方法:成功学习的科学[M].依田卓已,译.东京:NTT 出版公司,2016:96,85,104.

[4] OECD 教育研究革新中心,编著.学习的革新:21 世纪型学习的创发模型[M].有本昌弘,主译.东京:明石书店,2016:139—140.

17. 学会提问：砥砺多样思维能力的方略

　　教育的关键与其说是传递知识,不如说是来自学生的提问。21世纪型教学指向的是"核心素养",这是同培育"学习方法的学习"能力、问题解决的能力、自我选择能力,以及同儿童自身厘清疑问、找出解答的提问能力息息相关的。在瞬息万变的信息化时代,作为教师奉献给学生的最好的宝物,莫过于让学生"学会提问"。

一、"学会提问"的重要性

　　自2 500年前苏格拉底通过提问使弟子陷入思维的两难困境开始,教师的"提问"就是测量教育质量的重要指标。从某种意义上可以说,苏格拉底形成了借助教师的提问来控制一切的这一恶劣传统。作为学生的弟子必须沿着教师发问的流程——作为教师的苏格拉底发出的提问——来作答。"来自教师的提问正是促进学生思考的有效手段"的这种状况,一直沿袭至今。"教师历来被这一恶劣的传统——旨在促进学生的思考而苦心孤诣地发出完美的提问——捆住了手足"[1]。"提问",成为教育的基本术语,成为教师准备日常教学工作的核心手段。

　　然而,这种状态是滑稽可笑的。"不是教师,而是学生才必须致力于做出重要的提问",因此必须从"教师的提问"转变为"学生自身的提问"[2]。为什么学生的提问这么重要? 斯藤伯格(R. Sternberg)说:"儿童天生就是提问者。为了学会适应极其复杂的、瞬息万变的环境,就得学会提问,不提问就生存不了。不过,儿童的提问能否持续下去,取决于成人的反应。"波兹曼(N. Postman)指出:

"我们拥有的知识是提问的结果。实际上,提问是人类拥有的重要智力工具。尽管如此,在学校教育中却未能得到学习,这是匪夷所思的。"[3]

"提问"是面向自己或者面向对方。但"提问"与"回答"之间的关系并不是那么简单,"对他人提问"与"对电脑提问"并非一回事。比如,对电脑提问:"明天天气如何?"、"降水概率40％";"咖啡店在哪里?"、"在北京路某号,澳门路某号,西康路某号……",会做出像回答试卷那样准确的回答,亦即返回知识本身。然而,在对他者的提问中,提问方难以预料对方会做出怎样的回答,回答方也不是像做试卷那样给出答案的。不一样的对方,会做出不一样内容的回答,绝不存在"标准答案"。对于问答双方而言,越是"料想之外"的回答,就越是会有所发现,越是会感到喜悦。"好的提问"存在于人与人的关系之中。可以说,能够顺乎"其人其境"而做出适当的回答者,谓之"教养"。这就是"知识"与"教养"的区别。学校教育需要培育的,就是这种"好的提问"、"好的回答"。这就是"教养"[4]。

产生"好的提问"的三个条件是:1. 对现状持有疑问的情感力;2. 发觉疑问的元认知力;3. "如何办"的逻辑思维力[5]。在学校教育中教会学生区分提问的好坏是极其重要的。所谓"坏的提问"是:1. 直接求得标准答案的提问;2. 听取步骤性知识的提问;3. 征求对方赞同的提问;4. 责难对方的提问;5. 从中做出选择的提问。所谓"好的提问"是:1. 改变氛围的提问;2. 听取对方经验的提问;3. 听取喜闻乐见事物的提问;4. 逼近问题核心的提问;5. 指引人生方向的提问[6]。"好的提问"会使得现场的氛围、程序和环境,为之一变。在脑科学家看来,"教育即脑育"[7]。常常给出标准答案的回答的对方,往往令人生厌。大脑中用来获取信息的每一个神经细胞,天生就拥有各自独特的"寻求生存"、"寻求知识"、"寻求伙伴"的本能,而"提问"有助于激活脑神经细胞对"新颖性"、"挑战性"的"癖好",磨练其拥有的本能。

"对话"是提问的连续,课堂探究就是借助提问得以深化并发展的。日本学者归纳了作为提问者的十个自问,旨在提升"建设性对话"的提问质量:1. 自己是否理解了论者对某个问题点的见解。2. 品味一下构成对话之焦点的术语的意涵。3. 自问一下支撑论点的根据何在。4. 自问一下论点与论据究竟是立足于怎样的前提之上的。5. 自问一下这场对话所隐含的内在价值。6. 自问一下证据是否充足。7. 试做一些比喻与比较,借以权衡该论点的妥当性。8. 考察一下论者的见解是否有所偏颇及其产生的背景。9. 自问一下这场对话的根本诉求是什么。10. 自问一下这场对话是否公平地展现了不同的见解,并得到了充分的回应[8]。探究学习是从友好的提问开始,进而持续地展开对话的。在这里,提问与回答的目的绝不是非难论者的差错,或是证明自己见解的绝对正确,而在于探讨种种不同的见解,从而发现并建构新的见解。这个过程对于提问者与回答者双方而言,都是一种"学习"。

二、"学会提问"的七个阶段

正如古希腊时代各门学科发展所看到的那样,"知识是从问开始的,是借助对于问的问而诞生发展起来的。"[9]儿童的探究活动就是基于这种知识诞生原理的学习过程。探究的课堂不是单纯地授受知识,所谓"探究学习"就是相互提出问题与见解并做出应答的对话性讨论。因此,在探究知识的过程中提出问题、同他者进行对话是不可或缺的。甚至可以说,任何知识都是从求解问题的对话活动中产生的。

美国波士顿定时制高中基于新的改革理念——我们周遭潜藏着无限的问题,而这些问题几乎没有标准答案,需要每一个人做出自己的解答。"基本的技能"就是解释与探究所必须的能力,亦即懂得"如何提问"。因此,他们实施了让学生"学会提问"(Question Formulation Technique)的实验,一改以往"教师提问、学生回答"的教学陈规。如今是学生提问,教师组织提问。教师的作用是运作学生能够流畅地提问的整体流程,实现了"跨出一小步,前进一大步"的奇迹。

为了让学生能够自由地产出新的观念、分析文章、解释调查结果、内化学到的东西、能够自己解释自己懂得的知识,能够熟练地运用知识,就得有三种思维能力——发散性思维、收敛性思维、元认知思维。"发散性思维"是想出多样的想法,广幅地创造性思考的能力。"收敛性思维"是分析、综合信息与想法,寻求答案与结论的能力。真正的创造力必须是发散性思维、收敛性思维不断得以一体化的状态。"元认知思维"则是反思自己的思考与反思自己学习的能力。这三种思维能力对于学生而言都是贵重的技能。一旦组合了这些思维,每一个学生的潜能就会呈几何级数的增长。学会提问,学生能够在短时间内掌握三种思维能力,同时给出有助于理解课程与教学内容的步骤与框架的提示,而处于其核心地位的,是学生自己的提问。为了让每一个学生学会提问,他们通过多年的教学实践,总结出了一套"学会提问"的教学程序。

学会提问的第一阶段,思考并选择"提问焦点"。提问的焦点只要提供文章照片、录像和视频资料,给予学生刺激,成为提问的契机,就可以实现。这些刺激可以促进学生的发散性思维。同时,根据教师的教学目标,学生也可以练习收敛性思维。根据教师的经验,思考有效提问之际的教学指针是:1. 明确焦点——所谓"焦点"是尽可能简洁地提示课题、主题和想要突出的部分。焦点一旦明晰地表达出来,学生就容易思考如何提问了。2. 不是教师提问,目的终究是让学生去思考提问。另外加上如下两个要点也起作用,即通过刺激诱发新的思考;不强加教师的偏好与偏见。这样,形成提问焦点的五个步骤是:第一步,明确目的;第二步,尽可能提出主意,集思广益;第三步,讨论各自的优缺点(其评价标准是:① 焦点明确,② 不是质问,③ 刺激与诱发新的思考,④ 教师不介入。)第四步,对照四个标准选择提问的焦点;第五步,学生围绕所提的问题,尝试展开回答。

学会提问的第二阶段,提示四个规则,提供学生自己提问的框架或步骤。这些规则可以作为教师的助力,便于学生自己提问:1. 尽可能提出问题。2. 对提出的问题不讨论、不评价、不回答。3. 把发言的内容原原本本写下来。4. 不是表达主张,而是以疑问形式提出来。教师提示规则之后,学生围绕理解规则的内容与遵守规则的难度展开讨论。自己提问,是给予自己学习的机会。

学会提问的第三阶段,实施提问阶段。大量提问,无异于浮想联翩的思考,有助于拓展学习。教师提示"提问焦点"、提出规则之后,在限定时间内学生尽可能提出多样的问题,这就是发散性思维练习。在这里教师的作用是,避免学生破坏规则,促进学生提问。具体做法是:1. 分组(3—5 人)并保障各组的记录;2. 提示提问的焦点;3. 强调根据规则进行提问;4. 督察学生提问,保护学生提问的积极性。

学会提问的第四阶段,修正提问的阶段。倘若学生提出了问题,可以就"封闭性提问"与"开放性提问"进行说明,展开讨论。首先让学生对自己提出的问题进行分类,接着讨论两种提问的优缺点。学生的认识大体是:"封闭性提问"的长处是能够提供单纯明快的信息,得到不含糊的答案;短处是不能提供更多的信息、难以拓展思路。"开放性提问"的长处是可以获得大量的信息和更完善的说明,听到不同的或许有助于自己理解的答案;短处是或许由于信息过量而招致混乱,等等。学生还可以认识提问语句结构的差异——大凡提问语句常使用"5W1H"(What,Who,When,Where,Why,How),涵盖了"为什么""怎么样"的问题是"开放性提问";出现"是什么""谁""在哪里""什么时候"的,两种提问皆有;不包含 5W1H 的是"封闭性提问"。基于这种认识,学生就可以学会两种提问的转换:把原来的"封闭性提问"转换成"开放性提问",或者把原来的"开放性提问"转换成"封闭性提问"。通过两种提问的辨析,引导学生去思考提问的作用与目的,提升元认知思维。大量的提问是拓展学习的量与提升学习的质的优异方法。

学会提问的第五阶段,权衡问题的优先顺序。这可以从多种视角进行。大体是教师从教学目标出发,提供选择的视点与标准。通过学生讨论,选定优先顺序。在大多场合可以选择三个左右的问题,然后学生们围绕选择出来的问题,探讨所要求得的必要信息,这些问题会起到怎样的作用。再进行问题的比较,判断哪一个问题是最有效的提问,讨论问题的顺序,选择优先顺序的标准尽可能简明扼要。诸如,学生想聚焦的,学生认为重要的,学生想要探究的,同学生的具体行为——实验、写作、阅读,紧密相关的。决定优先顺序的具体步骤是:1. 选择三个最为重要的提问;2. 选择三个最想回答的提问;3. 选择三个最感兴趣的提问。

学会提问的第六阶段,下一步的提问。明确优先顺序之后,运用这个提问,教师和学生制定达成目标的教学计划。教学可以从学生的提问开始,也可以在教学的终结部分展开提问。在这种重视学生提问的教学中,学生学到的最有价值的东西是,为更好的理解而学会了提问,同时也给教师了解学情提供了宝贵的信息。

学会提问的第七阶段,反思内容与过程两个侧面。在这个阶段里,教师充当提问者,学生则是回答者。学生可以围绕如下问题展开讨论:学到了什么? 如何学习的? 现在懂得了什么,有哪些感受? 如何运用学到的知识? 在这里,学生练习元认知思维与收敛性思维——反思自己的思考与学到的东西,同时比较各自的观点与达成度。所谓学生自己提问、自己回答,意味着主体性学习。学生分享反思的方式多种多样,诸如:1. 小组围绕反思的提问展开讨论,然后面对全班发表;2. 教师引导学生围绕反思进行全班讨论;3. 学生各自记录发表自己的反思笔记,在小组或者全班范围内交流。

通过实验,学生们习惯于超越学科的框架进行提问,这样不仅减少了对教师的依从度,减轻了教师的负担,而且能够深化学生的思考。一位学生说:"提问提供了一种框架,而且有可能超越框架去探究新的领域,同时也为自己提供了应当聚集什么的轴心"。该校的学生发生了三大变化:1. 知识面——更好地理解了教学的内容。2. 态度面——变得更为自信、更有朝气、更加热忱。3. 技能面——掌握终身学习的思维能力。班级也发生了三大变化:1. 积极参与集团活动。2. 提升班级运营水准。3. 全员积极向上[10]。他们从自己的实际经验中得出了三点结论:1. 任何学校、所有学生都能够学会提问。改进教育,可以从这里做起。2. 教会学生提问的教师,能够获得更高的满足感与更好的成绩。3. 所有学生学会提问,有助于培育拥有广博见识的公民,创造更有活力的民主社会。这些经验给了我们两点启示:第一,所有学生都应当学会作为学习的主体进行提问的方法;第二,所有教师都应当教会学生作为教学的参与者进行提问。

三、从两个案例看"学会提问"的价值

"提问是向未知的挑战"[11]。学生"学会提问"是创造性地编织学习的一种艺术,同时也是一种科学。从教师根据以往的经验,创造性地编织个别的、小组

的以及班级全体的学习而言，可以说是一种"艺术"。同时，从学生反复借助崭新的方法来展开思考、反思自己的变化、从产生真真切切的进步的步骤而言，可以说是一种"科学"。

案例一，围绕问题的焦点展开提问。学科：生物。班级人数：12名。提问的焦点：富营养化。目的：为富营养化问题的实验作准备。

波士顿定时制高中生物教师奥斯特巴克准备围绕"富营养化"的问题进行实验。此前教过"富营养化"的定义——"所谓富营养化是海洋、河流、湖泊由于营养过剩、植物疯长、氧气减少，招致动物死亡的现象"。她想在此基础上通过学生提问，让学生深入理解"富营养化"这一术语。她首先提示了提问的规则，说明了"富营养化"的提问焦点之后，让学生无拘无束地提问，形成了如下的问题清单：1. 富营养化是怎样发生的？2. 富营养化如何去控制？3. 富营养化在哪里会发生？4. 富营养化对水生动物会产生怎样的影响？5. 富营养化一旦爆发，究竟会产生什么恶果？6. 富营养化在波士顿发生过吗？7. 以往为防止富营养化做了哪些事？8. 富营养化能够消灭吗？9. 富营养化是在怎样的环境条件下发生的？10. 富营养化会引发什么现象？11. 富营养化究竟是好事还是坏事？12. 富营养化发生之际，在其周边居住的是哪些人群？13. 有哪些防止富营养化的方法？从这份清单中可以看出，这些问题极其率真，角度不一，为我们提供了发散性思维的证据。而且随着问题的序列排开，问题的复杂性也在随之增加。第一个问题，只是求得基本的信息。接着第二个问题是要求问题解决与预防的要诀。尔后是在哪里发生、对水生动物的影响之类的信息的提问。第六个问题，把提问聚焦在自己的社区，第七个问题是探寻关于这个问题的过去的信息。第八个问题进一步拓展了视野，从长远的眼光来看待这个问题，如果有消灭富营养化的方法的话，就得了解富营养化是在怎样的环境条件下发生的。可以发现，在这个提问的流程中，每一个学生必须提问的一个最基本的问题，就是第十个问题，富营养化会引发什么现象，第十一个问题，产生富营养化究竟是好事还是坏事的提问，接着又回到富营养化的影响及其防止的问题。这里的十三个提问围绕问题的焦点，思考从多样的侧面寻求这种现象的问题及其应对、解决的方略。

案例二,学会提问促进探究精神。学科:理科、数学、社会科 3 名教师的合科教学。班级人数:20 名。提问的焦点:抽烟。组织提问的目的:制定探究计划。

令三位教师吃惊的是,从来没有见过学生如此踊跃地提出了大量的问题:1. 为什么抽烟是有害的? 2. 香烟里含有什么? 3. 如果说是危险的话,为什么允许贩卖? 4. 香烟里含有大量的化学物质,为什么? 5. 发明香烟的是谁? 6. 警示为什么要附在香烟盒上? 7. 怎样才能戒烟? 8. 要商店不卖烟,该怎么做? 9. 有没有类似于戒毒所那样的抽烟者能够参加的戒烟所? 10. 何时才能迎来无烟的世界? 11. 香烟为什么是合法的? 12. 为了禁烟,能够做些什么? 然后决定了问题的优先顺序。最后,选择了"警示为什么要附在香烟盒上?"作为探究计划的题目。令教师们惊异的是,这种提问调动了学生的学习积极性。他们兴致高昂,首先围绕抽烟影响健康的焦点展开调查,探讨为什么香烟里添加了这些化学品,尼古丁中毒的机制及其消除方法。同时调查吸烟者是怎么开始吸烟的,怎样才能戒烟,参与"世界禁烟日"的活动,等等。通过这种探究,他们懂得了香烟含有三大有害物质——焦油、尼古丁和一氧化碳,加上大约 70 种的致癌物质与大约 200 种的有害物质,它们会直接导致各种癌、尼古丁依赖(血管收缩)和动脉硬化。他们还明白了禁烟是一个交织着多重复杂因素的问题。懂得香烟的化学成分与中毒的科学、改变抽烟行为的难度,同时,他们还调查了同抽烟相关的疾病对于个人与社会的影响的数据,也理解了有关禁烟的法律与公共政策。这样的教学结束之后,学生对吸烟的影响有了更深广的理解,而且运用自己得到的知识,采用若干方法,表达了自己禁烟的立场。在探究的最后阶段,他们还分析了香烟盒上的警示,从中得到了诸多启发,并且思考了用于香烟盒设计的夺人眼球的警句,诸如:1. 夺命的香烟! 2. 戒烟——医生的命令! 3. 吸烟? 癌症! 4. 吸烟即死亡! 5. 吸烟等于慢性自杀! 6. 命悬一线!

上述两个案例体现了一个共同的特色,那就是学生的提问不再是支离破碎的问题,而是"一连串相关问题"的迸发。就像农夫耕种处女地,需要翻地、耘土、播种、施肥、灌水,然后守护种子发芽那样,是一种需要细心呵护与精巧技艺的系统作业。光是翻地不会发芽,光是灌水也不会发芽。这个事实表明,学生一旦学会了提问,将会发生多大的智慧能量,而支撑提问活动的教师又拥有多高的教学组织技巧。"学会提问"是学生进行思考,展开深度学习的基本功,是导向新的发现的转折点,是提高学生"自己即学习的主人"的意识。"学会提问"的教学意味着"教师中心教学"的终结与"学习者中心教学"的胎动。学校应当教会学生提问的方法。因为,倘若教师只管提问、学生只管回答,那么,学生就不会懂得真正有价值的问题,而仅仅是学会了回答有现成答案的问题而已。迈耶(D. Meier)指出:"优异的教学方法是从学生懂得提问的方法、学生自身能够回答自己真正想知道的问题开始的。"[12]当学生自己学会提出问题之际,事实上就在动员自己的智慧、展开多样思维能力的练习,同时也在不知不觉之间涵养了自身的人格品性。

参考文献

[1][2][3][10][12] D. Rothstein, L. Santana. 跨出一小步:学会提问[M]. 吉田新一郎,译. 东京:新评论股份公司,2017:55,56,28,250—259,279.
[4][5][6][11] 茂木健一郎. 获取最佳效果的提问力[M]. 东京:河出书房新社,2016:88,56,92—124,109.
[7] 林成之. 基于"脑科学"发展儿童的素质与思维[M]. 东京:教育开发研究所,2015:211.
[8] 田中耕治,等. 读懂教育:教育学探究的进展[M]. 东京:有斐阁,2017:109.
[9] 江上英雄. 发现学习论[M]. 东京:东京图书出版,2017:256.

18. 能动型教师的教学行为特征

"能动学习"(active learning)以"发现"与"探究"为特色,其课堂教学环境的设计同杜威(J. Dewey)强调的"兴趣"、布鲁纳(J. S. Bruner)主张的"能动性发现"以及"直觉"的理论之类的经验教育范式合拍,"问题解决学习"尤其如此。至于能动学习的课堂教学究竟应采用怎样的模式,并没有统一的规定。不过,在所有学生都获得成功的课堂里存在着鲜明的教学哲学与若干共同的教学准则,揭示这些教学准则有助于我们认识能动型教师的教学行为特征。

一、能动型教师教学行为的基本准则

"能动学习"的课堂是以"人人成功"的教学哲学与若干准则的教学实践为基础的。汤姆林森(C. A. Tomlinson)指出,这种教学哲学立足于如下重要的见解[1]:(1)所有学生都是有差异的,都拥有无可替代的价值。(2)所有学生都隐藏着无尽的潜能。(3)教师应当成为拥有娴熟教育技艺的人,借以引导学生走向成功——这是教师的职责所在。(4)教师应当成为所有学生拥戴的人。所谓"能动学习"不同于教师单向讲授的教育,它是学习者主体式地参与问题解决的教学的总称,是旨在有效地培育"通用能力"的方法论。但在知识传递型教学中是不可能期待学习者的深度学习,也不可能期待其掌握"关键能力"的。那么,作为"能动型教师"的教学行为应当遵循哪些基本准则呢?[2]

第一准则,学习环境积极地支撑学生与学习。每一个学生获得成功的关键是富有魅力的学习环境。教师需要明确,学习环境、课程与教学是密切相关的,学习环境会影响到学生的情感方面的需求,这种情感的因素也会影响到学生的认知与学习。

第二准则，关注每一个学生的差异。每一个学生都是不一样的，教师应当针对他们认知与情感的多样性，给予有效的支援。

第三准则，课程是旨在支援学习而准备的。教师不应当强迫每一个学生每天按照同样的距离、利用同样的手段"旅行"。在每一个学生能够取得成功的过程中必须保障教师、学生、评价、课程与教学的密切协同。

第四准则，评价与教学不可分离。评价即持续不断地诊断。所谓"评价"是指围绕特定概念与技能，去了解学生的准备、兴趣爱好、学习经历，获得每日的数据，借以修正后续教学的活动。评价与其说是发现学生的错误，不如说是着力于支援学生去获取知识、学会问题解决。

第五准则，基于学生的多样性而变更内容、方法与成果。所谓"内容"是指单元的教学内容和学生能够获取信息的教材与步骤。所谓"方法"是指通过精心设计，以便学生掌握基本知识与技能的活动。所谓"成果"是指学生表现与运用所学知识的手段。学生的准备、兴趣爱好、学习经历是变化的，因此"准备"是学生在单元教学开始的时间点上特定的知识与理解，以及技能的最初状态。比如，对于准备不充分的学生，教师可增加个别指导与练习的机会，减缓教学进度；对于准备度高的学生，可减少已修得的技能的练习，以抽象的、多面的活动与成果增加挑战高难度教材的机会。

第六准则，师生协同活动。能动学习的课堂无疑是以学生为中心的，学生在课堂中不是客人，而是主人。教师应当很好地调整时间、场所、教材以及活动。教师在支援协同学习，借以实现班级目标与每一个学生的目标两个方面，能够发挥的作用越来越大。

第七准则，致力于班级达成水平与个人达成水平的平衡。教师有两个目标，一是尽可能快地理解并提升学生当前时间点的知识与技能，让学生能够运用已经掌握的知识与重要的技能；二是瞄准班级目标，进而超越这个目标，使得班级全员能够茁壮成长。换言之，能动学习型教师能够意识到学生的年龄水平与年级水平，指向每一个学生重要的学习目标的达成。这就得兼顾每一个学生的成长与班级目标，持续地把握学生的状态。

第八准则，师生灵活地活动。能动学习的课堂是由个人、小组、整个班级的活动构成的。每一个儿童承担着各种乐器演奏和独奏的角色，"全体成员能够演奏一曲乐谱"，有时则围绕某一章进行个人练习或者合同练习。他们的目标是，班级的每一个成员都能够通过共同的努力，成为乐队出色的一员。在教师眼里，没有"优才生"与"问题儿"。教师是学生最大的支援者，学生之间也彼此成为最好的支援者。

二、能动型教师教学行为的基本特征

(一) 尊重学习者的多样性，展开"自律性支援"，促进儿童的自主学习活动 …………

德西(E. L. Deci)指出，所谓"自律性支援"是站在学习者的视点，促进学习者自身的选择与自发性活动。这里主要包含两层含义[3]：一是保障学习者自身决定自己学习的"自由度"；二是保障学习者有效地达成期许结果的期待与方法，因而需要保障指导者给予学习者的信息量与明确性(结构化)。因此，自律性支援的教师不是传递教师自身的解答，而是更多地采用开放性课题的提问(教师的非限定提问)，以促进儿童自身的思考；制造认知冲突(教师对课题的有意识的错误)，以促进儿童的正误判断、加深儿童的思考，等等。具体地说，教师必须对学习者提出如下的问题：

1. 就结论进行提问。如，"为什么，这是……(这不是……)""说说这个结论妥当吗？"

2. 旨在连接其他知识进行提问。如，"这个结果，在其他情境中也能成立吗？""如果条件不是 A 而是 B，会有怎样的结果？"

3. 就问题的结构进行提问。如，"具备了怎样的条件，这个结果才能成立？""这个现象背后的原因是什么？"

4. 就之后的活动进行提问。如，"在这个结果中，可以确立怎样的假设？""根据这个结果，能够做出概括吗？"向解答问题的儿童进行这样的提问，可以给予刺激，让他们直面自己的思维活动。在学生失败、不顺利或者困惑之际，运用提问技法是有效的："为了得出所期待的结果，还欠缺什么？""是假设错误了呢，还是操作步骤有问题呢?""哪里明白了,哪里还不明白?"这些问题促使儿童冷静下来,再冲刺。在反反复复地进行种种提问的过程中,儿童加深了自己的思维活动。

奥地利儿童美术教育家西泽克(F. Cizek)说:"儿童创造出的最美好的东西,就是他的'差错'。儿童的努力越是满足于自身的'差错',这种努力就越是出色。而教师越是从这个儿童身上剔除其'差错',就越是令人厌恶、残忍和非人性。"[4]自律性支援的教师在课堂教学中表现出下述的教学行为特征[5]:(1)教师倾听儿童的发言。(2)理解儿童究竟在思考什么、想做什么。(3)给儿童充分的自主解决课题的时间。(4)围绕教学内容组织对话。(5)合理安排儿童的座位,让他们能够清晰地看到教材。(6)教师提出指示之际,说清楚为什么要这样做。(7)频繁地对儿童学习活动的熟练与改进传递肯定性的有效的反馈。(8)循循善诱,等待、支援、鼓励儿童的学习活动。(9)当儿童碰到困惑时,多多提供线索。(10)针对性地应答儿童提出的提问、解释与提案。(11)经常做出认可儿童视点与经验的共鸣性发言。这种教师的自律性支援会促进儿童的学习动机,提高儿童对于学习课题的兴趣。在教学中,教师的这种自律性支援越多,儿童的学习兴趣越高,儿童自身运用自主性学习方略的机会也越多。

(二) 重视对话,聚焦学习者的思考过程

社会建构主义认为"知识"是每一个人各自建构的,是在社会活动中建构的。因此,社会建构主义的教育观可以归结为"教育即对话"。因为,在社会建构主义看来,在人与人的关系之中,学习者拥有自身的思考,运用作为工具的"语言",在"对话"的同时展开协同活动,并据此同他者进行交互作用,在这种过程中知识的建构成为可能,从而建构知识。不过,沟通能力低下的儿童,一开始只被要求掌握最低限度的听与说的态度与技能。首先,所谓"倾听",并不是单纯的"说想说的话"。实际上是反过来,"倾听对方说话"更为重要。有了倾听,才会开始对话,对话的形成是从存在倾听者开始的。可以说,倾听是对话的根本。所谓"倾听"不是被动的,而是确凿地接受、琢磨并且重建发话者的言说的积极行为。其次,发言也同倾听一样,从一开始就要求教授儿童说话方式的雏

形。"我想……,因为……""我赞成 A 的意见……,理由是……""我在……方面同意 B 的想法,不过有一点我认为……,理由是……"对话不是同"拥有同样价值观者"的对话,而是同"拥有不同价值观者"的对话。正是在拥有不同价值观者之间,才可能形成对话,才会产生真正的交互作用的学习。就是说,在学习的场合,班级里建构基于信赖的人际关系是不可或缺的,否则儿童就会焦虑,封闭在基于相似性的人际关系之中,就不可能有同不同的他者的交谈。所谓对话教学,就是指导学生通过对话进行思考,使得学生自己能够解决困惑。这种教师的教学行为特征如下:(1)教师与学习者围绕问题解决展开对话;(2)多设计学习者自身总结思维活动成果的机会;(3)探寻怎样做才能避免错误,以及如何来说明自己的思考。就是说,与其求解正确答案,不如注重调动学生思考及其思考过程,进而超越学生自身的困惑,使其掌握所必须的"思考的技能与知识"。

(三) 提供适当的榜样

对自控能力比较弱的儿童需要为其提供适当的榜样,让他们发现熟练者的学习方式的构成要素,形成相应的练习方法。班杜拉(A. Bandura)的社会认知理论将作为社会存在的人在同环境的交互作用发生变化的过程加以理论化,从"个人的作用"(思考、信念)、"环境"与"行为"三者的交互作用来思考人的功能,揭示人的行为是怎样借助思考与信念作用于环境的。在这个理论中有一个关键的概念——榜样。观察学习是指观察者树立一个以上的榜样,在其思考、信念、行为显现之后,形成自己的思考、信念、行为的过程,也是形成好的素养、技能、信念、态度、行为的重要方法。基于榜样的观察学习,由注意、保持、产出、动机作用四个过程组成。教师在这四个过程中,需要做出支援性的帮助。借助榜样来发展的自主学习能力有四个阶段[6]:(1)观察水平,即通过观察他者的学习行为,掌握技能与方略。(2)模仿水平,即原原本本地模仿榜样的学习行为,习得榜样的更普遍性的范式。(3)自制水平,即不是观察榜样,而是能够独立地运用技能与方略。(4)自控水平,即根据自身所处的境脉与状况,对获得的技能与方略做出适当调整并加以运用。

(四) 活跃学习者之间的交互作用 ··

活跃学习者之间的交互作用可以采取四个方针。第一方针,强化学习者的参与。"学习是从参与开始的。"学习参与度越大,学生的知识习得与一般的认知发展也就越好。在这里,教师可以同时提供两种支援。其一,把学习课题同学习者个人的知识与经验结合起来,让其理解(精致化)解决这一课题的价值与意义,提高学习者自身参与的价值。其二,把教学内容加以结构化,以学习者容易进行的归类(系统化)方式,将内容从易到难地建构起来,提高学习者的期待。

第二方针,参与小组活动。所谓"小组活动",是指学习者同其他成员因做什么、发现什么而产生的交互作用。因此可以说,激发学习者的兴趣与爱好,不是接受单纯的学习者个人的学习,而是期待产生学习者相互作用的小组活动。在这里,教师需要具有随机应变的教学能力。这种教学能力包括如下技能:(1)对象把握技能,即把握教学的全局,发现"认识"潜在问题的技能。(2)对象变化的技能,即解决在教学中发现的问题与课题的具体技能。(3)实践应用技能,即在日常的教学生活中适当地运用对象把握技能与对象变化技能以实现教学目标的技能。

第三方针,促进思维的外化。在协同学习中,学习者之间意识到彼此的理解状态,思考更加适当的见解,通过相互教学促进理解。为了激活学习者之间的交互作用,每一个人的思考都需被"可视化",以便传递给对方。所谓"外化"就是把自己的思考与见解用发话、文章、图式化等方法可视化地表达出来。通过可视化,思维就能够成为操作对象,学习者就能够发现理解不足之处,集思广益,通过发现知识间新的联系,或是通过操作活动,激活学习者之间的交互作用。

第四方针,促进小组同学之间的交流。当学习者之间的交流停滞,不能唤起建设性的交互作用时,教师就必须能动地发挥作用,采取"连接""反思"的手段,激活学生间的交互作用。其功用已得到了佐藤学倡导的"学习共同体"学校改革实践的证明。

在能动学习中重要的是学习者的主体参与同学习者之间交互作用学习的产生,最终实现学习者"知识习得+通用能力养成"的最大化。

三、对能动型教师教学行为的期许

在教育学中自古就有"教学三要素"之说：教学是以"教材"为媒介，师生交互作用的关系，谓之"教学的三角模型"（教师—教材—儿童）。在这个模型中，教师不是直接地指导儿童，而是突出了儿童操作的对象——"教材"这一要素，这是该模型的功绩。20世纪60年代，随着学科教育内容的现代化，现代科学的成果被大幅度引进教材。这样，传统的"教材"概念被区分为"学科内容"与"教材"。在这里，"学科内容"即教授的内容，"教材"即典型而具体地传递的现象。到了20世纪70至80年代，教师的"教学行为"（包括让儿童操作教材的技能，教师的提问、提示与教学形态等）这一要素的重要性受到了关注。不用说，教师的"教学行为"是同学习集体的创造密切相关的。在工业社会学习观下的班级集体中，儿童是根据教师的指令来掌握"一定的知识"的。这里的"传统型教师"大体同"教师中心型教师"同义，所谓"管制"即是给学习者的特定行为施加压力。

传统型教师教学行为有如下特征[7]：（1）根据教师设定的规则，控制儿童的行为。（2）教师旨在有效地向全体儿童传递教学内容，大半是单向的、过多的讲解。（3）即便是课外活动，也旨在有效地巩固教师传递的知识内容。（4）教学重点与其说是让儿童思考，不如说是让儿童记住教师传递的教学内容。可以说，传统型教师的教学行为是旨在使所有儿童有效地习得一定的知识。不过，反过来，这样的教学行为难以充分地达成每一个儿童的思维活动和儿童之间思维的交互作用，其结果是学习活动以及其他种种活动难以培育儿童的主体性与协同性。

同传统的教学相比，能动型教学的构成与展开发生了巨大的变化。对于学习者而言，可以求得更高水平的学习。同时对于教师而言，要求其具备"尊重学习者主体性，支援学习者深度学习"的更高超的教学行为。"能动型教师"旨在支援所有儿童掌握一定的知识与通用能力，亦即掌握"自主学习能力与协同的行为方式"。这种教师的教学行为旨在组织作为"实践共同体"的学习，调动学习者之间的交互作用，促进个人自律性、协同性的学习。作为能动学习的前提条件,重要的是支援儿童能够自主地掌握所期待的教学内容,通过"自主地习得",自己掌握学习方法,并养成学习的习惯。为此,教师应支援儿童自身展开思维活动,进行适当的塑造。

　　教育必须致力于培育儿童的创造性思维、批判性思维、沟通能力与协同性,也必须寻求基于新型技术的现代知识。换言之,学校应从传统知识急剧下降的世界出发,走向越来越重视传统知识与现代知识的融合,以及以自主学习为基础的深层的关键能力的世界。从教师单向地解释教学内容,学习者记忆、理解教学内容的传递型教学,转型为促进学生的主体参与,在协同性活动中活跃思维活动的能动学习。亦即,教学的思考方式本身从"教"转向"学"——这种教学范式的转型势在必行。

参考文献

[1][2]　C. A. Tomlinson. 走向人人成功的课堂:化"差异"为力量的教学方法[M]. 山崎敬人,等,译. 京都:北大路书房,2017:32—35,17—29.

[3][5][6][7]　河村茂雄. 能动学习得以成功的班级创造[M]. 东京:诚信书房,2017:110,112—113,118,104.

[4]　R. L. Ackoff. 逆转的教育:理想学习的设计[M]. 吴春美,大沼安史,译. 东京:绿风出版公司,2016:195.

19. 走向社会建构的课堂

　　活跃地展开"能动学习"的班级集体,可以说就是一个"实践共同体"(community of practice)。在这种班级集体内,学习者通过参与班级的具体活动,借助班级集体内部成员之间的交互作用,获得一定的知识、通用能力、协同意识与行为方式。这样,"班级"成为掌握知识技能的场域,也成为拓展参与者社会实践的场域。[1]在这里,有关"实践共同体学习"的代表性见解包括"合法的边缘性参与论"与"认知性师徒制",以及"隐性课程"的概念,其理论背景则是"情境认知论"与"社会建构主义"。

一、"实践共同体":社会建构的课堂

　　在传统的行为主义与认知主义的心理学中,"知识"被视为是自身转圜、自我完善的。人类认知活动是头脑中封闭的活动,这种活动是同周遭的环境状况脱离的。情境认知论则认为,人类认知活动的构成借助于同情境的交互作用。人类的知性行为并不仅仅在头脑中进行,而是分散在人与人之间以及人与工具之间,作为超越个人的一种系统而发挥作用。就是说,在情境认知论看来,人的学习是在周遭事物与人成为行为的资源(所谓"资源"是指有助于达成目的的必要因素)之后而发生的;不是每一个人各自发生,而是在同周遭环境的交互作用中发生的。另一方面,建构主义把学习者视为"在体验与既有知识的关联中,建构知识与学习的存在",采取的是"知识"建构的立场。比如,皮亚杰(J. Piaget)的心理学建构主义聚焦于个人的学习,解读个人是如何学习的。而社会建构主义认为,所谓"知识"并不是普适的、客观的、凝固不变的,恰恰相反,它是历史

性、文化性的,是人们借助交互作用而建构、而变化的。在人与人的关系中,学习者各自拥有自己的思考,通过作为根据的"语言"在"对话"中进行协同性活动,来展开同他者的交互作用,在此过程中,形成可能得以再建的知识建构。大体说来,建构主义认为"知识"是每一个人自主建构的,社会建构主义则认为"知识"是在社会的活动中建构的。

社会建构主义的"知识"是浸润在情境之中的。亦即,知识与学习的形成借助于彼此之间意义的交流,学习活动的形成则借助于参与的每一个成员拥有的共同关注、依靠彼此的建构性思考方式。这一点同波拉尼(M. Polasnyi)的"默会知识"(tacit knowledge)与"形式知识"(explicit knowledge)的概念相通。所谓"默会知识"是"人在不可言表的状态中习得的基于经验与聪慧的知识"。人在掌握新的技能与理论之际,最好的方法不是对客体细微部分的局部学习与把握,而是实际地"潜入"客体的整体。把整体形象视为局部项目的相加或解释的意义建构,只能毁灭整体的意涵,破坏知识的整体性。相反,把握客体的整体性就是"默会知识"。与此相对的概念是"形式知识",主要是指借助文章、图表、数式来说明能够表达的知识。由于是具象的表现,谁都可能认知并客观地把握这些知识。比如,同一职业的技术熟练者之间即便拥有不能言表但也能理解的作为"默会知识"的专业知识与技能,但由于不是"形式知识",往往不能充分地传递给分享不了这种"默会知识"的他者与集体。教师的教学能力也包含了这种范畴的知识。

社会建构主义主张"知识"是在社会活动中建构的。学习主体的行为以及使这种行为得以实现的知识,无法直接地捕捉,而是要借助对学习主体周遭多样关系的真实叙述,亦即真实地描述学习情境的学习现象来加以把握。以"核心素养"为代表的国际潮流带来了学力论的拓展与教学原理的转换。社会建构的课堂教学不再满足于"知道什么"这一学科区分的知识体系,而是形成了"通用的"(generic)素养与能力。换言之,需要超越教育学中经验主义与系统主义的二元对立,实现"知识习得 + 通用能力养成"的教学目标。"能动学习"指向基础知识、运用、统整、兴趣、学习方式、人格形成,超越了知识的习得与态度、技能的开发,涉及广泛的人格成长的目标,可以理解为囊括了学生的学习与成长的教育目标。

二、能动学习：社会建构课堂的标志性特征

"能动学习"（active learning）超越了以教师单向的知识传递为特征的被动学习，是一种能动性的学习。学生在能动学习中，参与听、说、读、写、发表的活动，由此产生了认知过程外显化的学习活动。单纯地教师讲、学生听是不可取的，不过，即便在推展能动学习的场合，教师的讲解在教学中的作用也是不可忽略的。根据不同的教学目标，即便讲授时间占据了相当的比例，也是无可厚非的。在这种讲解中，学生不是单纯地听取教师的讲述，而是具有这样的倾听状态——调动既有的知识与经验，建构、深刻、感悟、设疑新的知识。

作为社会建构课堂的标志性特征的能动学习，集中体现了如下三个特征：

第一，深度学习。马尔通（F. Marton）率先展开了"深度学习"的研究。他让学生在提问之后阅读一篇课文，结果在学生中出现了两种不同的反应，一组学生聚焦于课文所要传递的意涵，力求真切的理解；另一组学生聚焦于课文中出现的碎片化信息，原原本本地死记硬背。马尔通将前者称为"深度学习"，将后者称为"浅层学习"。深度学习旨在凭借自身能力去理解概念，寻求意义，因此着力于把概念同既有知识与经验关联起来，以此来探讨共同的范式与原理，包括：（1）验证证据，引出结论；（2）缜密而批判性地琢磨逻辑与论述；（3）必要的时候采用识记。通过这些步骤，学生伴随知识的加深而深化了自身的理解水准，同时对学科教学的内容也拥有了更积极的关注与兴趣。"浅层学习"旨在满足教学的要求，因此表现为把学习视为碎片化知识的把握，死记硬背，亦步亦趋，毫无学习的目标也不讲究策略；难以理解新概念的意涵；不能发现学习与所设定的课题的价值与意义；对课题抱有过度的压力与焦虑。

第二，深度理解。这是围绕学生学习"深度"的第二个思路。理解也是深度学习的特征。尽管深度学习论与深度理解论是重叠的，但给人以并不停留

于深度还是浅层的理解的"深度"。著名课程专家麦克泰(J. McTighe)把知识结构的特征加以图式化指出,最浅层的是事实性知识与个别的技能,较深层次的是可迁移的概念与复杂的过程,处于最深层次的是原理与概括化。可迁移的概念与复杂的过程、原理与概括化构成了"永续的理解"。所谓"永续的理解"指的是经久不忘的、可迁移的理解。这里值得注意的是威金斯(G. Wiggins)的"理解"概念。在他看来,所谓"理解"是涵盖了6个侧面的复杂概念:(1)能说明,即能够用适当的知识和清晰的理由,就事件、行为与思考做出解释。(2)能阐释,即能够打比方、说故事,并解释其背后的意涵。(3)能应用,即能够在新情境与种种现实境脉中有效地运用知识、解决问题。(4)能洞察,即能够以不同视点、不同方法去把握主流的脉络,具有批判性洞察力。(5)能共鸣,即能够从他者的角度,设身处地地感悟他者的生活、情怀与世界。(6)能觉知,即能够认识到自己的无知以及自己的思维方式与行为方式,具有元认知知识。根据布卢姆(B. S. Bloom)的教育目标分类学,认知领域是层级结构的——知识—理解—运用—分析—综合—评价。威金斯的高阶思维分析、综合评价无非就是布卢姆的高阶认知过程。另一方面,知识与理解相当于低阶认知过程。威金斯的"理解"概念与布卢姆的不同,是一种概括性的知性作用,也包括解释、运用之类的高层次阶段,不仅是概念性知识,还有步骤性知识与元认知知识。

第三,深度参与。围绕学生学习深度的第三个思路是学生参与的深度。所谓"学生参与"涵盖了课堂内外所有学生参与的机会。巴克利(Elizabeth F. Barkley)将"参与"界定为"某种连续体上经验到的动机作用与能动学习之间的交互作用而产生的过程与产物"。他借助动机作用与能动学习的"双螺旋模型"来描述学生参与,这里受到关注的是"学生参与的连续体"。"参与"存在不同层次,从"非参与"到"浅层参与"再到"深层参与"。所谓"深层参与",就是达到"热衷""痴迷""忘我"的状态。学生参与是动机作用与能动学习的交互作用过程,深度学习、深度理解与深度参与是相辅相成的。基于学习"深度"的这种认识,我们可以把"能动学习"描述为两个维度的能动性,即"内在活动的能动性"与"外在活动的能动性"。"能动学习"不仅重视外在活动的能动性,而且重视内在活动的能动性。[2]

三、支撑社会建构课堂的理论背景

(一)"合法的边缘性参与"论 ·················

在莱夫(J. Lave)等人看来,实践共同体中界定"边缘性"的是集合于共同体限定的参与场中的人们的种种参与方式。例如,在班级集体中,既有骨干学生,也有小组内处于边缘的学生,还有"孤家寡人"的学生。但不管哪一种学生,都是班级里正式的一员。再者,不同于一般知识传递的学校教育,在基于特色事例的活动与合作所展开的实践共同体中,学习的内容是被浸润在情境之中的。因此,不管学习者愿意与否,在参与实践共同体,习得知识与技能的过程中,都必须充分地参与到实践共同体所生成的活动中去。所谓"充分参与",换言之,就是"强制参与"。"合法的边缘性参与"把"学习"视为"增加参与社会的实践共同体的频度",渐渐地从"边缘"的位置向"核心"位置移动。即便是"边缘性"的存在也是共同体的"正规的成员",从边缘部分逐渐增加参与度,这就是学习本身。就是说,即便是"新参者"(处于"边缘性"的参与者),也是"正当地""参与"真正的实践。作为"新参者"的学习者观察熟练者包含技术的行为动作(不是教授,而是模仿),逐渐地掌握对应于该共同体的行为举止。就是说,"学习过程"可以视为"新参者"向"老参者"(在实践共同体中起"核心"作用的熟练者)的过渡过程。这不是在基于传统的职场、作为近代社会制度的职场与学校中看到的所谓"学习",不是个人习得知识与技能,而是通过参与实践共同体所获得的角色的变化与过程本身。因此"合法的边缘性参与"论终究是学习论,不是教育论,同学校教育存在一定的距离。它强调的是唯有情境中的学习是真正的学习,显然,这种说法有否定学校教育本身的危险。认知性师徒制的特征是师傅与徒弟的角色有上下的关系,但教与被教的关系未分化——不是由师傅——教授,而是在一起工作中徒弟通过模仿师傅的做法与想法掌握知识与技能。这是熟练者本身的思维方式的认知过程被浸润在情境之中的知识。

(二)"认知师徒制"论

布朗(J. S. Brown)从传统师徒制的"实践共同体"获得显著成功的方法中汲取经验,提出了在学校的学科教学中能够运用的"认知性师徒制"的方案。这种学习把熟练者拥有的浸润在情境中的知识与技能学习课题,从情境中抽取出来,加以可视化,加工成学习者容易理解并使学习者的内部过程得以外化的形式,让学习者能够体会熟练者的问题解决过程。这样,在保障作为真正活动的社会交互作用的框架中,类似于实践共同体中学习者掌握知识与技能的方法,就是"认知性师徒制"。具体地说,从布朗等人的教学方略中可以引出如下三个要点:其一,榜样作用。教师向儿童展示他们在真实活动中的方略的范本,促进学习过程。其二,指导作用。教师具体帮助每一个儿童完成课题。其三,支架作用。教师逐渐减少支援,最终给予儿童独立完成任务的权限。在这个过程中,教师需要引导学习者展开自主学习与协同学习。在协同学习中,由于认知侧面(教学指导)与态度侧面(学生辅导)是同时获得的,这两种过程在一节课的教学中是可以同时实现的。不过,实践共同体中的学习不限于学科教学,还有班级的各种活动。这样,"实践共同体"的学习就可以转向"真实性学习"(authentic learning)。

"认知师徒制"的教学方法所强调的是,学习者在教师的支援下能够观察、实施与实践。技能的获得需要经历三个阶段:(1)认知阶段,即学习者通过观察、对话与教示,进行概念理解与技能运用的阶段。(2)链接阶段,即学习者能够使用技能或者了解概念,但依然有可能通过思考进行实践与对话的阶段。(3)自律阶段,即成为熟练者的学习者能够自动地、以浸润情境的方式进行活动与运用概念的阶段。[3]

(三)"隐性课程"论

学习集体中内隐的"隐性课程"(hidden curriculum)概念是美国芝加哥大学的教育学家杰克逊(P. W. Jackson)率先推出的。他把"隐性课程"界定为学生通过默然地、无意识地学习而掌握的教育内容,主要是基于教师有意无意的言行传递的知识、价值观与行为方式。那么,隐性课程是怎样形成的呢? 主要有两种说法：其一，教师期待过程的模型，指的是教师期待与儿童做出某种行为的应对。儿童根据教师面对自己与其他儿童所进行的指导行为（表扬、注意、批评）与语言性、非语言性行为（表情、语调、对儿童行为的奖惩），来解释教师期待行为的意涵。理解教师期待的是怎样的行为，不评价、斥责的又是怎样的行为。通过这些，儿童接受来自教师的"应有的自我形象"，从而引发他们变革自身的行为。通过这一过程，"隐性课程"得以在班级里形成。其二，埃里克森（E. H. Erikson）的"仪式化"（ritualization）。所谓"仪式"与其说是定型化的仪式，不如说是类似于作为日常习惯的惯例。即班级同学反复地体验一起实施、得到众人积极评价的行为方式，最终接受定型化的仪式的过程。对于杰克逊而言，"隐性课程"的功能无非是把儿童塑造成"企业社会"忠实的从业者而已，所以，他把教室比喻为"企业社会的雏形"[5]。

参考文献

[1][5]　河村茂雄. 能动学习得以成功的班级创造［M］. 东京：诚信书房，2017：31，33.

[2]　松下佳代，编著. 能动学习［M］. 东京：劲草书房，2016：11—18.

[3]　A. Pritchard, J. Woollard. 能动学习的心理学［M］. 田中俊也，译. 京都：北大路书房，2017：94.

[4]　臼井嘉一，金井香，编著. 现代学校课程论与课程研究［M］. 东京：成文堂，2012：168.

第三辑

成长的教师

教师是学校变革的起点。 教师变了，课堂才会变；课堂
变了，儿童才会变。 儿童变了，又会引发教师进一步
变，跟着课堂也进一步变，儿童也进一步变——学校就
是借助这样的循环往复，得以不断地变革与进步的。

教师是从自己的教学实践中学习，在同事的支持下借助
同行之间的协同学习，跨越一道道"门槛"而成长起来
的。 支撑教师成长的是"对话学习"与"教学反思"。

20. 最优化教学：教学心理学研究的期许

教学实践研究是心理学者、教育学者与一线教师对话、交流的场所。教学实践研究不是封闭的，而是开放的。可以说，儿童的思维能力不是自生的，而是在社会、成人与儿童集体的影响中形成、发展起来的。"正是在社会的影响之中，亦即在儿童的'外部'存在着思维发展的'源泉'。"[1] 于是，如何在这种关系之中展开心理学的实证性教学研究，成为心理学与教育学对话的课题。

一、教学心理学研究的意义

(一) 教学心理学研究的历史发展 ···

教学是教师以教材为媒介对儿童展开教授的过程，同时是作为学习主体的儿童通过同教材的对话，发展知识与心智的过程。因此，教学成为系统研究教学的"目标—内容—方法—评价"的教学论同研究思维过程与儿童发展的心理学的一个连接点。

教学论与心理学的关系始于赫尔巴特(J. F. Herbart)。赫尔巴特在他的《教育学讲义纲要》中主张，教育学的基本概念是"学生的教养可能性"，他认为教育学依存于实践哲学与心理学，前者表明目标，后者表明实现目标的路径及其危险性。在这里，所谓"实践哲学"是指赫尔巴特在《普通教育学》中作为教育目的提出的"基于兴趣的多面性与德性的坚固品性"。在赫尔巴特看来，心理学是落实面向教育目的的教学以及判断教学失败危险性的一门科学。然而，现实中教学论与心理学的关系是处于"教育学与教育心理学分离"的状态，两者同时游离于教育的现实性课题，对于教育实践的贡献微乎其微。在教育学中，传统上占据重要地位的概念与各种理论在实际的教学中并没有产生效果,因此出现了要求实证性的动向。从 20 世纪 80 年代认知心理学的发展到 90 年代"学习科学"的诞生,教育心理学的肤浅性不复存在。伴随着教育心理学的历史发展,教学研究中心理学的研究方式也在发生变化。我们可以从研究方法的三个视点出发,确认教学心理学研究的历史发展步伐。

其一,20 世纪 60—70 年代基于行为主义心理学学习理论的研究。20 世纪 60—70 年代的教育心理学受行为主义心理学、源于皮亚杰(J. Piaget)的建构主义,以及信息处理研究的学习理论所支撑。随着科学技术的发展,在教学的科学化指向中,设定教学目标、评价目标达成对教学效果提升的研究与作为教师的教学技能与教育方法的研究活跃起来,展开了基于行为主义心理学与教育技术学的"定型化教学方式的探索"。不过,当时的教育心理学研究仍然是脱离教育现场的,缺乏对教育实践的持续介入与全局性的有机关联。因此,克服教育心理学的肤浅性是一个漫长的课题。

其二,20 世纪 80—90 年代基于认知心理学学习观的转型与讨论。到了 20 世纪 80 年代,在美国掀起的"认知革命"的影响下,认知心理学拥有了巨大的影响力。认知心理学关于人的学习与知识的见解,以诸如事实性知识、步骤性知识的知识分类与元认知的重要性为背景,展开了对教学中学习者的思维与学习过程的研究。受认知心理学的影响,"领域固有性"与"生态学合理性",亦即基于人类思维与知识的对象领域的固有性、人类日常生活中心理现象的合理性的心理学研究大行其道。"认知革命"的影响与对"生态学合理性"的强调,导致了心理学的学习观的转型。主张人类的学习是在同环境与他者的交互作用之中进行的理论替代了行为主义心理学的学习理论。源于莱夫(J. Lave)与温格(E. Wenger)倡导的"合理的边缘性参与论"认为,人类的学习与思维是分散在环境与他者之中的(分散认知),人类是在参与共同体的过程中形成个性的(合理的边缘性参与论)。而借助源于维果茨基(L. S. Vygotsky)的社会文化研究,参与共同体的文化实践与重建共同体内活动系统的研究得以兴盛。在这个动向中,基于"领域固有性"的学科教育研究、教学中"学习环境"建构的研究、学校文化与课堂文化的研究等得到了发展。

其三,晚近教育心理学研究中的学习科学与行动研究。20 世纪 90 年代在美国诞生了"学习科学"(learning sciences)的研究。学习科学是在神经科学与脑科学、技术学、文化人类学、社会学等相关科学融通的学术研究的发展中形成的。从美国学习科学领军人物索亚(R. K. Sawyer)编著的《学习科学指南》中可以发现,学习科学的基础理论涉及建构主义、认知师徒制、认知导师、活动中的学习,还讨论学习的性质与可视化、协同学习、学习环境等等。学习科学融合了源于皮亚杰的建构主义、维果茨基的社会建构主义、莱夫与温格的情境认知论、恩格斯托姆(Y. Engestrom)的活动理论,运用技术,为促进儿童的知识建构准备学习环境。在这个动向中,布朗(O. F. Browne)主张的"学习共同体"得到了倡导,佐藤学、佐伯胖的学习共同体论得到了实践。在这个背景下,舍恩(D. A. Schon)倡导的从"技术熟练者"的教师走向"反思性实践家"的教师形象的转换,成为学校现场的要求。

与此同时,作为教学研究方法的"行动研究"也得到了推广。所谓"行动研究",是指分析和探讨在实践的场所发生的问题、从实践中提出的问题,以及由此引出的假设,有意识地实施之后的实践,借以谋求更好的问题解决与处置,也包括对这种解决过程进行评价的一种研究方法。它是由"问题意识—计划—实行—评价"的循环组成的。特别是在"评价"环节,重视评估问题解决的"活动"对于该问题的解决发挥了多大的作用的"有效性",在该境脉中产生的别的课题是否也能用该方法得到解决的"实用性",研究者的行为与解决方法是否也能够被实践者和别的田野研究的实践者所接受的"接受性"。

总之,教学心理学研究同各个时代心理学的学习论及其研究方法一起发生了变化:教学研究的方法从研究与实践的分离,到尊重教师自身的主体性而展开的"行动研究",再发展到"有意识地计划实施之后的实践"与"有效性""实用性""接受性"被纳入视野的"行动研究"。

(二) 基于心理学见解的教学研究

在上述教学心理学研究的背景下,当代的教学研究是基于怎样的心理学见解展开的呢? 日本学者归纳了教育心理学家的教学研究的特征:其一,从社会建构主义观点出发的认知过程研究。其二,课堂文化与课堂对话的研究。其三,教学设计的研究。第一种研究是以第二、第三种研究为基础的。

1. 学习的基础模型研究。从社会建构主义观点出发的认知过程研究,可以德国教学论专家基佩尔(H. Kiper)研究为例。在他看来,所谓"知识"是一个信息网络,借此可以区分知识的下位体系,诸如宣言性知识、步骤性知识、构想性知识、逻辑性知识、情境性知识等。"学习"是指一个人的达成能力的持续变化过程的集合体。"知识"并不是散乱地积累起来的,而是形成特定构造的,所以知识的拓展、修正、重建十分重要。而"学习策略"则可以首先划分为优先策略与辅助策略。优先策略直接指向应当习得的学习对象,诸如文献阅读、图示技术、假设与验证的设立,等等。在语言学习与数字操作之类的专业学习内容中也有相应的策略,诸如作为一般策略的凝练策略、组织化策略、控制策略,以及辅助性策略。所有学生不仅没有同样的既有知识,达成能力也并不相同。因此,教师给予每一个学生的追加援助,就像建筑工人搭脚手架那样,它是对学生的异质性的一种回应:为优才生设立的脚手架可能少一些,或者拆卸得快一些,而为学困生设立的脚手架可能多一些,或者拆卸得慢一些,因人而异。所谓"控制"是旨在改进教学的一连串反馈的构筑与维持。"控制"有助于教师把握教学实践的进展,从自身的经验中获得学习。

基佩尔进一步展开了"学习的基础模型"的研究。第一基础模型——经验。第二基础模型——获得知识,包括掌握语言的意涵;形成概念;理解事物与现象的关联,并在心智模型中表现出来。第三基础模型——关于教学作为一个人的内容与价值的反思。第四基础模型——外部动作行为、心智操作行为与熟练的形成。第五基础模型——问题解决与发现。第六基础模型——辩论与讨论的论证。第七基础模型——通过语言文字的建构与表达,或者通过创造性媒体(基于音乐、绘画与舞蹈等)的建构与表达。第八基础模型——基于系统发展的成果的提升(质的飞跃)。基佩尔强调,作为一个人的行为与体验的学习,是由上述基础模型带来的,而各种基础模型是由学习各自的方法所必不可少的一连串步骤组成的。

2. 课堂文化与课堂对话的研究。课堂文化与课堂对话的研究乃是通过"话语分析",旨在揭示基于语言交互作用的教学状态、课堂文化和学校特有文化的研究。这里所谓的"话语"是语言学中某种状态下实际使用的语言表现,是"传递某种完整意涵的语言活动的片段"。"课堂话语"则被定义为"在'课堂'这一教育实践的场所实际使用的境脉化的口头语言的交互作用。"[2]课堂话语研究的理论背景是"文化超越个人塑造心灵"。瓦奇(J. V. Wertsch)用"占有"的术语来描述"学习"——用他者的语言内化新的意涵的过程。这样,"人类的学习是以文化工具为媒介,构筑同客体的关系,从而实现自己、客体与文化工具三者关系中的心理变化","课堂话语在教学中支援儿童学习,同时生成有组织的学习的境脉"。[3]就是说,课堂话语研究是揭示作为塑造儿童心灵的"文化工具"的"语言"在课堂中如何运用的研究。在这种课堂文化与课堂话语的研究中,体现了如下三个研究视点:(1)学校与课堂这一社会境脉中儿童学习活动的状态;(2)教学特有的话语结构与规则;(3)基于交互作用行为的话语的形成。

这种研究揭示了在个人的学习活动展开过程中是如何利用同他者的交互作用的。在课堂对话中这种交互作用所发挥的作用是有差异的,而学习活动中参与者之间发话行为的差异是促进课堂对话的要素。同时,研究也揭示了教师的发话行为——用复述、变换说法、归纳、加工、翻译、引用、论证的方式来进行的阐述,是有助于深化儿童的生产性思考。晚近,对话规则的阐述、促进知识的协同建构的对话方式、习得对话规则的教学模式等着眼于课堂对话中儿童"交互作用"的研究,有了不错的发展。

课堂文化与课堂对话的研究基于质性研究的方法,旨在细致地把握课堂事件以及参与教学的儿童与教师的发言与行为,在此基础上解读或重建该情境中的儿童与教师的发言与行为。这就需要借助录像等手段,详细地进行"事、物、人"的现场调查记录,运用五官整体地把握现场的境脉与事物的关系来调查与了解教学。不过,重要的是要展开"行动研究",这种教学研究的意义在于"计划、实施之后的教学"。阐明制约教学的课堂文化与规则的同时,进一步促进知识的协同建构的课堂文化与规则,有助于教学中对话的形成。

3. 教学设计的研究。认知心理学与学习科学把教学设计归结为"学习环境的设计"。在教学设计中,有三个重要的视点:(1)激发儿童对教学内容的兴趣与学习动机;(2)巩固儿童学到的知识内容,保障深度学习的机会,并展开学习方略的学习;(3)反思自身的学习过程,为之后的学习奠定基础。日本学者鹿毛雅治从教育实践计划作为动机作用来设计的角度,梳理了教学设计的三个侧面:一是着眼于学习课题与单元特征的"课题环境";二是着眼于学习者自身在怎样的程度上控制环境与学习成果的"控制环境";三是基于学习者怎样达成价值、怎样进行评价的"目标—评价环境"。[4]特别重要的是,借助"以道德与社会责任的要因为基础的动机作用系统","基于肯定性依存关系的、指向学习的达成的协同学习场的设定",使得教学拥有立足于相互信赖的关系,促进具体行为、内在动机、对课题的兴趣的"协同目标结构"。着眼于儿童的肯定性依存关系的教学设计提出了有效地运用小组讨论的方法。佐藤学在"学习共同体"的教学中组织男女生共同组成的 4 人小组,基于"挑战性课题"与"倾听关系"的对话,而创造了作为"协同学习"的教学,就是一个典型的案例。

在基于这种学习环境设计的教学研究,以儿童挑战课题的质和作为共同体参与课题的集体学习为中心,通过行动研究来探讨教学是否成为了拥有"协同性目标结构"的教学过程。可以说,基于心理学见解的教学设计,主要是通过运用质性研究方法与基于行动研究的教学设计及其验证,来担保教学研究的实证性,并为之后的教学设计凝练实践课题的。

二、学习科学:教学心理学研究的新疆界

(一) 学习科学的重要发现

"学习科学"(learning science)是一个跨学科的研究领域,包含了众多分野,如认知科学、教育心理学、计算机设计、人类学、社会学、信息科学、神经科学、教育学、设计研究、教学设计等,也有论者称其为"教学科学"(instructional science)。从两个不同的名称或许可以看出,学习科学更专注于发展学习理论,教学科学更专注于发展教学理论。但实际上,众多学习研究者对建构关于学习的知识(描述理论)与关于教学现象的知识(设计理论)持有同样的兴趣。"学习科学"的操作性定义之一,就是囊括了学习理论与教学理论的一个混合领域。

20 世纪 80 年代末,研究学习的这些分野超越了自身学科领域能够提供的范围,发展为新的科学研究,也发现了同其他学科携手的必要性。学习研究者从 20 世纪 80 年代初进入课堂之后就发现,传统的课堂教学模式不能教授处于知识教学根部的深度知识。20 世纪 80 年代,学习研究者认为传统的学校教育不能适应知识经济的发展,于是引出了"情境学习"的概念。所谓"情境学习"意味着知识不是学习者头脑内部固化的心智构造,而是指学习者卷进环境——同工具与他者交互作用并能够运用知识展开活动的环境——的过程。学习科学研究在过去积累了若干重要的发现[5],这些发现是同知识经济社会的需求相吻合的。

1. 深度理解概念的重要性。专家的知识包括了传统教学中向学习者传递的事实性与步骤性知识,这是被知识学习的科学研究证明了的。不过这些研究也证明了仅仅掌握这些知识是不够的,唯有当学习者知道了在怎样的情境中运用这些知识,以及如何在新的情境中修正这些知识时,这些事实性与步骤性知识才能起作用。传统的学校教育给予学生的知识是死的知识,不能运用,唯有当学习者深度理解概念时,才能在现实世界对其加以运用,可以采用更有益的深入的方法来学习事实性与步骤性知识。传统教学计划的制定尽管宣称把思维技能置于中心位置,但大多未能基于科学的研究。在学校教学中为什么应当教授一连串的特别技能,也几乎毫无根据。儿童思维与成人思维之间的差异,对基于学习科学的教育而言是相当重要的信息。

2. 理解儿童的认知发展。皮亚杰(J. Piaget)之前几乎所有人都认为儿童并不具有成人那样的知识。皮亚杰则提出了不同的观点——儿童确实没有成人那般的知识,但对于学习而言,更重要的是儿童的心智包含了不同于成人心智的知识结构。就是说,儿童比之成人不仅在知识的量上有所差异,而且在知识的性质上也截然不同。直至 20 世纪 80 年代,研究者才承认了这一根本主张,即儿童的思维不同于成人的思维。就是说,教学计划倘若按照教师所期待的教学方法来设计,未必合乎儿童的心智。学习科学的研究正在揭示更潜在的基础——知识建构是怎样发挥作用的。为了设计有效的学习环境,深刻地理解儿童在进入课堂之时知道了什么是十分重要的。为此,必须对儿童的认知发展有精深的研究,而学习科学可以最大限度地运用认知发展的心理学。

3. 以既有知识为基础。学习科学最重要的发现之一就是,学习往往是以一定的知识为背景发生的,学生不是以等待装满的空容器的形态进入课堂的。众多认知发展主义者研究了儿童对世界的认识与理解,观察它们从幼儿园和低年级开始是如何发展的。源于这些研究的认知发展的知识,奠定了学习科学的基础,对于学校改革而言也是至关重要的。

4. 反思。学习科学揭示了当学习者自身致力于知识提升之际可以更有效地学习这一事实。对话有助于学习的一个理由就是学习者有可能进行反思与元认知,有可能思考学习的过程与知识。学习科学研究的主题之一就是如何帮助学习者展开有益的反思。

5. 脚手架。学习科学研究的另一个主题是,在展开对话与反思的过程中如何支援学习者,哪一种支援方式是最有效的,作为支援必须提供怎样的学习环境。促进这种深度学习的支援,学习研究者谓之"脚手架"(scaffolding)。所谓"脚手架"是指学习者达成直面的目标所必须的支援。有效的脚手架能够提供学习者凭借自身能力实现理解的步骤与诀窍。有效的学习环境类似于建筑物的脚手架,它是有助于学生积极建构知识的平台。就如建筑工想要到达更高的高度时,必须追加脚手架并在完成之后拆除。在有效的学习环境中,脚手架是根据学习者的需求,逐步地追加、修正、拆除、乃至完全消失的。

当今众多国家倡导不同于传统教学的"深度学习"的教学范式,突显了新的信息与既有知识的关联、因果关系与证据的探究、基于对话的知识建构、学习者自身学习过程的反思等想要达到"深度学习"或"概念理解的深化"所必需的过程。同时,跨学科的"协同"与"探究"等实现"深度学习"的教学方法受到了空前的重视。[6]

(二) 引申自学习科学的教学设计原理 ·····································

学习科学提出了旨在开发新型学校教学模式的若干原则。[7]

1. 差异化教学。传统的课堂教学采用的是同步教学、强制标准的模式。不过学习科学表明,当学生处于能够敏感地应对各自拥有预先存在的认知结构之际,才能达到最优的学习。不同的学习者是带着不同的认知结构走进课堂的,倘若学习者能够汲取差异性的学习经验,就会发生更有效的学习。教师要根据学习者独特的学习方式与发展水平,适当地提供教材。

2. 多样化资源。传统的教学假定教师是把控一切知识的,课堂教学则是基于教师向学生的单向传递,让学生习得知识。学习科学表明,在建构主义的项目学习中,学生可以获得种种知识资源,包括图书馆和互联网的信息交流等。学习者可以从多种源头获取知识。当然,来自教师的专业性支援可以有助于学习的过程,但是教师的参与不应当沦为现成知识的授受。

3. 分布式知识。在知识集约型的职业中,人们通过频繁地利用书籍与技术,能够理性地行动。知识学习存在于团队与组织之中,其结果是人能够在短时间里多次同他者对话。然而,传统的学校教育以为,只要自身能够行动,学生即能够理解课题。在当今的学校文化与知识社会要求的情境化知识之间存在鸿沟。同时,学习科学表明,协同学习有助于优化教学。

4. 项目型课程。在 20 世纪 50—60 年代,美国的实践科学家开发的科学课程不过是传统教科书的改良罢了。学习科学认识到,这种课程对于成人专家而言是简单的,对于儿童学习者而言未必如此。最有效的活动并不是思考比专家更复杂或是更简单的活动,而要考虑到儿童在学校时期经历的一连串认知发展阶段。20 世纪 60 年代的教科书与课程尽管是与专业的科学家协同开发的,但却是离开了儿童认知发展的规律。今后基于学习科学开发从幼儿园到高中的新课程,是势在必行的。

5. 教师的作用。知识经济社会的教师不是单纯的课程传递员,而应当根据学生的需求发挥不同的介入作用,扮演从激励学生的教练到学习环境的设计者到领队等不同角色。因此,教师应当像医师与律师那样拥有知识学习的专业技能;他们应当通晓关于儿童怎样学习的理论原则与最新知识;他们应当像专业的科学家、历史学家、数学家、文艺评论家那样精通真实的实践。教师应当拥有对于教育的技术与课题的深刻理解与经过高度训练的专业性,成为在每一间教室里以自己独特的创造性自如应对各种问题的教学专家。

6. 真实性评价。在传统的学校教育中"加剧竞争的标准化评价",存在两个重大的缺陷。其一是划一化。面对未来学校中越来越差异化的学习,今日的评价却是以所有学生同时学习相同内容为基准的。其二是只能评价相对表面的知识,不能评价知识社会需要的深度知识。标准测验几乎是抹杀了差异性来评价非情境化、碎片化知识的。学习科学面临的重要课题之一就是,确立起知识社会所需要的"基于公平"的新型评价体制。在形成性评价的学校文化中,"学生的差错被视为重要的学习信息"[8]。

(三) 学习科学与教学模型

基于上述讨论,我们可以进一步归纳出学习科学揭示的一连串重要见解[9]:(1)深度理解概念比习得表面的事实与步骤更重要。(2)学会首尾一贯的知识比习得被学科分割的知识更重要。(3)在运用知识的过程中掌握真实性知识比教学中的演习更重要。(4)协同学习比单独学习更重要。这些重要的见解显示,最有效的学习环境应当拥有如下特征:(1)差异化学习。每一个儿童都拥有不同的学习经验。(2)可以获取多样的知识资源。学习者在必要的时候,可以寻求图书、辅导以及来自专家的种种资源。(3)学生能够借助协同学习共同探究,共同建构知识。(4)旨在深度理解的评价。测验应当情境化地评价学生的深度理解,包括他们的知识是否首尾一贯。

参考文献

[1] H. Kiper,吉田成章,编. 教学论与心理学的对话:未来教学论入门[M]. 广岛:溪水社,2016:172.

[2][3][4] 秋田喜代,藤江康彦. 授业研究与学习过程[M]. 东京:放送大学教育振兴会,2010:93—94,156,158,161.

[5][7][8][9] OECD 教育研究革新中心,编著. 学习的革新:21 世纪型学习的创发模型[M]. 有本昌弘,主译. 东京:明石书店,2016:68—73,74—78,137,79.

[6] 子安增生,等,编. 教育认知心理学展望[M]. 京都:中西屋出版公司,2016:189.

21. 班级经营与能动学习

学校教育的基础是班级经营。教师的班级经营状态决定了"学习集体"的性质与品格，而班级"学习共同体"的建设是"能动学习"所必需的。

一、教师的班级经营

学校史的研究表明，中世纪的学校是没有班级的[1]，在多数场合只是一间房子，而且这不是"教室"(class room)，而是"教场"(school room)。在这种教场中，儿童的年龄是各异的，看不到同样年龄的集合，完全不存在我们称做"课程"的教学活动的整体计划。所谓"班级"，是近代学校特有的组织，描述指导班级团体的术语则有"班级指导""班级管理""班级经营"(班级运营)等。教师持续地对拥有同一性的一定数量的儿童所构成的团体进行学科教学与生活指导，谓之"班级指导"或"班级管理"。教师信赖班级中儿童的自我教育力、集体的相互教育力，进而创造以儿童为主体的班级经营，可谓之"班级创造"。自17世纪夸美纽斯(J. A. Comenius)率先倡导"班级"的意义及其必要性以来，在近代学校中一起教授众多儿童，既提升了教学效率又提升了财政效率，"班级"得以广泛普及。

学生是在班级中成长的。班级作为学校教育的基本单位，在进行集体教学方面有诸多胜于个别教学的优点，如教学效率高、对学生的人格形成会产生良好的影响等。班级的发展是学生发展的必要条件。不过，班级的发展不是教育的目的，它终究只是教育的手段。班级管理的典型模式是仿效工业社会追求生产效率，着眼于教师如何直接地以规则作为理论背景进行指导、管理与监督，这种"班级管理"确实可以为学校生活的安定与学生的安心带来一定的效果,以往的班级团体研究重点也放在了有效地运作团体的方略与教师的指导作用。这是来自教育管理的一种诉求。但在当代知识社会的教育期许个人自由、培育主体性活动的背景下,单纯地着眼于强制性的"管理"是行不通的。教师通盘地管理拥有多样个性的学生集合体,会丧失学生对教师的绝对信赖。那么,怎样的班级指导才能既维系集体的秩序,又发挥每一个学生的潜在可能性,建构主体性的活动呢?从学习共同体的视点看来,我们需要从划一的管理型的"班级指导"模式中解放出来,转换为支援型的"班级经营"。妹尾坚一郎聚焦人际之间的"关系性",梳理了"班级经营"的五个要点[2]:(1)倾听,即倾听学生的心声,收集学生的信息,以此来把握学生的特征。(2)分析,即理解学生的个性,进行个性特征的分析,借以助推学生的发展与成长。(3)激活,即激活学生复杂的个性,激活学生多样的个性,激活班级团体。(4)场域,即重视有助于发挥学生个性特征的"场域"。(5)意图,即通过同学生的讨论与活动贯彻教师的意图。

这是一个走向作为"学习共同体"的班级创造的时代。如何在多样的学生、教师及其周遭社会情境错综复杂的交织之中展开运作,才能实现"承认多样的价值观与团体中个人的可能性"这样一个集体与个人二元对立的课题,而这也是关系到未来学校教育使命的严峻课题。由此看来,"班级经营"的新时代到来了。

二、班级团体的类型与创意型班级的概念

(一) 班级团体的类型

获取班级团体的模型的一种方法,就是以学生为对象,收集他们过去体验过的实际的班级经验的案例。不过,倘若没有线索,要收集班级经验的案例是很困难的。这里以"开放型班级"与"封闭型班级"作为关键词,要求学生对过去的班级经验做出自由表述。通过这些表述,可以归纳出两种类型班级的不同特征。封闭型班级的特征包括固化的人际关系、存在层级性、顽固的闭塞感、浑浑噩噩。开放型班级的特征包括开放的氛围、自由的交流、出现新秩序与新规则、

持续地变化与进化、意气风发。

兰千寿和高桥知己为揭示班级的整体特征,设定了两个维度,即"活动的指导性"(承担活动主导性的是谁?)与"班级的活动性"(班级活动是积极的还是消极的?),以此来进行班级类型的分析[3]:

1. 放任型班级(学生分层型班级)。这种类型的班级中,教师在尊重学生自主性的名义下,对学生的指导等同于放任自流。其结果是,班级或形成僵化的人际关系,或在学生之间产生阶层分化。班级中霸凌事件层出不穷,特定个人与团体的捣乱事件此起彼伏。

2. 安定型班级(教师专制型班级)。这种类型的特征是教师实施强制性管理,强行施加自己的意见,时而采取体罚手段。学生害怕这种教师,面从心不从。学生的行动受到教师的控制,因此班级表面上十分安定,事实上学生之间潜藏着霸凌的结构。

3. 放心型班级(教师主导型班级)。这里所谓的"放心"是指威胁每一个学生自由活动的其他学生惹是生非的行动不仅受到控制,而且学生们在教师有效的引领下,能够安心地从事班级生活,根据教师的指导协调行动,并在班级里获得满足感。

4. 创意型班级(属放心班级范畴)。这种班级的活动存在从前半教师主导到后半学生主导、展开自主的积极活动的变化。教师逐渐退出前台,从侧面提供支援。这种班级一旦成熟,学生们就能更主动地决定规则,展开班级集体活动,学生自身创造活动的欲望也益发高涨。于是,以守望学生活动的教师与学生之间的信赖关系,以及支撑互动的学生与学生之间的信赖关系为基础,能动的创意型班级得以形成。所谓"班级团体"既不是与世隔绝的世界,也不是实验室那样固定的环境,而是情境与人际关系时刻变化的共同体。要在这种不稳定的复杂情境中展开活动,同学之间、师生之间的信赖关系是不可或缺的。

(二) 创意型班级的概念

建构基于自立的个人、以信赖为基础的自由的网络,展开主体性的活动——这就是创意型班级的形象。这里所谓的"创意",是指局部的交互作用影响到大局、新的组织框架得以自组织地产生的样态，意味着以生生之间、师生之间微小的、局部的交互作用为契机，逐步地影响到班级团体的从微观到宏观的变化。这种组织架构并不是被控制的结果，而是作为自律地行动的结果而形成的自生的秩序。它并不像要素主义那样还原为个别现象加以精密分析而积聚起来的大型集体的作用。为了支撑儿童的能动活动，就得把每一个小小特性积聚成巨大变化的复杂系统，运用创意性的机制形成创意型团体。

创意型班级是从自立的学生的网络中产生的，但绝不是说它无需教师的指导。不过，与其实施管理式的指导，不如要求慎重而细致地应对内在的环境建构，这种环境既能促进学生自立，又能维系集体转型和规则的重要性。个人自立与他者自立是表里一体的关系，不理解这一点，就不能形成可信赖的网络。维系集体的规则与尊重他者是必须在每一个人心中养成的，因此，"指导"并不是那么轻而易举的。兰千寿和高桥知己从"个体变革""多元价值的创造""相互印证"三个视点来阐述创意型班级创生的要诀。

其一，个体变革。同学之间、师生之间往往会给人贴标签，这是司空见惯的。这可能会导致伙伴关系的封闭，断绝彼此的交流。倘若立足于社会建构主义的学习观，把"学习"视为学生受到来自环境的知识与刺激而发生的变化，那么，作为指导者的教师就不能把自己的主观判断和学校拥有的逻辑强加给学生，不能把一个个学生个体看成扁平的、不变的。因此，重要的是从不同的角度来看待学生个体。

其二，多元价值的创造。作为指导者的教师即便承认每一个学生的多样性，也往往容易把社会价值、教育价值、基于自身信念的价值，硬生生地灌输给学生，其结果只能导致学生自主性与自立性的削弱。因此，教育的重要课题是如何既发挥优才生多方面的能力，也发现和发展学困生专长。挖掘学生拥有的多样的能力与特征，创造多样的价值与作用，是创意型班级不可或缺的。

其三，相互印证。学生通过活动会感悟到自我价值感与自我效能感，无论是对个人还是团体，都是好事。当学生在活动中体验到角色的责任和个人内在的喜悦，进而得到伙伴的协同与认可时，体验的价值就得以进一步提升。这种体验使学生自身的角色作用在班级内部发挥，并成为之后活动的参照点。如此循环往复,学生积累起作为共同体一员的充实感与成就感,从某种意义上说,这也成了确立"新的自我"的契机。

三、能动学习与创意型班级的形成

教学方案设计必须考虑儿童个体与班级集体的实际。这是因为,教学的形态受如下三个要素的制约:(1)每一个儿童的实际,即儿童的基础学力、社会技能水准、协同意识。(2)班级集体的实际,即班级内学生之间的人际关系(协同关系的构筑度)与儿童准备的分散度。(3)教学内容与教学阶段,即预设、实施、自我反思三个阶段。

这里的"预设"相当于教学的铺垫,包括:(1)激发儿童对课题的兴趣与自我效能感;(2)设定学习目标;(3)就学习方略与协同方法形成规则与默契;(4)确认活动的框架与留意点。"实施"指的是学习活动中产生的交互作用过程。在这里关键的是如何适当地展开学生的"参与"与"外化"。"自我反思"指的是学生在学习活动之后的反思,包括就个人与小组的学习状况与学习方略问题进行"归因",交流后续对自身差错的矫正以及对下一步学习的"预设"。在这里,如何整合"讲解中心有效的教学内容与教学阶段"与"活动中心有效的教学内容与学习阶段"非常重要。不过,知识传递型教学不可能期待深度学习,不可能掌握通用能力,因此,从被动学习转向能动学习势在必然。

能动学习是在"学习集体"亦即"班级集体"中展开的。"班级集体"成员之间的交互作用具有决定性的意义。[4]因此,班级集体的状况与素质对于学校教育的成败至关重要。但近年来在"分层教学"的名义下班级集体变得有形无实,这主要表现在两个方面:其一,目标与实际存在极大的落差。儿童之间沟通的机会不足,只能在同质的小组与人际关系中行动,不善于处理基于异质的小组关系与课题解决。就是说,"开放的个体"尽管是教学的一个目标,但事实上针对的是"封闭的个体"。其二,一线教师不理解比传统体制更高水平的班级集体的状态与素质。为了展开能动学习,传统上学习集体"儿童之间亲和水平"的状态是不充分的,需要更高水平的基于"信赖"关系的状态。"分层教学"本质上是赤裸裸的应试教育激烈竞争的产物，是同创意型班级的形成格格不入的。

创意型班级的形成大体可以分为如下三个阶段。第一，个体变革的阶段。班主任首先要做的是收集信息、把握现状。这些信息并不局限于某个学生的个体信息，也包括该生家庭在内的地域的、社会的信息。班主任应根据收集的信息来分析、比较现状，策划下一步的教学方略。

第二，多元价值创造的阶段。在这个阶段里教师的应对大体可以考虑三点。其一，向学生阐明其责任，并要求其参与决策。这是促进学生参与活动的第一步，是对学生自主的、积极的参与的一种引导。其二，角色赋予。通过赋予个体集体一员的角色，可以使其实际感悟到自己在组织中的地位，增强归属感。特别是教师赋予学生以一定的角色与责任，无异于提升他们的自尊心。这里必须注意的是，片面地对特定学生赋予责任是有风险的。若学生承担不了责任，或者在实际活动中感到负担过重，也会有拉大学生、集体与教师之间距离的可能性。如何把握给予学生的角色与责任的"度"正是关键所在。其三，支持。教师的动态协调与有效支持，有助于学生的集体参与，成为培养学生自主性、自立性活动的支撑。

第三，相互印证的阶段。相互印证阶段的应对具有更重要的意义。在学生发挥种种能力、充分参与集体活动之际，探究每一个学生是怎样借助反馈获得成功体验显得十分重要。这种印证相当于在实际活动中再次确认学习的经验，并将其成为之后活动的资源。

在班级经营中有两个基本战略：一是班级规范的形成，二是促进学生自立。[5]班级集体中的学生是通过班级规范的确立来展开作为班级一员的集体行动的。之后，每一个学生都从这种规范中解放出来，形成有助于各自自立的协同关系建构的班级。

参考文献

[1] 柳治男. "班级"的历史学[M]. 东京：讲谈社，2011：2.

[2][3] 兰千寿，高桥知己. 创发班级的进展[M]. 京都：中西屋出版公司，2016：61，42—49.

[4] 河川茂雄. 能动学习的班级创造[M]. 东京：诚信书房，2017：1.

[5] 兰千寿，古城和敬. 教师与教育集团的心理[M]. 东京：诚信书房，2005：83.

22. 创意型班级的创生

班级集体不仅是知识技能习得与能力开发的场所，也是通过班级生活促进人格形成的场所。就是说，学校教育目标得以具象化的"场"，就是班级集体。

一、社会关系资本与层级型班级团体的弊端

班级经营与学习集体的创造之所以重要，最大的一个理由是兼顾每一个人心情的需要。就是说，每一个儿童"自己安静"的心情与"自己有益于大家"的感受是不可或缺的。[1]班级集体存在多样的个性，有种种人际关系，有时甚至会有摩擦而超越这种摩擦就可以构筑更深的人际关系。当然也不能无视在消极的人际关系中产生霸凌的扭曲的人际关系。第二个理由在于，创造知性课堂环境的需要。教学，必须在知性环境中进行。这是因为，只有在包括语言环境在内的知性环境洋溢的课堂里，儿童才能形成集体与社会生活的基本习惯，提高学习积极性并养成良好的学习习惯，奠定健全人格与确凿学力的发展基础。

在学校教育中班级经营所起的作用是极大的，稳定的班级经营对提升学力而言必不可少。倘若作为学校生活之基础的班级不稳定，学生的学习成果是难以提升的。对于班主任而言，稳定班级社会是重要的优先课题。实际上，从学生的班级体验和班主任的班级经营体验的记录来看，作为生活场所的班级一旦不稳定，学生就不能集中精力学习的经验与案例比比皆是。这也是每一个科任教师的实际感受。那么，如何去经营作为一种社会集团的班级集体呢？基于怎样的理论才能培育富有活力的班级集体呢？以学生与学生、教师与学生的人际关系为中心的班级的状态，是受班级内部沟通与网络的状态所制约的。如果

说,网络的稳定对于社会团体而言十分必要的话,那么,网络的状态对于班级经营而言是关系成败的重要因素。班级经营中网络的重要性,同思考社会基础之际的"社会关系资本"(social-capital, SC)的重要性如出一辙。"社会关系资本"是支撑经济发展与社会稳定的一个概念,往往是作为一种政策工具来探讨的。根据社会关系资本论,政策规划的基础就是制约人与人之间联结的三个要因,即"网络""规范""信赖"。而这些要因的再生与强化,对于未来的社会制度而言就是必要的"社会关系资本"。换言之,构成集团社会的基本概念是"物力资本""人力资本",再加上"社会关系资本",这是思考政治、经济、教育问题的关键概念。

在近代教育发展史上,班级集体作为教育的基本单位,从诞生之日起就形成了以班主任为权威的层级型结构。这种结构最适于保护学生的安全,能有效地展开学习与生活,被视为最好的班级管理方式。然而,经济学与经营学的研究表明,这种传统的层级型结构是难以适应急剧变革的时代的。由于历来上位—下位的层级性,在管理制度上信息的传递必须遵循规定的步骤与决策的许可。这种制度无法应对各个企业体和组织体中价值观的多样性与信息流通的速度与变化,无法及时而有效地满足消费者与生产者的需求。现今的班级集体只要实施传统的层级型结构系统的指导,也是同样的情形。就是说,教师主导的采取强势管理行为的层级型班级集体存在如下三个弊端:第一,组织中的下级员工(在班级集体中是学生)依赖倾向强烈,缺乏自律、自立活动的意愿。大凡等待上级(教师)指示,照章办事,就能不被斥责。因此,与其凭借自己的意志行动,不如察言观色,于是便丧失了干劲,活动性低落。这种类型的组织仅仅是靠规则与管理来驱动系统的,教师不过是信息的传递者而已。第二,组织僵化,缺乏灵活性。层级社会一旦形成,则下情难以上达。诸如哪怕发生霸凌事件,教师往往仍然被蒙在鼓里。第三,作为指导者的教师包揽管理所有学生的一切行动,越俎代庖,学生缺乏主体性,碌碌无为。

二、从层级型班级组织走向网络型班级组织

要克服历来的层级型组织的局限性,就得要求成员自律,更积极、更灵活、

更活跃。为此,需要从社会关系资本原理出发,思考以"信赖"为内核、基于"规范"而形成的网络型班级组织。这种网络型班级组织称之为"网络型社会共同体"。这种基于网络型观念形成的组织,是相对平面的、柔软的组织。参与者不是单纯的学习传递者,而是积极地自我驱动的学习主体。网络型组织的指导者角色不同于传统的层级型组织的指导者。要做的不是管理、控制、做出细枝末节的指示与提醒,而是提示基本愿景、组织价值观和应当达成的目标。借助其适当的领导力,不仅能提升团体的活动指向性,而且可以选择适当的行动。

根据 2008 年日本综合研究所的研究,社会关系资本的核心是网络的类型。社会关系资本分为"结合型社会关系资本"与"联动型社会关系资本"。"结合型社会关系资本"具有如下特征:组织内部的人与人之间是同质的结合,并产生组织内部的信赖、协同与向心力,"社会粘合剂"般的强烈的连接与约束是其主要特征。因此,这种社会关系资本的内向性一旦过强,往往就会偏向"闭塞性"与"排他性",另一方面,"联动型社会关系资本"是由异质的人、组织和价值观结合起来的网络。因此比之"结合型社会关系资本",其中的连接与约束相对弱小一些。不过,"联动型社会关系资本"更开放、更平面化,可以发挥所谓"社会润滑油"的作用。在这里需要考察的是,这种社会关系资本从小组内到小组外的渐次地移动的过程,亦即从"结合型社会关系资本"到"联动型社会关系资本"移动的过程。特别是低年级,接受"结合型社会关系资本"的影响具有重要意义。这个时期的学生基本上处于习得生活习惯的阶段,学习的课题是人格形成时期作为共同体一员应有的价值观、社会关系与规范。亦即,借助班级集体的"结合型社会关系资本"的功能,学生们学习并经验集体社会的处世方式、规范与伦理、道德,这对于之后集体内信赖关系与学生人格的形成具有莫大的影响。

三、创意型班级的创生

(一) 从"管理"走向"支援"

在过去那样缺少变化与差异的时代,管理行为是有效的。但在现今时代,由于情境的不断变化,当你的管理行动出台之际,计划原本的前提已经发生改变,因而不得不频繁地借助命令来行动,这势必引发常态和闭塞。而支援采取的却是不断地适应对方、调整自身的行为方式,所以不管情境如何变化,都可以追随这种变化与差异。就是说,倘若从"支援"自组织的班级经营的视点出发,"班级"就能够自在地、能动地展开经营。

这里所谓"基于自组织的班级经营"不是权威式的班级管理,而是指通过在新的关系性中发生的纠葛与变革,凭借学生自身制定新的规则,产生新的秩序,在尊重多样个性中,形成多声交响的集体创造——这就是创意型班级的创生。在这里,不容许从管理出发的控制与教师的单向控制,而要求在教师与学生的交互作用中产生规则、意图与活动;不是以教师权威压制的方式让学生服从规则,而是基于集体内部关系的建构而产生意义发现与价值分享。在此基础上,系统得以重建。

(二) 创意型班级创生的要诀 ………………………………………………………

对"创意"而言,关键的概念就是"关系性"。关系变了,创意才得以产生。那么,在班级中,促使创意得以产生的关系性的变化是怎样进行的呢? 根据兰千寿、高桥知己对"创意型班级"的研究,发现创意型班级创生的四个要诀是:

第一,改变"个人特征"与"构成要素"。在改变同他者的关系之际,改变个人特征具有巨大的意义。例如,提示 A 生同过去不同的侧面,周遭的人们对 A 生的看法会发生变化,彼此相处的方法也会随之改变。由于出现不同于以往的反应与行为,产生新的关系性,创意得以产生。

周遭的人们认知某个人的某些特性的一种方法就是"贴标签"。这种在班级中给人"贴标签"的做法比比皆是。比如,"某某人是这样的家伙"之类的描述,容易把某个人在集体中的角色固化下来。又比如,人们会认为 B 生平日老实巴交,沉默寡言,没有任何朋友,所以对 B 生做什么都行,在这种情况下班级中极易发生霸凌。个人即便想要变革自身,集体给他贴的标签也会有所妨碍。比如,还是那个平日老实巴交的 B 生,尽管他想要改变自身,但该集体给他贴的标签往往不容许他这样做。这样,B 生终究改变不了自己,这个班级就成为了固化的人际关系占支配地位的"封闭的系统"。这是负面标签的例子。当然也有正面标签的例子。因此,重要的是,有了想变革的个人与认可这种变革的集体,才会有对个人特性与集体构成要素的变革。换言之,个人特性的变革唯有借助"那个家伙最近变了"之类班级集体内部认知的变化才得以发生。班级内部的个人印象的改变,是同周遭同学对其个人认识的变化联系在一起的。同时,这样的个人的变革也会影响到集体,诱发系统内的创意。因此,个人的变革唯有通过集体的认可才有可能发生。若集体内部未能认识到个人的变化,创意是不可能产生的。为了带来创意所不可或缺的关系性的变化,教师对个人变化的认识,以及对接受这种变化的集体的认识是必要的。确认"变化了的事实"是处于"变化了"的状态,对个人与集体的变化是必要的。对教师而言,发现变化正是其重要的角色作用之一。

第二,变革"关系性"。在关系性固化的团体中,就像存在着给个人贴标签的现象一样,团体内的层级和地位也有固化的倾向,而且要改变已经形成的层级是十分艰难的。有效的方法是改变班级中的"关系性",使得班级的同学之间不至于产生阶层。同样的关系性一旦持续,关系性就会固化,而只要改变学习小组与生活小组中成员的构成,他们的关系性就无法固化了。倘若小组内部的角色不是固化的,而是随着活动的目的与形态而不断改变的,那么,成员间的关系性就会发生改变。在某种活动中发挥主角作用的学生,在另一种活动中或许充当配角的作用。人际关系与角色作用的更替可以撼动关系性,成为催生创意性人际关系的契机。所谓积极的"开放的个体",亦即"不断确立自我、解释他者,同拥有多样价值观的人一起思考、合作、协同地解决课题,从而产生新的价值,能够为生活做出贡献的个体"[2]。

第三,设定"场域"与"机会"。集结多样个性的关系性会催生新的创意,使学生体悟到这种真实感、成就感与效能感,进而成为进步的能源。为了催生创意,就要求准备适当的场域与机会,整顿好环境。在学校与教室中应当特别留意如下一点:学习活动与合唱节活动、学习活动与志愿服务活动的实践协同。在恩格斯托姆看来,"劳动现场的学习,不同于正规学校教育方法,保持着它的独自发展的边界"。他指出,实践活动在现行的教育情境中并没有发挥充分的作用;实践活动不能停留于学校的一个场域,而应"超越单独的活动系统的边界,分析文化多样的不同组织(诸如学校与职岗)之间的交互作用、网络合作、对话与协同,走向新的设计"。就是说,从这些种种系统中派生出来的,展开活生生的课题解决的学习,诸如有效地设计体育节、合唱节、志愿服务活动等,是具有巨大意义的。可以想象,这里存在迸发创意的诸多契机。超越教室的框架,诸如同其他班级的同学、前辈、后辈,同社区人士的交互作用,可以开拓并构筑众多新的关系性的可能性。可以说,有效地设定场域与机会是创意型班级的创生所必须的。

第四,借助教师自身的参与催生创意。从学校教育协同的角度看,作为自组织化的团体的创意型班级,教师所起的"触发"作用是极大的。教师自身浸润在学生团体之中的方式不同,其作为团体一员的指导态度、意图介入的方式不同,班级集体的性质会大相径庭。专制型或者放任型的教师指导可能成为创意型班级创生的最大障碍。

"班级"至今仍然是现代学校教学组织的基础单位,所谓"班级组织"意味着教育与教学的统一,班级组织与教学组织的统一。分层教学是落后于时代的。在班级集体中学生之间的异质性与多样性,正是促进集体思维与学力形成的原动力。"创意型班级"是未来班级经营的一种方式。在当前管理型班级仍然普遍存在却难以为继的时代,面对"走班制"大行其道——打着改革的旗号,却热衷于"分层教学",迎合应试教育的陋习,抖擞精神、潜心投入、支援学生自组织化的班级集体的经营与创造,尽管举步维艰,却是班级改革的必由之路。

参考文献

[1] 北村文夫,编著. 班级经营读本[M]. 东京:玉川大学出版部,2012:62—83.
[2] 河川茂雄. 能动学习的班级创造[M]. 东京:诚信书房,2017:2.

23. 开发"档案袋评价"的能量

建构主义的教学目标并不仅仅强调作为教学内容的"知识",还必须着眼于儿童的"理解"。这里所谓的"理解",简单地说,是儿童运用知识来解释并处理现象与概念的能力[1],包括把握内容与内容之间的连接的能力,以及在学习中运用知识内容的技能与策略。随着教学观的转型,教师不再囿于传统的"从基础到应用"的教学设计,"边应用边打基础"的教学设计受到重视,因而重要的是师生一起评价教学之后儿童的知识发生了怎样的变化。这是因为,儿童的知识唯有通过儿童自身的表现才能把握,让儿童自己监控自身重建了怎样的知识与能力,则是深化"理解"所不可或缺的。于是,自20世纪80年代以降,"真实性评价"应运而生,而"真实性评价"的一个典型代表就是"档案袋评价"。

一、何谓"档案袋评价"

所谓"档案袋"是指系统地收集能够表征儿童在学习过程中的能力与努力且可作为其成长证据的记录。[2]具体地说,包括儿童学习成果与学习过程的记录、自我评价的记录、教师的指导与评价的记录。档案袋的建立可以促进儿童对学习的自我评价,同时教师也能够据此评价儿童的学习活动与自己的教育活动。不同于脱离日常实际来考察儿童的能力的纸笔测验,它是在学习的自然流程中考察评价对象——儿童的能力——的状态的。

"档案袋评价"的意义在于:(1)把握儿童学习的实态,也有助于教师更好地从儿童学习状态的角度来设计教学。(2)采用档案袋评价对于儿童自身而言,可以获得自控学习实态的机会,这是培育儿童自主学习能力的第一步。

（3）在档案袋评价中探讨会是不可或缺的，这是师生协同评价的机会。教师的评价标准与儿童的评价标准终究是有落差的，通过协同评价，教师可以指导儿童借助适当的步骤进行自我评价，这是儿童形成学力所不可或缺的。（4）档案袋有助于学校和教师承担说明责任。

不过，档案袋不能混同于文件夹，不要以为仅仅收集作品就够了。要运用档案袋评价就得活用收集起来的作品，展开如下的指导：（1）在教师评价作品的过程中，具体地把握儿童学习状态。（2）通过整理作品的活动，让儿童自己去思考自己学习的状态。（3）就作品展开议论（探讨会），培育儿童的自我评价能力。有的教师"不懂得如何评价收集起来的作品"，这种烦恼的根源在于没有充分认识到教学目标。倘若明确了在这堂课上期待怎样的学习状态的目标，就可以进行所设想的状态是否实现的作品评价，不过更多的是从儿童的实态去探寻新的目标。评价作品最好的方法是与同伴展开对话。因为不同教师对同一个儿童的评价往往有不同的经验。讨论怎么评价、怎么指导这个儿童，是一种很好的研修方法。作为评价作品的组织方式，可以考虑让儿童给自己的作品做自我评价；从特定的观点出发对作品进行分类，师生一对一地展开讨论；在统一步调下比较彼此的教学作品等等。

二、档案袋的构成与评价原则

档案袋的内容，首先是儿童的作品。作品是一个含义广泛的词汇——从完成了的艺术作品到课题学习的作业与活动内容。档案袋收集的"作品"包括工作单、报告、会话与资料等，各式各样。另外，不仅是完成品，档案袋也收集显示产出作品过程的批注与笔记，借此可以考察儿童在学习过程中的尝试错误。可以说，所谓"作品"指的是具体的显示儿童成绩的一切轨迹。

其次是儿童自我评价的记录。收集儿童自我评价的记录也是必要的。所谓"自我评价"就是探寻"我努力了吗?""我快乐吗?"，让儿童体验自己评分的实践，更重要的是依据学习的内涵与过程发现完成度与课题的能力。当然，要求儿童掌握自我评价力，教师从一开始就得提示明确而简练的评价标准。

第三是教师的指导与评价的记录。档案袋不同于儿童随意书写的笔记和仅仅是装有资料的文件夹。在这里，教师的指导与评价的记录是不可或缺的，准备的工作单可以显示教师指导的轨迹，红笔的勾画显示了在儿童的学习过程中教师是如何做出有效应对的，这些也得留下痕迹。

在收集儿童作品、建立档案袋的作业中，必须秉持如下六个原则[3]：

1. 档案袋的建立是儿童与教师的共同作业。学习的主体终究是儿童，所以，从使用档案袋开始，就得向儿童说明档案袋的目的、意义、应当保留的资料和放置的场所。还必须在指导中通过运用档案袋，让儿童领悟其目的与意义，更主动地参与档案袋的建立。

2. 儿童与教师积累具体的作品。在档案袋中，不仅有完成的作品，而且也纳入制作作品过程中产生的种种资料。在制作某种作品的过程中，儿童们草草地书写想法、绘制设计图、征求有价值的意见、收集相关资料。为了跟踪儿童的学习过程，还得考虑这些被忽略了的草草写下的批注、资料的价值。

3. 根据所积累的作品的系统性，进行旨在更替取舍的梳理与选择。梳理与选择的典型例子是将作品从操作性档案转入永久性档案。所谓操作性档案是指日常性积攒资料的档案；所谓永久性档案是从日常性资料的取舍或更替中被选择永久保存的档案。

4. 在建立档案袋的过程中设定运用档案展开探讨的场域（档案袋探讨会）。在档案袋探讨会上，传递教师的判断远不如讨论儿童自身是怎样思考的来得重要。师生双方可以在对话中磨合彼此的评价，从中设定双方能够接受的课题。亦即档案袋探讨会不仅是教师评价儿童的学习进展的场所，也是引领之后的学习、锻炼儿童自我评价力的场所。

5. 档案袋探讨会常在学习的开始、中间与终结时分阶段地进行。档案袋的制作不是漫无目的的，在收集作品与评价记录之际，要对照档案袋制作的目的与目标，有意识地、系统地进行。教育评价原本就是评价教育（亦即教师对儿童的学习活动有意识地施加影响的行为）成功与否的作业。要把握儿童的变化，就得从教学伊始把握儿童的状态，中途倘若不顺利，就得及时修正教学计划。因此，在运用档案袋时也得在教学的"开头、中间、末尾"回顾此前的学习，据此展望之后的计划。

6. 档案袋评价具有长期的持续性,能力的培育不是一朝一夕能够实现的。只有借助档案袋中的作品与记录,跟踪儿童一个学期、一个学年乃至几年的长时期的成长,才能捕捉其缓慢的发展。这样,拥有长期展望的学校课程的设计也就有了可能。

倘若满足了上述档案袋制作的条件,可以说,这就是"档案袋评价"了。然而事实上,众多所谓的档案袋形同文件夹。在这里,我们可以对照以下五个原则,确认一下通常的文件夹与档案袋的差异:

1. 通常的文件夹,大多是任凭儿童随意使用的。但在档案袋的制作中,教师必须说明为什么目的制作、收集什么、起怎样的作用,以引导儿童。

2. 通常的文件夹,其内容比较随意,儿童想收入什么就收入什么。但是,档案袋是根据一定的目的系统地设计的。比如,倘若想要考察儿童的表现力的话,就得描述具体的表现物;倘若想要考察儿童的自我评价力的话,就得把他们尝试错误的轨迹记录下来。

3. 通常的文件夹,对其进行重新审视和运用积累的资料的机会并不多。但档案袋评价十分重视所积累的资料的梳理机会,即对资料的更替、取舍与选择。通过选择具体的资料养成儿童发现自己的学习状态的眼光。

4. 通常的文件夹,师生之间几乎不会对其进行讨论。但在档案袋建立的过程中,探讨会是不可或缺的。在探讨会上师生会围绕"怎样的作品是好的""求得了怎样的学习""应当怎样教学自我评价"等问题交换意见。

5. 通常的文件夹,其收录的大多是断断续续、可有可无的资料,档案袋是一个学期、一个学年乃至几年长时期有意识地制作的,据此就可以从特定的视点去捕捉长时期的儿童的成长。

三、档案袋的所有权与实施形态

档案袋评价是长期的,因此,在评价伊始就得考虑所要制作的档案的限度。就是说,档案袋既可以对应整个学校课程来制作,也可以针对特定的领域(学科教学、跨学科学习、特别活动)来制作,还可以就一个领域中的一个单元来制作。或者,从学校课程的横切面,就一个视点(诸如,能力——思考力、判断力、表达力)来制作,甚至还可以超越学校课程的框架,制作校外学习的档案。这里牵涉到档案袋的所有权。所谓"档案袋的所有权"是指收入档案的作品的决定权,也是评价作品的标准的设定权。从所有权看,档案袋大体分为如下三类:(1)标准依据型档案袋,即教师提示预先决定好的评价标准。(2)标准产出型档案袋,即师生共同讨论、思考、制作评价标准。(3)最优作品集档案袋,即儿童自身设定评价标准,为推介自己而制作。

按照对话的方式,档案袋评价实施可以分为三种形态:第一种是由教师主导的以预先决定好的评价标准为特征的类型。首先,教师给出课题,观察儿童的成绩,对照预设好的标准评价儿童的成就度。其次,听取儿童的自我评价并传递教师的评价,围绕之后的目标展开对话。第二种是通过儿童与教师的交互作用,产出评价标准的类型。师生之间就儿童的作品展开讨论,把握儿童学习的进展状态,思考之后展开。这是探讨会最普遍的一种形式。在第二种探讨会上,也有教师预先提出一定的评价标准的情况。不过,面对大量的评价标准,究竟选择哪一个,需要参照儿童的需求与希望协商决定。在某些场合,教师也会提示儿童自己没有预设好的标准,这样,就需要师生之间设定共同的标准。第三种是以儿童设定标准为主导的类型。

根据"所有权"可将档案袋分为标准依据型、标准产出型与最优作品集三种,探讨会的类型大体同这种分类相对应。就是说,标准依据型档案袋,探讨会以教师主导的居多;标准产出型档案袋,探讨会大都基于师生交互作用进行;最优作品集档案袋,探讨会常以儿童为主导。

儿童是多元智力的存在。每一个儿童在多元智能之中,其长处与短处是不同的。因此,在寻求同样的教育目标的同时,也应当设计适于各自特点的教育。最优作品集档案袋可以成为教师整体地把握每一个儿童极具个性特点的学习状态的抓手。其意义首先在于,对于儿童而言,制作这种档案袋的作业是儿童自己按照自己的标准进行评价的练习。可以说,能够适当地进行评价乃是自立的基础。其次,在指导制作最优作品集档案袋的过程中,教师获得评价并培育儿童的自我评价力的机会。尽管档案袋本身并不属于"评定"的范畴,但选用最优作品集档案袋之际,意味着培育儿童自立的自我评价成为一种教育目标。就是说教师终究是在评价与指导儿童的学习与自我评价。第三,通过最优作品集档案袋,教师可以获得从儿童的观点出发把握儿童学习状态的机会,有助于教师了解儿童的兴趣和对于儿童而言什么是重要的。

三种类型的档案袋——标准依据型、标准产出型、最优作品集,不是三选一的问题,教师应当考虑如何针对目标将三者有机地组合起来,在儿童自身组织学习的境脉中运用档案袋评价。重要的是在学校中保障每一个儿童作为学习主体的地位,促进其学习的自觉。不管哪一种档案袋评价,本质上都是促进儿童主体地参与学习目标的建构。在基于建构主义学习观和"真实性评价"的"档案袋评价"中,通过儿童的实作,积累形形色色作品的过程,有助于把握从基础学力到"高阶学力"的儿童学力的全貌。

参考文献

[1][3][4] 西冈加名惠. 真实性评价[M]. 东京:图书文化社,2003;29,53,63—68.
[2] 羽野ゆつ子,等,编. 教育心理学[M]. 京都:中西屋出版公司,2017;104.

24. 经验学习与教师实践知识

　　教师是学校中发挥核心功能的教学的实践者,教师的专业性集中体现在日常的教学工作中,而支撑教师教学工作的,就是教师的"实践知识"。教师的"实践知识"是基于种种经验而形成的。要解开内在于教学之中的种种语脉,教师就得通过向儿童学习、向同僚学习、向社区文化学习,创造出无愧于"反思性实践家"之名的教学。

一、经验学习

　　"学习"与"经验"从其定义看是密不可分的。"学习"意味着知识与技能的变化,而"经验"则意味着同促进知识与技能变化的外界的交互作用。就是说,借由直接的或间接的经验,既有的知识、技能与信念的一部分得以修正,或是增添了新的知识、技能与信念,这种变化就是"学习"。所以,当我们从直接经验与间接经验两个侧面加以界定时,"经验学习"与"学习"是同义的。不过,一般而言,基于直接经验的学习被视为"经验学习",而基于间接经验的学习和课堂中的学习并不包含在"经验学习"的概念中。这里的"经验学习"主要是指基于直接经验的学习。

　　科尔布(D. A. Kolb)把"学习"界定为"通过经验的转换创造知识的过程",揭示了"经验学习"的基本特征:(1)学习不是作为结果,而是可以作为过程来把握的。(2)学习是基于经验的连续的过程。(3)学习是消解"经验与观念""行为与观察"之类环境适应之中所产生的矛盾冲突的过程。(4)学习是适应环境的整体的过程。(5)学习涵盖了个体与环境的交互作用。[1]由此看来,经验是学习的基础,是刺激学习的因素;学习者是能动地建构知识的经验的。经验学习是个人同社会文化环境交互作用的过程,是人类基本的学习形态。科尔布进一步基于勒温(K. Lewin)与杜威(J. Dewey)的研究,提出了由如下四个步骤构成的经验学习模型:(1)获得具体的经验(具体的经验)。(2)反思具体经验的内容(反思性观察)。(3)归纳由此获得的教训,形成假设与概念(概念抽象化)。(4)把假设与概念运用于新的情境(积极地实验)。教师的学习就是这样一种经验学习。

二、实践知识及其形成机制

"实践知识"是一种"从经验中获得隐藏于实践中的默会知识,并在课题解决中运用这种知识的能力"[2]。因此,实践智能优异的人,对"默会知识"的获得与运用也很优异。在这里,所谓"默会知识"是指从经验中获取的知识,是工作上的秘诀与窍门。这同学校中获得的"明言知识"(或译"形式知识")形成了鲜明的对照。它通常不是直接教授的,而是学习者自己从周遭人们的行为中推论,或从经验中发现而获得的。这样看来,一个人要适应工作环境,取得优异的业绩,获得"默会知识"是十分重要的。可以说,大凡在工作中有出色表现的人,必定是拥有"默会知识"的人。他们懂得,只要把握了"默会知识"这个成功的关键,就能够认识到工作环境的差异,进而能够从环境中积极地探求"默会知识"。"默会知识"是主观性的、体悟性的、非语言性的、非明言性的知识,是以个人经验、熟练技能、组织文化、风土人情的形式而存在的。因此,它不是单纯的工作步骤或是技术性知识。"默会知识"支撑工作的迅捷性、准确性,导向直觉地解释适当的问题情境。不过,单凭"默会知识"是不可能取得成功的,还需要有"明言知识"——客观性、逻辑性、语言性的形式化知识。"默会知识"与"明言知识"是借助如下的转换创造知识的:(1)人在工作场所通过共同的实践经验,获得并分享默会知识。(2)当需要将"默会知识"传递给他者时,就得将其加以"表征化",变换为"明言知识"。在这里,可以运用比喻、类推等方法。(3)明言知识之间可借助归纳与类推而加以连接,建构新的知识。(4)在学校和相关机构借助书本协同地习得的"明言知识",通过现场的经验与反思加以内化,变换为"默会知识"。支撑工作熟练化的实践知识就是基于这种"默会知识"与"明言知识"的循环往复而形成起来的。

工作中的实践知识,特别是"默会知识"的内涵可以理解为支撑工作的技能。根据卡茨(R. L. Katz)的分类,可以区分三种不同水平的技能。其一,工艺性技能。这种技能不同于专业技能,是一种支撑工作的执行的步骤与技能,以及相关工作领域的专业知识,包括从一线岗位获得的知识,到以往的成功与失败的案例。这种技能随着工作进入熟练阶段而越发明显地作为一种"临床实践力"表现出来。其二,情意性技能。这种技能是一种人际关系能力,是作为集体的一员以及作为领导者所必需的人际智能。其三,观念性技能。这种技能是一种概念化能力,是一种认知、分析复杂的情境与变化,发现问题,实际地、创造性地解决问题的能力。

从事班级经营研究的多伊尔(W. Doyle)说:"教学是一种极其复杂的活动。教学具有多维性、同时性、即时性、不可预测性和历时性。"[3] 因此,教师在教学中难以充分地对每一个儿童进行信息处理。造成教学复杂性的特征如下:(1)多维性,即在班级里会发生多样的事态,而且班级里的儿童拥有众多的目的。班级是由拥有各色各样的需求的儿童组成的。(2)同时性,即众多的事件是同时发生的。例如,既有积极参与的儿童,也有对课题感到困惑的儿童;既有兴趣盎然的儿童,也有醉心于游戏、对学习索然无味的儿童。(3)即时性,即要求教师对课堂事件的流程做出即时性的反应。(4)不可预测性,即由于干扰教学流程的事件(诸如窃窃私语、逃逸行为)屡屡发生,预测当时的流程是困难的。(5)历时性,即由于班级是具有连续性的集体,过去的行为与决断会成为之后行为的先决条件,影响之后的行为。

佐藤学借助实证调查,概括了教师拥有的实践知识的五个特征:

第一,情境知识。实践知识是依存于有限语脉的经验知识。实践知识是每一个教师拥有的依存于经验与环境的知识。

第二,案例知识。实践知识是一种案例知识。所谓案例知识是指受特定的儿童认知、特定的教材内容、特定的课堂语脉所制约的知识。比之广泛的一般化的知识,案例知识处于特定语脉之中。

第三,综合知识。实践知识是综合性的知识。综合知识是指不能还原为特定学科的知识。现场的问题是复杂的,只运用特定学科的知识是不能解决的。

第四,潜在知识。实践知识也是一种潜在知识。教师在教学中的判断、无意识的思考、默会知识和信念大都起着巨大的作用。教师的教学行为未必都是有意识的,也会受到无意识之中形成的教学观念与框架的影响。

第五,个人知识。实践知识是个人知识。教师知识是以个人经验与学习为基础的、动态建构的。这种实践知识具有五个特征:(1)情境思维,即不断地置身于实践情境的思维方式。(2)即兴思维,即即兴式地应对教学实践中的复杂瞬间的思维方式。(3)多元思考,即从多种视点复眼式地思考课堂事件的思维方式。(4)境脉化思维,即依据语脉推论课堂事件的意义与关系的思维方式。(5)反思性思维,即在实践过程中不断地重建思考的思维方式。这种研究表明,作为专家的教师是借助"行为中的反思"来推动实践,形成并运用专家式的实践思维的。[4]

三、促进教师实践知识的要素

教师要从经验中增长实践知识与学习能力,要具备以下四个特征。其一,对自身的自信(乐观性、自尊心);其二,寻求学习机会的姿态(好奇心、持续性);其三,挑战精神(敢冒风险);其四,灵活性(批判精神与开放心态、利用反馈)。[5]

资深教师和熟练者拥有的教学能力不是与生俱来的,他们是基于自身的意志,通过良好的经验的学习,才得以掌握实践知识的。在工作岗位上旨在获得实践知识的学习丰富多样,大体可以分为五种:

1. 观察学习。观察学习牵涉到技能与知识的获得。初任者在工作岗位上有意识地选择作为典范的前辈和熟练者,通过对其一言一行的观察、模仿,来"盗取"他们的工作技能,学会处置棘手问题的方法。

2. 同他者互动。通过参与工作岗位的实践沟通,利用他者或工具资源,来获得技能与知识。这种互动构成了一个学习与指导的过程——通过熟练者的示范和初任者的模仿,以及熟练者给予的反馈,初任者的工作得以修正。在这里,重要的是熟练者逐步地减少支援,为初任者准备逐步独立的阶段性支架,进而使初任者在工作岗位的实践沟通中,从起初的见习之类"边缘性参与"的角色,转变为中心成员的角色。这就是所谓的"合法的边缘参与"。

3. 基于经验的反复学习。工作岗位上的技能获得,可以分有意识教育的反复学习与无意识经验的反复学习。在初任者的学习中,重要的是指导者与同事及时给予反馈,褒扬期许的行为。即便没有指导者,学习者倘若能够自身监控自己的行为,也可以反馈结果,褒扬自己、修正行为。在这种学习中,比起单纯的机械练习,伴有反思的学习更为重要。也就是说,通过制定长期规划,在日常的努力与适当的结果反馈下,学习者自身也能够进行结果的反思。另一方面,基于无意识经验反复的学习谓之"潜在学习"。这是一种偶发性学习,其学习的内容相当于"默会知识",而非"明言知识"。

4. 从经验中进行归纳与类推。与基于经验反复的学习不同,归纳是把积累起来的技能与知识,基于事例的类似性加以范畴化,抽象出其共性与规则。在这里,还可以利用时间与空间的接近性,对周遭状况与前后时间点所发生的事件的信息,加以范畴化与图式化,归纳出一些规则来。这就意味着,以往经验与知识可以通过意义化,成为能够迁移到更复杂情境与类似情境的知识。

5. 基于媒体的学习。所谓基于媒体的学习,是指透过书报杂志、电视、网络、指南、内部资料、研修等媒体进行的学习。这些是从学校毕业之后,旨在获得最新知识,或者系统学习新的领域的明言知识,或者复习过去的知识而进行的学习。

在教师的学习中,不仅有提升教师个人素质的侧面,还有说明学校是否担负起了社会的公共责任、担负起了培育未来人才使命的说明责任的侧面。[6]因此,哈格里布斯(A. Hargreaves)和弗兰(M. Fullan)提出了"专业资本"的概念,即人力资本、社会关系资本、决策资本相结合的模型。[7]以往学校强调的是教师的个人素质,因而教师学习往往被视为个人学习,如今还需加上"同僚性"这一社会关系资本以及决策资本:(1) 个人素质(个人资本),包括资格、知识与技能、理论实践的准备状态,情绪智能。(2) 同僚性(社会关系资本),包括信赖、协同、集体责任、互惠性专家网络。(3)专业工作(决策资本),包括判断、案例、实践、挑战与拓展、反思。在这三者中,决策资本是专家的本质,有助于在知识社会中培育教师丰富的专业性,因而理应受到重视。

参考文献

[1][5]　松尾睦.经验学习[M].东京:同文馆,2014:61,77.

[2]　金井寿宏,楠见孝,编.实践知识[M].东京:有斐阁.,2014:10.

[3]　梶田正巳,编著.教学智慧——中小学与大学的教育革新[M].东京:有斐阁,2004:201.

[4]　佐藤学.作为专家培育的教师[M].东京:岩波书店,2015:78—80.

[6]　秋田喜代美,编.学习与课程[M].东京:岩波书店.,2017:92—93.

[7]　A. Hargreaves,M. Fullan.变革每所学校的教学的专业资本[M].高振宇,译.上海:华东师范大学出版社,2015:2—9.

25. 教师成长的路标

多年来一线教师与其说是在谋求教学的创造,不如说只是在传递现成的教科书知识内容而已。但问题的焦点不在于"教什么""学什么",而在于"如何教""如何学"。基于"核心素养"的教学,意味着每一个学生成为自己学习的"主宰",每一个教师成为反思性教学的专家。

一、教师工作的特征与教师成长的类型

(一) 教师工作的复杂性

教师是需要借助经验锻造实践智慧的熟练工匠。在日常纷繁复杂的教育工作中,应当着眼于什么,教师需要立刻做出洞察、思考与判断。有 10 名教师就会有 10 种工作风格,同时也产生 10 种责任观。可以发现,复杂而无边界的教师工作方式有如下特质[1]:(1)固有性(主体)。教师的工作是针对特定的学生、特定的教材、特定的学习课题而展开的工作。(2)整合性(对象与内容)。学科教育、跨学科教育、道德教育与学校例行活动课程的领域多种多样,要求学习指导与生活辅导、教学创造与班级创造统一乃至融合。(3)关系性(原则与方法)。构筑教师与学生、教与学的内在关联十分重要。倘若能够尊重相互主体性,教与学也能够间接地形成,并在协同关系中得到扩充。(4)可能性(价值与目标)。思考如何才能培育人的发展与创造性,在儿童的可能性与愿景之间架起桥梁来是不可或缺的。(5)反思性(验证与评价)。正因为教师工作极其复杂而艰难,所以需要时时反思,借助自我评价与相互评价进行反思性实践。一线教师需要磨练上述五种特质,砥砺教师的专业性。这就要求教师应当是一个

"学习者的自我"，而教师之间的关系是作为"学习者的自我"时刻向他者开放、相互表达、相互启迪的一种协同关系。

（二）教师成长的两种类型

舍恩（D. Schon）提出的两种专家类型——"反思性实践家"（reflective practitioner）与"技术熟练者"（technical expert）[2]，为我们提供了思考如何提升一线教师专业素养的一个线索。前者描绘了在复杂的境脉与状况中通过反省性思维，求得"自己的专业成长与教学改造"的教师形象；后者描绘了基于"保障教学成功的一般法则与原理"，把教学视为"科学技术的合理运用"的实践的教师形象。

所谓"技术熟练者类型"是从保障教育质量的视点出发，基于"PDCA循环"的品质管理系统的教师形象。所谓"PDCA"就是教学的"设计—实施—评价—改进"（Plan-Do-Check-Action，PDCA）的模型，反映了对教学的科学化与教育技术的普适性的一种信赖。我国多年来倡导的对传统教学经验的总结，或者优秀教学方法的推广，大体是把某种具体的方式方法变为教师的共同财产，可以说是"技术熟练者类型"的一个代表。"技术熟练者类型"旨在所有的课堂与教师习得有效的科学的教育理论与技术，并加以"合理地运用"。这种类型的教师无视了教学实践的"不确定性"（教学是不能预期的偶发事件，不能千篇一律地生搬硬套），一味追求能够定型的教学方法论。

教师的专业性并不体现在学术与理论的系统知识（形式知识），而是基于课堂脉络的经验与智慧的默会知识。舍恩根据案例研究提出的"反思性实践类型"往往借助反思实践经验，求得教师的专业成长。就是说，教师不是运用科学的知识与技术，而是基于"行为中的反思"，扎根具体案例的研究，形成自身的知识与技术。不同于"技术熟练者类型"，在这里，教学实践中的"不确定性"成为了"发现之源""更新之源"。舍恩主张，"反思性实践家自己掌握的知识往往必须重新反思与重建"。"反思性实践家"的教学与儿童评价方法都跟技术熟练者迥然不同。"技术熟练者"大多是通过客观测验来评价目标达成与否的，而"反思性实践家"大多是在日常的课堂教学中凭借教师的判断、默然地进行教学评价的。例如艾斯纳(E. Eisner)倡导的"教育慧眼",就是一种依存于情境的质性评价。对于资深教师而言,基于这种实践性见识的评价是很有用的。

上述两种类型终究是理论模型,实际上是难以简单化地区分的。当然,在教师的工作中也存在技术化的部分。教师是"反思性实践家",同时也是"技术熟练者"。因此,两种类型应当超越二元对立。不过,归根结底"反思性实践家"是根本的,"技术熟练者"是一种补充。就是说,在教育现场"洞察""省察""反思"课堂事件的意义,寻求对话性、协同性学习的态势是基本的,而教学的理论与技术应当视为有效达成教学目标的辅助手段。

二、教师发展模型研究与教学研究的方法论

(一) 教师发展模型研究

从 20 世纪 80 年代开始,研究者越来越关注教师的成长与发展。参照 1999 年日本教育学者秋田喜代美有关"教师终身发展模型"的研究,着眼于教师成长与发展的不同侧面,研究者提出了四种不同的研究模型。[3]

1. 成长·熟练模型。熟练教师比初任教师经验更丰富,在教学情境中拥有多样的经验性法则。佐藤学在 1989 年发表的调查指出,初任教师存在三点不足:(1) 理解与应对儿童的经验与技能不足。(2) 设计儿童的学习,有机构成教学的内容、经验与知识不足。(3) 自我诊断自己的教学、发现改进之道的能力不足。因此,教师在日常教学中通过尝试错误积累经验、发展自己的教学能力非常重要。

2. 获得·丧失两义性模型。教师一方面可以通过经验的积累获得临机应变的应对方法和"教师的习性",另一方面又存在固化自身经验的陷阱。因此,在教师的成长与发展中,有获得的一面与丧失的一面。

3. 人生危机过渡模型。教师周遭的环境是不断变化的,他们会面临职务升迁、成家立业等种种遭遇。这种模型的特征就是把人生直面的这些危机作为契机,来描述教师个性形成的过程。

4. 共同体参与模型。该模型聚焦于教师在参与学校与教师团队的过程中,

从边缘性参与到中心性参与的变化过程。比如，新任教师在参与校内教学研究时应着眼于学习熟练教师理解儿童的方式与反思教学的方法。

谁也不是天生的教师。从初任教师到30—40岁左右的中坚教师再到超越了20年教职经验的熟练教师——教师成长的道路，绝非坦途。教师的应变力，即经得起逆境的磨练、能够克服重重困难的能力，是维持一个教师情感的、认知的、社会的、健康的心智活动所不可或缺的心理特性。对于教师与教师团队而言，何谓"学习"，怎样的学习有助于教师的成长与发展，就有待于"教师学习"研究的积累了。

(二) 教师学习的特征

课堂教学是极其复杂的实践活动。教师要上好课，自身也得学习。教师倘若对于自身的能力过分自信，或傲慢、或懈怠，就会丧失教学的活力。钻研教材，向同事与儿童学习，反思自身的实践——教师自身成长是形成精彩教学的前提条件。可以说，教学工作原本就是"从教中学"或是"边学边教"，教学相长的。晚近以熟练研究与学习科学研究为基础，以"教师学习"为对象的研究方兴未艾。那么，对于教师而言，"学习"究竟是怎么一回事呢？

教师的知识有必要成为具身化的实践性知识。不仅仅是通过语言理解，还必须以实际指导儿童学习具体的教材与教学内容为前提，对当下发生的课堂事件也必须当机立断。实践不是同样事件的反复，而是时时刻刻变化的、极其不稳定的状态。教师同这种不稳定的状态经常对话，把握状况的同时，必须时时明晰自己能够做些什么。在不确凿的状况中保障儿童的学习是教师的使命，因此要求教师的专业性。在这种不确凿性、价值多元性之中，为了提高作为专家的力量，重要的是教师通过"案例研究"——通过复杂多样的"授业实践的事实"，学会怎样把握与判断状况以及可能采取的策略，就像医生从病例中得到学习一样。这种学习的契机就是反思教学。在李·舒尔曼（L. S. Shulman）看来，所谓"案例"由四个要素构成，即教师的"意图"、不得不变更意图与计划的"变化"、当下做出的"判断"，以及从这种判断与结果中学到了什么的"反思"。根据这四个要素，作为执教者的教师在教学的展开过程或是特定的场面中，如何把握（解释、情感）课堂事件（预设外的场面、抽样儿童的动向），是否做出决策、是否进行回顾性反思，必须有语言化的场域。在这里，教学分析与话语分析的结果就是案例，对这种案例的探讨形成了学习的场域，这种场域就是校内的教学研究。教学研究拥有教师学习的两个效果：其一，教师通过教学直接促进学习。其二，通过进行教学研究的教师之间关系的变化，学校中的教师形成合作学习。

教学的反思成为教师日常的生活方式，并不是轻而易举的。教师的学习可以从三个视点来把握，即来自教学经验的学习、支撑学习的学校境脉、长期的变化过程。教师把自身置于长期的发展过程中，锤炼自身的专业性，归根结底是为了改进明日的教学实践，促进儿童的成长。所谓"教师研修"，无非就是强调教师通过学习与研究，获得自身的修养。就是说，期待教师把"专业研究"（专业学习）与"人格修养"结合起来，这是实现教师教育目标不可或缺的活动。在自觉地反思与调整日常教育实践的同时，不断地反思自己的价值观、态度与信念体系，这对于提升教师的能力极其重要。这种研修有时也需要直面自我、否定自我的勇气。所谓"研修"，就包含了这样的教师自我矫正的机会，唯有经历了这种过程，才称得上教师的成长。[4]

（三）教学研究的方法论

大凡研究可以分为文献研究与现场研究（包括量化实验与调查）。文献研究的基本目的是探讨先行研究、先行实践的成果，展开思考的论证与历史的考证。这种探讨在实验与调查研究中也是不可或缺的。现场研究是指以现场的事实为对象的实证研究。教育是不同于自然的社会现象，要逼近这种事实就得站在客观的立场上，采用量化的方法开展实证研究，同时采用质性的方法参与现场，解释当事者经验的事件的意义也是不可或缺的。而在关于教育的研究中，不仅要客观地观察与解释现实（阐释取向），而且要变革当下的现实（改善取向）。可以说，严格意义上的教育实验是困难的，不过关于教育的价值探讨、思维实验与历史考证却是可能的。

表 25-1　现场研究的类型

	阐 释 取 向	改 进 取 向
量化研究（实证）	科学实验、社会调查（真伪的验证、法则的确立）	效果测定（有效性的验证）、技术开发
质性研究（阐释）	案例研究、田野作业、假设的形成与事实的解释	行动研究、典型案例的创造与实践指南的提示

"教育研究的重要目的不仅在于发现真理，而且是同新的实践与制度的创造联系在一起的。因此，'效果好坏'另当别论，必须探讨实践的价值。"[5] 在这一点上，在对事实进行实证研究与阐释的同时，逻辑地、历史地检讨教育的事实与实践价值的思想研究非常重要。

三、作为专家型教师成长的五个视点

在当前基于"核心素养"的学校改革中，教学范式的转型与课程设计的挑战要求教师具备作为课程与教学设计者的变革意识与能力。2009 年哈蒙德（D. Hammond）提出了教师作为专家型教师成长的五个视点[6]。

其一，愿景。这是作为学习经验设计的视点。"愿景"是反思并引领自身实践的。因此可以说，培育指引教育实践的卓越教育理念是头等重要的大事。尽可能观摩好课、明确理想教学的图景，对于一线教师而言十分重要。

其二，知识。作为教师必须的知识包括：（1）儿童怎样学习、如何发展等"关于儿童的知识"。（2）学科教学的内容与课程组织等"关于学科与课程的知识"。（3）怎样进行学科教学、怎样评价学习、怎样经营班级等"关于教的知识"。教师不是"教书匠"，好的教师不是"教教科书"而是"用教科书教"。"教教科书"只能停留于浅层教学。因此，教师作为"活的教科书"，就得深化对文化、科学、社会的理解。日本教育实践家斋藤喜博在 1969 年说过，在形成作为"教学者"的能力之前，必须有借助"教养"与"经验"的积累而产生的"人性的力量"，教师自身必须是聪慧的富于魅力的人。作为人的知识与学养会淋漓尽致地体现在日常的教学工作之中。一个有学养的教师能够挥洒自如、丝丝入扣地展现出教学丰满与深度;而一个缺乏学养的教师,只能照本宣科、鹦鹉学舌,机械反复地进行练习而已。

其三,工具,即课堂教学中运用的工具。概念性工具包括"最近发展区""迁移""问题解决学习"等学习与教学的理论;实践性工具包括教科书与教材、评价手段、ICT 等。一线教师必须具备熟练地运用这些概念性、实践性工具的能力。

其四,实践,即整合上述三个视点,实现教学的"实践"。在实践中,教师应面向愿景的实现,基于儿童、学科内容、教学指导的知识,运用概念性、实践性的工具,来进行教学的设计、实施与评价。学习实践并非易事。教师需要认识实践的难度,不断反思教学的设计,有效地致力于实践的学习。教学实践力的提升需通过日常的教学研究来实现。佐藤学强调,为了改变学校与教学,重要的是教师从日常的教学中建立起相互切磋的"同僚性"关系。他认为教学研究的核心场所是公开教学,每个学年每个教师至少进行 5 次。确实,封闭自己的课堂,停留于自己一成不变的教学,教师是不会进步与变革的。通过他人的眼光接受种种启示,就可以明白自己未曾觉察的问题,观摩其他同事的课堂也能够获得种种见解。

其五,态势。如何反思教学,怎样加深同儿童的关系与理解?在与同僚协同学习、自我钻研中,形成作为教师的"态势"是必要的。教师的工作繁杂,教学之外还有种种事务。倘若忙于事务,就容易将自己封闭在班级与学校的狭窄空间,在不经意之间变得越来越保守,形成僵化的教学。革新意识薄弱的教师是不会有作为教学者的真正成长的。在这里,出席外界的研讨会对于提升教师专业性、形成自己的教学风格而言是所不可或缺的。换言之,教学是不存在"绝对优越的方法"的,重复同样的教学范式是有害的。为避免教学风格的僵化,教师需要集思广益,以海纳百川的姿态,从异质的教学风格中汲取营养。这样,通过广泛地学习理论研究与实践研究的成果,就有可能形成适合自己的教学风格。

从这些视点出发展开教学,教师就可以在学习共同体中得到最有效的学习。通过设计教学、观摩教学、接受资深教师的指导,就可以在同僚中形成作为一名专家型教师应有的素养与能力。

参考文献

［1］ 小林宏己.授业研究的原理：为了提升教学能力的实践性思考［M］.东京：学事出版公司，
    2013：30—33.

［2］［3］ 生田孝至,等,编著.开拓未来教师的能量［M］.东京：一茎书房,2016：199—200,
    200—201.

［4］ 秋田喜代美,佐藤学.新时代教师入门［M］.东京：有斐阁,2006：60.

［5］ 田中耕治,等.读懂教育：教育学探究的进展［M］.东京：有斐阁,2017：191.

［6］ 松尾知明.开拓未来的素养与新课程［M］.东京：学事出版公司,2016：174—175.

结　语

开拓"教师学习"的新世界

"学校的教学存在两种体制,即'封闭体制'与'开放体制'"(生田孝至等编著,《开拓未来教师的能量》,东京:一莹书房,2016 年版第 187 页)。"封闭体制"是指预先准备好只有一个标准答案的教学内容,亦即以学科的系统内容为中心,求得有效灌输的一种教学范式。这种范式把儿童视为被动的信息接受者,儿童的主体性是不考虑的。"开放体制"则是以儿童为中心,突出儿童是建构知识的主体性存在,儿童不是教师随意书写知识与技能的一张"白纸"。在这种教学范式中,教师不是给儿童灌输学科的本质性知识与概念,而是让儿童自己去发现引出结论的逻辑。儿童与教师在学习中发展教学的内容与目标,没有现成的标准答案。"课堂转型"本质上就是从"封闭体制"向"开放体制"的转型,"新课程改革"中出现的教育论争本质上也是"封闭"与"开放"的路线之争。

事实上,在我国的学校教育现场,这两种教学体制是同时发生作用的。伴随着课堂转型的步伐,"封闭体制"终将瓦解,教学中儿童的"学习"以及支撑儿童学习的"教师学习"终将发生根本的变革。在社会建构主义的知识观看来,知识不仅仅存在于个人的头脑之中,也广泛地分布于各色人等与媒体等各种人造物之中。在这种网络与关系的前提之下,借助相互的协作,有意义与现实性的知识才得以社会地建构。而教师知识的形成,不仅仅体现在基于学术与理论的系统的知识(形式知识),而且更多体现在基于课堂情境的经验与窍门的知识(默会知识)。可喜的是,十几年来我国新课程改革倡导的基于教学研究的"教师学习"取得了长足的发展。教师教学研究的着眼点,从客观地揭示教学的特征逐渐转变为多侧面地把握教学的设计、实施与反思,围绕教学实践中儿童与教师的思考与实践,探索社会文化境脉的多样性的教学研究方法也得以发展。

教师自身的变革是学校变革的起点。教师变了,课堂才会变;课堂变了,儿童才会变革。儿童变了,又会引发教师进一步变,紧接着课堂也进一步变,儿童也进一步变——学校就是借助这样的循环往复,得以不断地变革与进步。不过,我国应试教育的旧习根深蒂固,一线教师作为学校变革的主体,其专业资本的积累尚待时日。没有知识的更新就没有行动的改革。谁都知道,在贫瘠的改革实践的土壤里难以培育成熟的教学流派与参天的教育学派。要践行"公平而有质量的教育",当务之急是改造教师的学习,储备革新的能量。本书论述的核心是"儿童的学习与成长",当然也包括支撑儿童学习的"教师的学习与成长",其中的关键概念则是"教师学习"。教师越是固步自封,就越是难以找到问题解决的线索。"教师学习"绝不是封闭的,而是开放的;不是个人的单打独斗,而是教师团队的协作。这样,"学习共同体"的创建,便成为教师学习与成长的挑战性课题。

本书是著者近年来继"课堂研究三部曲"——《读懂课堂》《课堂研究》《课堂转型》(华东师范大学出版社,2015、2016、2018 年版)及《课堂革命》(江苏人民出版社,2017 年版)之后的又一本集子,意在为教师学习共同体的创建,提供若干教育改革思想的脉络。在本书撰写过程中得到日本钟舞美(Mami Sho)女士和华东师范大学出版社诸位编辑的大力支持和帮助,在此谨致谢忱!

著名教育学者钟启泉教授著作集锦

全新力作

立足课堂，释疑解惑，剖析教学心理

洞察儿童心灵
助力课堂转型

课堂研究三部曲

引爆三部曲高潮的乐章，重磅佳作！

新思维、新路径、新生态：
"核心素养"视域下的教育课程与学校